世界银行贷款项目管理丛书

世界银行贷款项目管理实务精解

何　勇　潘良君　王　蔚　等编著

东南大学出版社
SOUTHEAST UNIVERSITY PRESS
·南京·

图书在版编目(CIP)数据

世界银行贷款项目管理实务精解 / 何勇等编著.
—南京：东南大学出版社，2017.5
(世界银行贷款项目管理丛书 / 朱海生主编)
ISBN 978-7-5641-7118-6

Ⅰ. ①世… Ⅱ. ①何… Ⅲ. ①世界银行贷款—贷款项目—项目管理 Ⅳ. ①F831.6

中国版本图书馆 CIP 数据核字(2017)第 076326 号

世界银行贷款项目管理实务精解

出版发行	东南大学出版社
出 版 人	江建中
社 址	南京市四牌楼 2 号(邮编:210096)
网 址	http://www.seupress.com
责任编辑	孙松茜(E-mail:ssq19972002@aliyun.com)
经 销	全国各地新华书店
印 刷	江苏凤凰扬州鑫华印刷有限公司
开 本	787mm×1092mm 1/16
印 张	19
字 数	486 千字
版 次	2017 年 5 月第 1 版
印 次	2017 年 5 月第 1 次印刷
书 号	ISBN 978-7-5641-7118-6
定 价	128.00 元

(本社图书若有印装质量问题,请直接与营销部联系。电话:025-83791830)

世界银行贷款项目管理丛书编委会名单

编委会名单

序
Preface

改革开放以来，江苏水利工程建设在立足自身发展的同时，不断加大开放发展力度，先后引进水利工程建设项目法人制、招标投标制、建设监理制和合同管理制等国际先进的管理理念，利用日本海外协力基金建设通榆河中段工程等。这些交流合作在解决我省水利工程建设资金缺口的同时，不断拓展自身发展空间，显著提升了水利重点工程建设管理水平。

世界银行贷款淮河流域重点平原洼地治理项目是我省近年来采用世界银行贷款资金建设的水利工程，该工程效益显著、管理规范。2016年11月，在国家财政部联合世界银行、亚洲开发银行、德国国际合作机构、美国国际开发署等机构在重庆举办的“第四届全球交付倡议(GDI)大会”上，江苏省世行贷款淮河流域重点平原洼地治理项目管理办公室编写的《江苏省世行贷款淮河流域重点平原洼地治理项目交付科学案例报告》，被世界银行正式选入全球案例图书馆，成为中国首批入选的9个项目案例之一；同时，该项目入选近十年来中国10个世界银行安保政策实施最佳案例之一。为全面总结我省世界银行项目的成功经验，江苏省世行贷款淮河流域重点平原洼地治理项目办将多年的实践工作与相关理论相结合，经过系统整理撰写，编著成册，形成了系列丛书——世界银行贷款项目管理丛书。本丛书共分三册，分别为《世界银行贷款项目管理实务精解》《世界银行贷款项目社会评价精解》和《世界银行贷款项目环境管理精解》。

世界银行作为一个国际开发援助机构，贷款条件相对优惠，但是与国内基建程序相比，世界银行贷款项目在环境、移民、采购、提款报账等方面有着一整套规章制度和保障政策需要遵循。本丛书系统地介绍了世界银行贷款项目管理的基本知识、实践经验和操作技巧，着重论述世界银行贷款项目周期内各阶段的工作、世界银行的环境与安全政策等，以利于相关读者熟悉并掌握世界银行贷款项目管理程序和工作重点，融会贯通并且灵活运用其政策要求，进而不但可以少走弯路，加快项目开发进程，而且还可以充分利用其政策的自由度，为建设项目争取更多的优惠条件。

十八届五中全会提出了“创新、协调、绿色、开放、共享”的五大发展理念，其中开放理念是我省水利工程建设发展不断取得新成就的重要法宝。他山之石，可以攻玉。在当前水利工程建设蓬勃发展之际，加大对外开放力度，合理利用外资，不但可以弥补国内建设资金不足，从整体上加快水利建设进度；而且通过引进先进的技术和管理经验，还可以促进水利工程建设领域体制机制创新，不断提升水利工程建设管理整体水平。希望本丛书的出版，对更多利用世界银行贷款建设的水利项目熟悉世界银行操作规则、掌握世界银行工作流程、提升建设管理水平有所裨益！

朱海生

2017 年 3 月

目 录
Contents

第 1 章　世界银行贷款项目简介

1.1　世界银行介绍

世界银行是全球范围内最重要的国际金融组织之一。国际金融组织是指从事国际金融活动和国际金融管理的超国家性质的国际组织。这样的国际组织能够在重大的国际经济金融事件中协调各国的行动，提供短期资金缓解国际收支逆差，稳定汇率；同时也提供长期资金促进各国经济发展。国际金融组织分为全球性金融组织和区域性金融组织两类。全球性国际金融组织主要有国际货币基金组织（IMF）、世界银行（WB）、国际农业发展基金（IFAD）等；区域性国际金融组织主要有亚洲开发银行（ADB）、亚洲基础设施投资银行（AIIB）、泛美开发银行（IDB）、非洲开发银行（AFDB）、阿拉伯货币基金组织（AMF）、欧洲复兴开发银行（EBRD）等。按照 2015 年的统计数据，在中国从国际金融组织的所有贷款中，世界银行贷款占 67%，亚行贷款占 31%，其余的 2%，世界银行因此在国际金融组织对中国的贷款投资中占主体地位。

1.1.1　运行宗旨

世界银行是面向全世界发展中国家提供资金和技术援助的一个重要机构，是 1944 年根据美国布雷顿森林会议通过的《国际复兴开发银行协议》成立的。世界银行不是一个常规意义上的银行，而是一个以减少贫困和支持发展为使命的独特的合作伙伴机构。它由国际复兴开发银行（International Bank for Reconstruction and Development，IBRD）和国际开发协会（International Development Association，IDA）两个机构组成。IBRD 致力于在中等收入国家和信誉良好的较贫困国家减少贫困，而 IDA 则侧重于援助世界上最贫困的国家。另外加上国际金融公司（International Finance Corporation，IFC）、多边投资担保机构（Multilateral Investment Guarantee Agency，MIGA）和国际投资争端解决中心（International Centre for Settlement of Investment Disputes，ICSID）共同组成世界银行集团（World Bank Group）。这五个机构分别侧重于不同的发展领域，但都运用各自的优势，共同实现促进经济发展和减缓贫困的集团目标。

世界银行的资金来源于成员国缴纳的股金、它向国际金融市场的借款以及发行的债券和收取的贷款利息。目前，世界银行有188个成员国，它们组成理事会并拥有世界银行的主权。一个由24个成员组成的董事会具体领导世界银行，每个董事代表一个国家(重要的捐助国)或一组国家，董事由该国或国家群任命。每个成员国的表决权分两个部分:第一个部分是所有成员国相同的，第二个部分按每个成员国缴纳的股份不同而异，因此成员国的表决权按其所占股份的比例会有所不同。2010年世界银行发展委员会春季会议通过了发达国家向发展中国家转移投票权的改革方案，这次改革使中国在世界银行的投票权从2.77%提高到4.42%，成为世界银行第三大股东国，仅次于美国(占17.37%)和日本(占7.9%)。

2013年，世界银行设立了更为具体的但仍雄心勃勃的两大目标：(1) 促使各国和国际社会共同努力，在一代人时间内终结极度贫困，其目标是到2030年将处于日均1.25美元贫困线下的贫困人口比例降低到3%以下；(2) 促进"共享繁荣"，即社会中较贫困阶层的福祉实现可持续增长，目标是促进各国处于底层的40%人口的收入增长。

1.1.2 业务策略

根据世界银行的宗旨，其主要业务活动是对发展中国家提供长期贷款，即对成员国政府或经政府担保的私人企业提供贷款和技术援助，支持对教育、卫生、公共管理、基础设施、金融和私营部门发展、农业以及环境和自然资源管理等诸多领域的投资。部分世界银行项目由政府、其他多边机构、商业银行、出口信贷机构和私营部门投资者联合融资。世界银行也通过与双边和多边捐助机构合作建立的信托基金提供或调动资金。

除资金帮助外，世界银行还在所有的经济发展方面提供咨询服务和技术协助。世界银行的经济和部门工作(Economic and Sector Work，ESW)是为了全面了解借款国的发展问题、对外融资的需要和外部资金的可得性以及对发展战略和捐款方的援助活动进行评估提供分析框架，它因而可以向借款国提供政策和公共支出咨询。另外，经济和部门工作的一个重要目标是事先找出穷人能够直接受益的高收益的项目，从而为贷款项目和其他业务的开发奠定分析基础。

世界银行为就各国自身规划设计和资源分配方案做出战略性选择而采取的主要工具是其国别援助战略(Country Assistance Strategy，CAS)。此战略是基于世界银行、受援国政府及当地发展组织一起对该国社会经济所做的综合性分析而制定的，它有助于识别在哪些关键领域世界银行的援助能对减贫扶贫产生最大的影响。2002年7月以来，在同低收入国家合作的过程中，世界银行的国别援助战略一直以该国减贫战略文件为依据。在《国别援助战略》编制过程中，世界银行在同受援国政府协商的基础上，对该国的贫困状况、农业、卫生和教育制度、环境政策、政府采购或财务管理等问题进行调研,对当地的制度发展形势和管理能力建设进行全面分析,从而决定世界银行在项目资金和技术援助上的水平和幅度。

在与中等收入国家合作中,世界银行与受援国政府有关部门一同制定《国别伙伴战略》方案(Country Partnership Strategy, CPS),用以指导共同努力的发展方向。在这方面,世界银行近期进一步提出系统的国别研究方法(Systematic Country Diagnostic, SCD)来与受援国政府一起诊断识别其最大的扶贫攻坚任务及可持续的分享繁荣的机会。在此基础上,形成的国别伙伴框架(Country Partnership Framework, CPF)既反映出该国的由CPS指导的总体发展战略,也与世界银行最新提出的消除绝对贫困和促进共同繁荣的双峰目标相一致。

1.1.3 贷款类型

世界银行对贷款方式有多种分类,诸如:(1) 特定投资贷款;(2) 部门贷款;(3) 结构调整贷款;(4) 技术援助贷款;(5) 紧急复兴贷款;(6) 发展政策贷款;(7) 结果导向型贷款。其中,"特定投资贷款"的全部和"部门贷款"的一部分,属项目贷款,余者基本上属非项目贷款。这些种类的贷款是在1984年后重新划分的,针对不同类型的需要,以适应形势的发展。之前的世行贷款项目分类以"项目贷款"和"非项目贷款"划分而未强调"部门"战略。项目贷款期限为20～30年左右,宽限期5～10年。

从贷款性质上看,世行的贷款总共有三种:投资贷款(IPF)、结果导向型贷款(PforR)和发展政策贷款(DPL)。投资贷款资助众多部门经济与社会发展项目建设所需的货物设备、土建工程和咨询服务,其执行期一般为5～10年。这是世界银行资助的主流贷款模式。发展政策贷款通过向借款国提供非指定用途的一般性预算支持和快速支付型外部资金,促进政策与制度改革,其执行期一般为1～3年。发展政策贷款原先旨在为贸易政策和农业改革等宏观经济政策改革提供支持。随着时间的推移,它们已演变为更加注重结构性、金融部门以及社会政策改革,注重改进公共部门资源管理。

近年来世界银行开发出的结果导向型贷款模式,即基于结果导向的规划贷款。应该说结果导向型贷款(PforR)介于项目投资贷款(IPF)和发展政策贷款(DPL)之间,即将投资贷款融入贷款国的部门或区域的自主发展规划之中,由贷款方统一规划、管理和执行。世界银行根据绩效和结果进行贷款支付。结果导向型贷款(PforR)的主要特点是注重结果导向,每个项目有清晰完整的结果指标体系。其贷款资金与贷款方自身预算资金结合使用,支付进度以指标完成情况为准。这类贷款仅限于中低风险项目,依赖于借款国的环境和社会体系对项目的环境和社会影响进行管理。结果导向型贷款(PforR)使贷款方对贷款的使用更具自主性和灵活性,根据其自身的统一规划,结合世界银行的资金和协助达到综合发展的目的。

世界银行贷款的分类可具体表述如下：

(1) 具体的投资贷款，即项目贷款。这是世界银行业务的主要组成部分，这类贷款占世界银行提供贷款的一半以上。通常用于发展中国家经济和社会发展的基础设施以及大型生产性投资。世界银行在农业和农村发展、教育、能源、工业、交通、城市发展和供水等方面的大部分贷款属于这一类，并由世界银行工作人员负责项目评估和监督完成。

(2) 部门贷款，又称行业贷款。包括部门投资贷款、金融中介贷款和部门调整贷款三种。这三种贷款的使用重点各有侧重：①部门投资贷款的使用重点是改善部门政策和投资重点，以及增强借款国制订和执行投资计划的能力，如交通运输部门贷款、教育部门贷款、农业部门贷款等。在项目安排、资金使用等方面比较灵活，贷款金额较大，支付速度较快，一般用款周期为3～5年。②金融中介贷款的使用重点是面向开发金融公司和农业信贷机构的贷款的使用前提是双方必须就转贷对象的选择标准、转贷利率和加强组织机构的具体措施达成协议。世界银行十分强调金融机构在为客户服务质量、转贷利率、机构建设等方面的竞争。③部门调整贷款的使用重点是专门为支持某一具体部门进行全面政策和体制改革的贷款，但比较结构调整贷款涉及的范围要窄，前提是当借款国总体经济管理和改革状况或经济规模不允许进行结构调整时，可选用这类贷款。与前两种贷款不同，部门调整贷款的主要目的是支持某一部门的政策改革，通常为特定部门的进口提供所需外汇，并预先确定受益人或按双方商定的标准选择受益人，一般用款周期为1～4年。

(3) 结构调整贷款，又称纯政策性贷款。它旨在支持和帮助借款国在宏观经济、部门经济和机构体制方面进行全面的调整和改革，以克服经济困难，特别是在国际收支不平衡时使用。这类贷款使用有严格、苛刻的条件，若借款国未能按预定的条件执行，第二批贷款就停止支付。这类贷款执行期短，一般为1～2年。

(4) 技术援助贷款。这种方式的贷款旨在支持借款国有关制定和执行政策、参与经济发展战略规划的机构，或为大型投资项目准备实施和管理的机构用于咨询服务、研究课题和人员培训。这类贷款占世行贷款的3%左右，一般用款周期为2～5年。

(5) 紧急重点贷款。贷款目的是帮助借款国应付自然灾害或其他灾难。贷款用于灾后的重建工作，以恢复生产、安定人民生活。

(6) 发展政策贷款(DPL)。该贷款旨在资助成员国政府的政策和机制改革活动，支持的重点领域包括宏观经济、金融和社会。目前，发展政策贷款项目的总体宗旨是推广竞争性市场结构(如法制改革)，纠正激励机制(税收和贸易改革)扭曲，建立适当监测与安全保障体系(金融部门改革)，营造有利于民营部门投资的环境(司法改革、通过现代投资法规)，鼓励私营部门开展活动(私有化与公私伙伴合作)，促进良政治理(公务员制度改革)，缓解发展政策的短期不利影响(建立社会保障基金)。DPL项目执行期短(通常为1年至3年)。DPL的总规模以及单个DPL项目的规模均没有硬性限制,根据不同国家的需求及国情确定,但需遵守国别贷款上限的有关规定。DPL可以由中央政府借用,也可由省级及省级以下地方政府借用,地方政府借用DPL时,需由中央政府转贷或提供担保。

DPL以支持政策改革为目标,世界银行需要首先评估借款国的宏观经济政策和制度框架以及以往政策改革的执行情况,还要与借款国政府共同制定相关领域的政策改革措施和绩效目标,就此达成一致后提交执董会审批。对于地方政府的DPL项目,世界银行还要评估地方政府的偿债能力和中央与地方政府的财政转移支付关系是否完善。执董会批准后,世行贷款资金直接进入借款人的财政预算统筹使用,不指定用途。DPL不适用世行投资贷款项目的安全保障政策,但需按照世行业务政策8.6条制定受托风险管理措施。DPL项目的平均准备时间为6个月至12个月。

(7) 结果导向型规划贷款(PforR)。结果导向型规划贷款定位在世行现有投资贷款和发展政策贷款之间,作为两者补充,为借款国提供更多可选择的贷款工具,以支持借款国部门或部门分支的规划。

世行贷款资金依据所资助的发展规划的各项预设指标的完成进度进行支付,可提供不超过贷款总额30%的预付金。结果导向型规划贷款(PforR)在设计时具有很大的灵活性,可支持各个领域的发展规划,可以是新项目,也可以是在建项目,可以由中央政府借用,也可以由省级及省级以下地方政府借用,完全由借款国政府主导。结果导向型规划贷款(PforR)主要依赖借款国的行业规划,但世行需按照相关业务政策要求对项目的战略相关性、技术可行性、公共支出分析、受托风险管理框架、环境和社会系统以及风险等进行评估。结果导向型规划贷款(PforR)项目的平均准备时间通常为10个月至12个月。

世界银行只向成员国政府,或经成员国政府、中央银行担保向公私机构提供贷款,贷款期限较长。贷款一般用于世界银行审定、批准的特定项目,重点是交通能源、公用工程、城市发展、农业建设和教育卫生建设等基础设施项目,只有在特殊情况下,世界银行才考虑发放非项目贷款。成员国确实不能以合理的条件从其他方面取得资金来源时,世界银行才考虑提供贷款。一般世界银行对一个成员国的贷款总额度不能超过165亿美元(至2014年2月11日此额度由于利率提高0.5%而增长为190亿美元),贷款利率参照资本市场利率而定,一般低于市场利率,现采用浮动利率计息,每半年调整一次。世界银行对贷款收取的杂费较少,只对签约后未支付的贷款收取0.75%的承诺费。贷款只发放给有偿还能力、且能有效运用资金的成员国,贷款必须如期归还,不得拖欠或改变还款日期,借款国要承担汇率变动的风险。贷款必须专款专用,并接受世界银行的监督,世界银行不仅在使用款项方面,而且在项目管理、工程进度、技术鉴定、物资采购、财务审计、环境和社会影响等方面都进行监督。

1.1.4 改革与发展

经历60多年的发展，世界银行的运行机制也在不断顺应时代发展的要求而进行不断更新和发展。当前，世界银行正在推进旨在增强包容性、促进创新、提高效率、增强效果和促进问责的多项改革，并加大同联合国、国际货币基金组织、其他多边发展银行、捐赠方、公民社会及基金会的合作力度。同时，为了能反映21世纪国际经济发展实际情况、承认更多利益攸关方的作用和责任、赋予发展中国家更大话语权，世界银行还要进一步深化改革。

所有这些改革旨在提高服务质量、促进成员国社会经济发展，同时也为创新成员国与世界银行的合作模式开辟新的途径。以下提及的一些突出的改革事项将会对这方面的思考具有特别的意义：[①]

（1）提升透明度，增加信息获取渠道。世界银行免费提供越来越多且方便获取的工具、研究报告和知识，帮助人们应对当今世界面临的发展挑战。2010年7月1日起实行的信息获取政策大大增加了世界银行分享其全球知识的机会，也通过提供项目和规划的更多信息大大增加了提升其业务质量的机会。

（2）增加话语权，提高参与度。为增加发展中国家和经济转型国家在世界银行集团的话语权和代表性，世界银行正在实行改革，将给撒哈拉以南非洲地区新增一个执董会席位，逐步把发展中国家的整体投票权重至少提高到50%。

（3）促进问责和治理。十多年来，世界银行集团一直在公共部门绩效、公共财政管理、公务员制度改革、地方分权、司法体制改革、公民社会参与、透明与问责等领域致力于处理治理与反腐败相关问题。世界银行的参与治理与反腐败工作战略要求重视治理与反腐败工作，因其对增强发展成果起着关键作用。这些成果包括卫生、教育、道路、供水和供电等领域的服务提供得到改进、自然资源收入管理得到加强、基础设施投资效率得到提高等等。世界银行各领域项目也系统地把治理与反腐败内容纳入项目设计，目的是更有效地管理腐败及财务与采购风险，确保发展项目资金用得其所。

（4）加强风险管理，改革投资贷款模式。投资贷款或项目贷款仍然是国际复兴开发银行和国际开发协会的主要贷款工具，占两机构贷款额的比重最大，约占两机构年度承诺贷款额的三分之二，占两机构实施中贷款总额的90%以上。世界银行现在正大力改革其投资贷款模式，以便更有效地回应借款国的需求和不断变化的全球环境。新的贷款模式要求更加重视结果和风险，简化低风险项目的审批流程，更加重视监督检查和高风险投资。

---

① 参见世界银行网站：世界银行改革。

1.2 世界银行与中国的合作

自1978年实现改革开放政策以来，中国经济社会取得了显著成绩。2014年中国人均国民总收入达7 380美元，国内生产总值(GDP)达10.36万亿美元，已成为世界第二大经济体，农村贫困发生率降低至2.8%以下。中国目前已经成为世界上最大的出口国和第二大进口国。经济的发展使中国影响力不断增强，在国际舞台上发挥着日益重要的作用。同时，中国仍然是一个发展中国家。中国的人均国民收入在世界上仍排在一百位之后，按照日均消费1.25美元的国际贫困线标准，中国还有0.7亿多贫困人口，贫困人口数量在世界上仅次于印度排名第二。另外，中国还面临着转变发展方式，调整经济结构以及人口老龄化等挑战，如"十三五"规划纲要所阐明的，为了实现可持续增长，中国需要对政策做出重大调整。中国经济社会的发展正处在一个关键的时间点上。

对于世界银行来说，中国是其最好的合作伙伴之一。截至2014年6月30日，世界银行累计对华贷款(国际复兴开发银行和国际开发协会贷款总和)约为540亿美元，贷款项目376个。项目主要集中在环境、交通、城市发展、农村发展、能源、水资源管理和人类发展等领域。至2015年中国的世行贷款在建项目有112个，涉及贷款投资130亿美元；其中2015年度批准的项目18个，贷款投资18.56亿美元。在国际复兴开发银行借款国中，中国信誉最佳，项目绩效属于最好之列[①]。总体上看，中国在利用世界银行贷款促进经济社会发展方面做得相当成功。30多年来，为满足中国快速变化的需求，世界银行在华工作的性质和合作战略也相应做出调整。在早期阶段，随着贷款投资，世界银行提供技术援助，引进基本的经济改革理念、先进的项目管理方法和新技术。随着时间的推移，世界银行工作重点逐步转向制度建设和知识转让，并以省级的公共和私营部门投资项目作为引入和示范创新的平台。在中国成功推行新做法并取得史无前例的发展成就之后，中国与世界银行开展了双向交流，将当地实际情况和能力与国际经验相结合，探索独特的发展方式。同时，世界银行主张知识分享，为满足其他发展中国家向中国学习的需求，世界银行还扮演了知识中介的角色，协助中国与其他国家分享其重要的发展经验和知识。

随着中国经济社会的不断发展，中国在迈向中高收入国家过程中也面临新的挑战，中国和世界银行的合作也面临新的机遇。这两年，世界银行和国务院发展研究中心联合撰写了研究报告《2030年的中国：建设现代、和谐、有创造力的社会》。该报告

---

① 2007—2012财年，国际复兴开发银行对华贷款总额达99亿美元，支持75个投资项目，平均每年贷款约16.5亿美元，其中约有96%的项目被评为满意或更高等级。除了省级和地方层面的项目成果之外，国际复兴开发银行的许多项目都示范了一些可以在其他地方推而广之的方法。

在预测未来二十年全球大趋势和审视中国的机遇、挑战和能力的基础上，提出了六大战略方向：

（1）强固市场经济基础。重新界定政府职能，发展私营部门，促进产品市场的竞争，深化土地、劳动力和金融市场改革。在政府直接提供的“有形”公共产品和服务相对减少的同时，需要提供更多的诸如制度、规则和政策之类的“无形”公共产品，以提高生产效率，促进竞争，推动专业化分工，改善资源配置效率，保护环境，降低风险与不确定性。

（2）加快创新步伐。建立一个开放的创新体系，在这个体系中，竞争压力将激励中国企业不仅通过自身的研发（R&D），而且通过参与全球研发网络，进行产品和工艺创新。虽然依照国际标准，以人均收入水平而论，中国的研发投入占 GDP 的比重较高，但还需要进行大量工作以确保这些投入能够转化为具有商业价值的创新，从而最终帮助中国企业向价值链高端转移，并在同一产品领域与发达经济体展开有效竞争。为此，应将重点放在以下领域：提高大学毕业生的技能和认知能力，建设一批与产业紧密联系的世界一流研究型大学；促进“创新型城市”发展，集聚高素质人才、知识网络、充满活力的企业和学习型组织，并使这些机构自由互动；为新创建的私营企业提供更多的长期风险资本。

（3）实现“绿色发展”。鼓励绿色发展，提高资源利用效率，这不仅能提高生活福利水平，还可能有助于实现经济快速、持续的增长。中国不想重蹈发达国家“先致富后治污”的覆辙；相反，中国希望通过一种促进环境保护和技术进步的经济增长方式，走上绿色增长之路，这一战略可以成为其他发展中国家甚或发达经济体借鉴的典范。实现这一愿望需要将激励、法规、标准和公共投资等多种手段相结合，这些手段有助于鼓励对污染低、能源和资源利用效率高的产业的投资，在全球朝阳产业中赢得竞争优势。

（4）为所有人提供更多机会。通过获得良好的就业、融资、社会服务及可转移接续的社会保障机会等，扭转不均等现象，帮助家庭管理和应对与就业和老龄化相关的风险，提高流动人口的家庭福利水平。为此需要采取以下措施：向农村居民和流动人口提供更多的、更高质量的公共服务——从儿童早期教育到高等教育，从初级卫生保健到老年卫生服务；提高核心教育、卫生服务的质量和效率，加大这些服务对经济转型的贡献，确保服务的可持续性和机会均等；改革社会保障制度，完善社保权益的转移接续；动员社会各界，包括公共和私营部门、政府和民间组织、家庭和企业等，共同承担公共服务的融资、提供和监督职责。社会服务和社会保障制度的改革，还需要辅之以阶段性的户籍制度改革措施，以缩小流动人口在享受社会权益方面的差距。

（5）强化财政体系。提高税收结构的效率，改善政府财政管理水平，确保地方政府有足够的资金可以履行其繁重且越来越大的财政支出责任。未来财政战略的一项重要内容是，在控制财政支出的同时，调整支出构成以应对新的社会和环境挑战。

(6) 与世界建立互利共赢的关系。成为全球经济中积极的利益攸关方，主动利用多边框架，影响国际贸易、全球金融稳定、气候变化、粮食安全和国际援助架构等全球治理议程。

此六大战略方向是中国和世界银行对未来二十年中国发展关键的共识，也是指导双方继续合作的方针。很显然，无论在理论上还是在实践中，这六大方略将不能仅仅以资本密集型的方式来执行。其中每一条都与改革、创新、可持续发展等紧密相连，需要有足够的锐气和睿智。实际上，此《2030年的中国》报告本身也表明，合作研究、知识分享，将成为中国和世界银行合作中的重要部分。

中国政府曾经总结30年来与世界银行合作的经验，概括为三个方面的合作：贷款合作，知识合作和国际发展合作[①]。在新的形势下，贷款作为传统的合作方式要"着重'三个转变'，即从重贷款数量向重贷款质量与效益转变，从重贷款筹借向重贷款使用与偿还转变，从重资金引进向资金与智力引进并重转变"。知识合作方面，特别强调利用世界银行作为知识平台的优势，使其有重点、有针对性地为中国改革与发展关键领域提供可资借鉴的理念、经验、技术和政策建议，推动体制和制度创新，促进加快经济结构调整，为全面建设小康社会服务。显然，知识合作与时俱进，为我所急，渐成核心；并且与国际发展合作密不可分，既推动南南交流，知识分享，也配合世界银行的改革与创新。这一趋势也与中国地方层面的要求意愿相吻合。世界银行在进行2012财年中国国别问卷调查时，了解到世界银行对于中国的最大价值在于引进新的观念和创新，传播国际最佳实践，进行创新试点并加以推广扩大。与此形成对比的是，2006财年的调查问卷回复者认为，资金是世界银行最有价值的一面。中国与世界银行合作主观认识和客观形势的变化由此可见一斑。

总体而言，几十年来中国和世界银行有着互利共赢、十分成功的合作。中国的经济增长得益于世界银行的援助，而中国的经济社会发展又推动了世界银行所倡导的全球减贫和共享繁荣。在当前的经济形势下，中国更需要从世界银行获得的援助，不仅仅像以前一样以投资贷款为主，而是对于经济转型的经验分享和知识转移。因而世界银行在今后的双方合作中，将强调通过各种分析咨询服务，促进知识分享与合作，非贷款服务的重要性将更加凸显。这说明双方合作的内容和需求的变化，同时也说明世界银行作为国际金融组织，要如何以它的运行机制规范和预期它在中国的非商业金融活动。2015年世界银行开始在中国推动"结果导向规划贷款的项目合作"，即结果导向型规划贷款(Program for Result, PforR)，意将世界银行的贷款直接融入中国政府的行业发展框架中。这种新方式是在原有贷款规模之上增加新的额度，使

① 参见：财政部李勇副部长就中国与世界银行合作30周年的问答.财经报，2010-9-7.

世界银行对中国的贷款融资每年预计又可多出10亿美元左右，而且中国在利用这样的贷款时有了更多的自主性和灵活性。这实际上是以融资的方式体现的双方的互动，既体现了世界银行加强和中等收入国家的合作，也表明了中国和国际金融组织在世界发展的平台上进一步互利共赢的创新方向。

就目前中国从世界银行的贷款模式而言，新的贷款类别的出现和扩大，也迎合了当前的发展趋势。除了以往传统的投资项目（IPF）及技术援助项目（TA），结果导向型规划贷款项目（PforR）已经开始实施，发展政策项目（DPL）也在规划。而这后两项贷款模式，以前并没有在中国实施过。从中国政府和世界银行协商的2016—2018财年世界银行在中国三年贷款滚动计划来看，结果导向型规划贷款项目（PforR）已占到总投资计划的48%，发展政策项目（DPL）占到14%，而传统的投资项目（IPF）只占38%。这充分说明了当前双方合作模式的发展新趋势。表1-1展示这个世界银行贷款三年滚动计划的初步预算和分类。

表1-1　世界银行在中国贷款投资三年滚动计划2016—2018财年

贷款分类	总规模	IPF（含 TA）	PforR	DPL
项目数目	22	13	7	2
贷款额度（亿美元）	55	21	26.5	7.5
投资占比（%）	100	38	48	14

在充分了解了世界银行贷款产品种类的情况下，项目单位或行业主管部门必须按要求编制利用世行贷款项目建议书。在编制世行贷款项目建议书时，要特别结合世界银行对项目申报的要求和有关内容，以便在向世界银行报送项目申请时具有针对性并具完备的相关资料。

1.3 世界银行的项目周期

世界银行贷款项目的运行一般包括一个完整的周期，即一个项目从提出到完成的全部过程。项目周期因此成为项目运行的具体表现，从中体现出世界银行贷款业务的操作要求以及程序规范。世行贷款项目周期一般包括8个顺序阶段，前一个阶段是后一个阶段的基础条件，而一个阶段结束之后才能开始下一个阶段。项目周期中的每一阶段都有明确的任务和指标，目的是确保项目按贷款国的需要设计和实施，并达到预期的结果。

图1-1所表述的是一个世行贷款项目周期始末的整体形象[①]。

---

① 参见世界银行网站，世界银行项目周期。

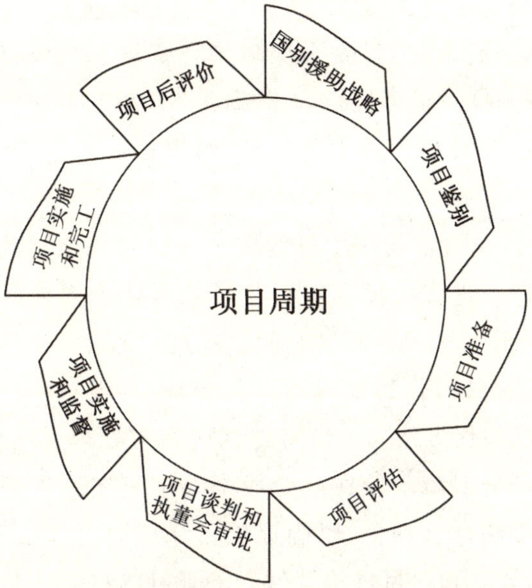

图1-1 世界银行贷款项目周期示意图

世界银行对以上各个阶段的具体内容、工作流程和决策程序均有明确详细的规定。大致表述如下：

(1) 国别援助战略：国别援助战略，又称国家援助战略，世界银行根据有选择性框架和有比较优势的领域、针对国别减贫工作的开展情况准备提供贷款和咨询服务。根据其现行发展政策规定，世界银行帮助各国政府牵头制定并实施减贫发展战略，认为由各国主导制定、实施并赢得利益相关方广泛支持的规划，更有可能取得成功。在各国政府制定的《减贫战略》的基础上，世界银行与贷款国一起编制《国别援助战略》(CAS)。在中等收入国家，世界银行与政府合作编制《国别伙伴战略》(CPS)。目的是根据贷款国的减贫和发展的需要，制定在一段时期内针对包括基础设施、农业、卫生、教育、公共支出和预算、财政管理等社会经济发展的战略框架。

(2) 项目鉴别：该阶段要识别出能够支持各战略实施、满足财务、经济、社会和环境要求的项目，也要对发展战略进行分析。CAS中扼要描述的目标指导世行贷款计划重点内容的确定，而对世界银行今后潜在贷款领域感兴趣利益相关方即各部门和地方而言，它们是很好的信息来源。在识别阶段，世行项目团队同政府一道识别各个领域中那些符合既定发展目标而可以得到资助的项目。一旦项目被确定，世行项目团队就着手编制《项目概念性文件(PCN)》。它是一项篇幅为4～5页的内部文件，扼要描述项目的基本内容、建议目标、潜在风险、替代实施方案以及项目审批的大致时间表。此后世界银行方面要着手准备两个公开文件，即《项目信息文件》和《项目安全保障综合资料表》。前者篇幅通常为4～5页，内含项目目标和项目简介等信息以及世界银行项目经理姓名。项目经理负责监督、检查项目实施，是感兴趣的项目投标商同世界银行联络的主要联系人。投标商的标书要符合有关项目的要求,《项目信息文件》是不可或缺的资料。后者《项目安全保障综合资料表》也在项目的首次正式审查后编写,也要对外公开。针对世界银行的十项关于环境和社会的安全保障政策,该表格确定项目与这些安保政策相关的主要问题,给出这些问题将如何在项目准备期间予以解决的信息。

(3) 项目准备:世行提供政策与项目咨询建议以及资金援助,贷款国开展研究并编制最终项目文件。这一进程由世界银行与贷款国合作主导推动,而且视拟议项目的复杂程度,可能需要几个月至一两年时间。在此过程中,世界银行起支持作用,应要求提供分析与咨询;项目面临的技术、机构、经济、环境、社会和财务问题——包括是否有实现相同目标的替代方法——也将得到研究与处理。世界银行的各项业务政策,包括财务、采购和安全保障政策在此阶段都要求落实。从安保政策的角度讲,项目准备要开展环境评价和社会评价,以确保项目在环境上和社会发展方面避免或减少负面影响,增加正面效益和项目可持续性。环评社评的范围取决于项目的范围、规模、复杂程度和潜在影响。环评需要准备《环境评价报告》,分析项目的潜在环境影响以及为缓解潜在危害而采取的步骤。如果需要,还有进一步准备《环境行动计划》,描述一国的主要环境问题,识别问题的主要致因,形成处理问题的政策和具体行动。社评如果发现负面影响包括征地拆迁和非自愿移民,项目要根据世行 OP4.12 非自愿移民安保政策准备《移民安置计划》,确保移民和受影响人群的权益得到保护、他们的生计得到恢复和发展。如果项目是在一些少数民族地区实施,社评要根据世行 OP4.10 土著居民安保政策,针对当地民族情况准备项目的《少数民族计划》等,识别项目对少数民族健康、生产资源、经济和环境的潜在影响,确保当地少数民族人群平等参与项目活动和从中受益。所有这些安保文件都要在当地公开,也要在世界银行的信息中心公布。

(4) 项目评估:世行从经济、技术、机构、财务、环境和社会等各方面对项目进行评估,编制项目评估文件(PAD)及法律文件草案。这一阶段的工作将由世界银行主要负责。通常在项目正式评估前世界银行会安排一个预评估工作,派遣预评估代表团审查所有方面的工作是否达到了评估的水平。所以预评估实际上是很关键的时刻,它直接认定项目准备的情况及决定何时评估等。这个时候也是最后一次研讨项目准备的各个环节,把握和解决存在的问题和偏差,确定最终的设计和实施方案。预评估通过之后,评估便主要是完成相关的程序。世行项目团队由贷款国项目办协作正式审查项目自识别和准备阶段以来开展的工作及完成的文件,最终确定项目准备工作的完成及评估的结论。财务管理工作组则要对项目的财务部分进行评估。世行项目团队还要为世行管理层编制《项目评估报告文件(PAD)》(投资项目)或《规划文件》(调整贷款项目),作为世界银行批准项目谈判及报世界银行董事会批准的依据。本阶段还要对《项目信息文件》进行更新，所有这些文件将在项目获准后正式对外公开。

(5) 项目谈判和执董会审批：世界银行和借款国就《贷款协议》或《信贷协议》达成一致意见，然后将项目提交执董会审批。世行项目团队对拟议项目进行评估后，世界银行及贷款国就其最终架构进行谈判，双方就贷款的条款和条件达成协议。之后，《项目评估报告文件(PAD)》或《规划文件》同《行长备忘录》和法律文件一道被提交世行执董会审批。相关文件也要提交贷款国政府审批，而该审批可能涉及国务院或部长委员会及贷款国立法机构的批准。上述文件获得批准后，由双方代表签署《贷款协议》。正式签署的法律文件一般包括两部分：《贷款协议》(或融资协议)和《项目协议》[①]。《贷款协议》(或融资协议)一般由贷款国财政部代表贷款国与世界银行签署，内容包括定义和一般条款，贷款金额、费用、利率、还款安排，贷款用途，生效条件，联系信息等五部分。《项目协议》一般由世界银行与项目实施单位签署，主要用于约束对方，确保项目的执行过程符合世界银行的相关要求。《贷款协议》(或融资协议)一般只有一份，《项目协议》则可以根据项目实施单位的数量签署一份或多份。《贷款协议》一旦签署，就可以在满足相关条件的情况下宣布贷款或信贷生效，或其支付准备工作已经完毕，同时可以将协议对外公开。

(6) 项目实施和监督：借款国实施项目。世界银行确保贷款/信贷资金用于既定目的，实现资金的经济和高效使用。贷款国负责项目实施，而世界银行负责项目检查。一旦贷款获准，借款国政府用世界银行提供的技术援助，研究编制项目技术规范文件，评审项目货物和咨询服务采购标书。世界银行将对评标工作进行审查，以确保其《采购指南》得到执行。如果《采购指南》得到执行，世界银行将会支付贷款资金。世界银行财务管理工作组持续对项目财务管理工作进行监督，包括要求定期提交经审计的财务报表。如果项目涉及世行安全保障政策的实施，世行项目团队还要对项目安保政策文件的落实进行检查。世行项目团队一年一般来华进行两次检查，从各个相关方面监督项目实施的进度和质量。每次检查之后，世行项目团队要提出《检查备忘录》给贷款国业主参考并向世界银行管理层报告。每年世界银行管理层要编写《在建项目进展情况报告》，对上一财年的所有在建项目进行简要描述。

(7) 项目实施和完工：项目业主和世行项目团队都要编制项目《实施完工报告(ICR)》，评价世界银行和借款国绩效。在支付期末(支付期为1～10年不等)，世行项目团队将向世界银行管理层和执董会提交涉及项目成果、问题和经验教训的实施完

---

① 从表面上看，世界银行贷款协议的法律文本相当简单，贷款协议全长不过18～20页，其中正文部分不过3～4页；项目协议的长度一般在3～4页左右。但是，上述协议都明确约定，签约人必须遵守世界银行颁布的贷款通则、项目支付提款导则、采购导则、反欺诈和腐败导则等世界银行制定颁布的导则和各项业务和安保政策。这些导则和业务政策是世界银行在长期实践的过程中经不断修改完善逐渐形成的，适用于所有项目，除极个别的条款外，一般没有谈判的余地，借款国只能接受。严格地讲，这些文件也应视为贷款协议的法律文件，因此世界银行贷款的法律文件实际内容和长度相当巨大。

工报告(ICR),评价该项目的完成情况,供其参考。

(8) 项目后评价:世行独立评价机构—业务评价局—编制审计报告,对项目进行后评价。审计工作包括对项目完工报告(ICR)的审查和一份独立报告的编写,根据项目既定目标来评价其成果。《实施完工报告(ICR)》和《审计报告》最后将上呈世行执董会和贷款国,但不对外公开。另外,世界银行每年选取四分之一的已完工(或70个左右)项目编制《项目绩效评估报告》。该报告由世行业务评价局工作人员编写,耗时约为六周。在报告编写过程中,一般要对借款国项目进行实地考察,对项目成果、成果的可持续性以及机构发展影响等进行评价(在评价项目成果时要考虑项目的相关性、有效性和效率)。此外,还有一种《影响评价报告》,评估项目的经济价值以及对人与环境的长期影响。这些对项目进行的"二次评价"在世行贷款关账后5～8年进行。除这些之外,世界银行还有一种特殊的《检查组报告》。世界银行设有独立检查组,在项目受到投诉时,对受影响方的投诉进行评估,评判世界银行在其资助项目的设计、评估或执行方面,是否未能执行其业务政策和业务程序。

1.4 世界银行中国项目的管理机构

世界银行贷款项目在中国的运行管理,是通过各个相关机构协同操作管理的。下面将各机构的功能做一简要介绍。

(1) 世界银行方面:世界银行在中国的贷款项目,都是通过它的中国、蒙古和朝鲜局来执行的(以下简称"世行中国局")。世行中国局从1998年以来,从世界银行的美国华盛顿总部迁到中国北京市,和世行北京代表处是一个实体。业务上它有专门领域的分支和华盛顿总部的各个专业部门对应,协调管理世行贷款项目。同时,它负责和中国政府的日常工作联系,和国家发改委、财政部的国际司(外资司)及其他部门和地方政府有关方面,保持频繁的业务往来。针对每一贷款项目,世界银行都有专一的管理团队,团队中包括必要方面的技术、经济、财务、环保和社会职能的专家,他们或来自北京代表处,或来自世行总部和从其他单位聘请(如联合国粮农组织FAO)。世界银行是以项目经理负责制的方式管理贷款项目,项目经理要向部门局长负责。世行部门局和中国局按照每年和中国政府达成协议的三年贷款项目滚动计划,安排和批准具体项目。按照上节介绍的世行项目运行周期,世行项目团队参与和负责从始至终的项目活动。

(2) 国家发改委方面:国家发改委和财政部代表中国政府统一规划、安排和指导与世界银行的一切活动联系,其中包括中、长期的世行贷款的规模、进度以及每一年的世行贷款项目的审核和批准。国家发改委每年负责筛选和审定全国各省(区、市)和中央有关部门上报的申请世行贷款的项目,在此基础上,每年要和财政部一起与世界银行讨论商定后三年的世行贷款备选计划和项目安排，并报国务院批准。国家发改委外资司世行项目处具体负责世行贷款项目管理的有关事宜，它负责管理每一项世行贷款项目的审批和执行程序。

(3) 财政部方面：财政部是中国政府对世界银行交往的窗口，负责针对世行贷款包括宏观和微观全方位的管理。根据世行贷款的类别，财政部国际司有不同的处室具体负责，比如投资贷款项目主要由国际司二处负责。财政部国际司每年参与关于世行三年滚动贷款计划的制订，并决定每年世行贷款的额度和具体的贷款项目。财政部代表中国政府出席每项世界银行在华贷款业务的认定、评估和谈判，并最终代表中国政府在《贷款协议》上签字。财政部国际司要指导和跟踪世行贷款项目的全周期，并具体操作世行贷款资金的拨付和还贷事宜。

(4) 项目管理办公室(PMO)：项目管理办公室是项目的主要实施管理单位，根据项目的行业不同，一般会设在中央或项目省(区、市)有关行业主管部门，有些比较综合的项目，项目管理办公室也会设在省、市发改委。根据项目涉及的范围，有些项目会设置多级项目管理办公室，县(市、区)项目管理办公室将负责具体执行项目实施与管理工作任务，中央项目办(CPMO)和项目省(区、市)世行项目办同世行的项目管理团队进行对接，负责世行贷款项目的准备、实施、完成的全过程。针对世行贷款项目的内容，各级项目办内会包含执行项目所需要的具体的职能科室，如财务、采购、技术、环境、社会及监测评价等方面。同时，根据世行贷款项目管理的实际需要，项目办还可能聘用各类咨询单位或咨询专家个人，辅助不同的项目实施环节，如项目招标采购、环保、社评、移民安置规划、少数民族计划、监测评价等方面。

(5) 监理公司和咨询顾问：世界银行一般会要求项目办或项目实施单位聘用监理公司，对世行贷款项目的设备物资供货及土建工程施工质量进行监理。同时，在监理公司之外，再根据需要聘用一至几个咨询顾问/公司为项目的业务服务。世界银行对项目的建设期管理，主要针对贷款国政府和项目执行单位，一般不直接接触项目承包商、监理公司、咨询顾问等层面的工作。为了通过贷款国政府和项目执行单位约束这些具体实施项目的实体，保证项目实施结果，世界银行制定了非常详细的贷款通则及各种业务政策和指南(包括采购和监理指南、咨询顾问选择指南、预防和反腐败导则，安全保障政策等等)，要求贷款国政府和项目实施单位严格遵照执行，并要求事先对所有项目招标文件、投标公司资质和各种合同(包括货物供货和土建工程承包合同、监理合同和咨询顾问合同等)进行审查①。

(6) 独立审计机构：世界银行还会要求贷款国政府聘请独立的审计机构，按期对世行贷款资金的使用情况进行独立审计，并将项目审计报告提交世界银行。在中国，

① 参见辰旭《世行的项目周期》，载《中华工商时报》，2010年6月18日。

对世行贷款项目的独立审计工作，是由国家审计署及项目省(市、区)审计厅(局)来完成的。

1.5 世界银行贷款项目相对国内项目的主要特点和不同

从前几节所介绍的世界银行的业务政策及贷款项目周期来看，世行贷款项目和国内的类似项目之间，在项目前期准备和执行过程中，会存在一些不同之处。世行贷款项目的主要特点包括：

(1) 建设周期：世行贷款项目的建设周期相对较长，从项目确认开始到项目结束，一般需要5～10年。尤其项目前期准备工作的时间较长，以往1～3年，现在提速后，也多在1年左右时间。项目实施期一般为5年左右。

(2) 项目论证：世行贷款项目的论证工作，要求细致周全，预测数据确切可行，其中包括技术、财务、经济、环境和社会等诸方面。同时，世界银行还要求有替代实施方案的论证。

(3) 技术论证：在项目前期准备阶段，要经过技术可行性研究和初设报告，在项目评估时，要求项目技术达到技施阶段(详设)水平。

(4) 财务/经济论证：世行贷款项目的财务和经济可行性研究，要求详细说明项目成本和经济回报率(12%)对项目的可支撑性。

(5) 环境影响评价：要求准备项目的环境影响评价报告，其中包括分析项目对环境/生态的直接和间接的影响，对周边大环境的累积性影响和后续影响。同时，在项目环境影响评价中，还要包括有关的社会评价和公众参与的要求，说明项目影响分析经过了社会上广泛的知情协商，并准备世行贷款项目《环境和社会管理计划》。此外，环评报告还要包括对世界银行其他安保政策的考量，如适用，则要按政策要求准备方案和文件：

①自然栖息地：要准备对生物栖息地影响的防范措施；

②病虫害管理：要准备《病虫害管理计划》；

③林业：要准备对林业影响的防范措施；

④大坝安全：要准备《大坝安全报告》；

⑤物质文化资源：要准备文物保护 方案。

(6) 社会影响评价：社会影响评价报告的繁简可根据项目的实际内容而定，或与环评报告结合在一体，或自行成为独立社评报告。社评主要是基于对当地社会的分析及与社区民众的协商，对项目的社会影响进行评价，并通过当地人的参与，使项目的设计和实施为当地创造更多的发展机会，同时尽量避免或减少负面影响。社评在这方面要设计项目利益相关者的参与框架和《社会管理计划》。在识别和分析项目存在负面影响后，社评要提出应对的防范和减缓措施；涉及世行安保政策的，要提出按政策要求准备方案和文件。

(7) 少数民族问题：如果世行贷款项目将在少数民族聚居区实施，根据世行 OP4.10 土著居民政策的要求，针对当地少数民族的情况，项目要准备《少数民族计划》(或《少数民族计划框架》)，并经世界银行审查认可。

(8) 非自愿移民：如果世行贷款项目会涉及移民或征地拆迁，根据世行 OP4.12 非自愿移民政策的要求，项目要准备《移民安置计划》(或《简要移民安置计划》《移民安置政策框架》等)，并经世界银行审查认可。

(9) 项目实施计划(PIP)：和世行《项目评估报告文件(PAD)》相对应，项目执行单位(PMO)要准备《项目实施计划(PIP)》，作为项目实施的文件依据。它必须得到世界银行的认可，同时涵盖项目准备过程中所有世行要求的事宜。所有要求达标后，才能进入项目评估程序。评估完成之后进行谈判并提交世行董事会批准，最后双方签署贷款和项目协议。

(10) 实施管理程序：世行贷款项目实施的整个过程，都必须接受世界银行的监督，规定的手续要逐一审批。在《贷款协议》签订后，项目进入实施阶段，招标首当其冲。世行会对标书的编制、评标报告、与承包人签订的合同等进行审查。世行的审查会根据合同的金额和时间等情况，分为事前审查和时候审查，需要事前审查的合同，均要得到世行的不反对意见函后，方可进行下去，而报送世界银行之前，必须先经过国际咨询专家的审查。如在前节所提到的，对于项目实施中的招标、采购、合同和财务管理以及有关业务指南和安保政策的落实，世界银行都会提供专门的技术培训和指导。同时，世界银行也提倡项目执行方聘用专业咨询顾问和监理公司，确保项目实施程序公正，效果上乘。世界银行每年还要派出两次项目检查团，具体检查项目的实施与管理情况。

(11) 采购指南：世界银行规定项目招标采购采用“经济、有效、透明”的原则，其中最主要的中标原则是“最低评标价中标”(“最低评标价中标”意指在所有投标人的报价中，评标价最低的有资格的和响应性的投标获得第一中标权)。尽管世界银行在 2016 年提出了适宜于当地实践的采购改革，将最低评标价中标修改为最优报价中标，但项目采购实践和世行采购指南的磨合，仍需一些时日和一定的智慧。

(12) 财务管理：世界银行有专门的财务管理专家，持续对世行贷款项目财务管理工作进行监督，其中包括要求定期提交经审计的财务报表。财务管理的监督，包括世行贷款的支付进度，国内配套资金计划的落实状况，项目合同的运行与管理，以及所有项目资金使用的合法合理性。

(13) 安全保障政策：根据世界银行十项安保政策的要求，项目下所有根据适用的安保政策制定的安保文件都要逐一落实，如：《环境管理计划》及其相关的其他环境政策执行文件，要在项目承包商的合同中体现并在实施中落实。《少数民族计划》和《移民安置计划》，也均是项目实施中必须落实的具体内容，并非编制之后即可束之高阁。项目要特别聘请外部监测评价单位，定期监督评价这些安保文件的执行情况，并提交半年度监测评价报告给项目业主和世界银行。世界银行也有专职的安保专家参与世行项目团队，进一步检查和监督这些政策文件的落实结果，并视其为项目成败的关键指标之一。

(14) 项目完工报告：世行贷款项目实施结束时，项目执行单位要撰写《项目完工报告》。该《项目完工报告》要陈述世行贷款项目实施与管理的绩效，总结项目实施的经验教训，评价世行和业主的表现。世界银行方面，同时也要提交项目《实施完工报告(ICR)》，并且在其后几年中，世行独立评估局还会对项目进行抽样评估，提交项目的《后评价报告》。

以上列举的世行贷款项目在准备和执行过程中的这些特点，国内内资建设项目一般不具有类似性质，或不突出和表现不同。这些因素是申请和执行世行贷款项目的有关部门和项目执行单位应刻意了解和深刻体会的。

第 2 章　项目申请

2.1　世界银行对项目的选定及要求

世界银行贷款项目管理周期包括项目鉴别、项目准备、项目评估、项目谈判和签约、项目实施和监测、项目完工、项目后评价等主要环节。项目鉴别(Identification of Project)是世界银行项目管理周期的第一个阶段。这个阶段的主要任务是,识别拟申请利用世行贷款的项目,是否符合世行中国国家伙伴战略,项目在经济、财务、社会和环境等各方面是否合理,项目是否可行。

世界银行在分析我国经济社会发展的现状与未来走向、发展重点的基础上,研究制定"中国国别伙伴战略"。该国别伙伴战略反映未来 5 年世界银行与中国合作的领域、规模与方式,以及中国政府国民经济和社会发展五年规划的发展重点和政策取向。该文件一般以 5 个世行财年为一个编制周期。如 2011 至 2015 年世界银行对华国别伙伴战略,优先在应对环境可持续性发展、促进公平发展和社会包容、中国应对向中等收入国家转型面临的挑战提供分析咨询服务,为中国金融改革和地方政府融资等提供贷款支持,并全力推动中国进一步融入世界经济。并且在世行贷款项目合作的领域上,主要是支持资源节约、节能减排、环境保护、生态建设、城乡统筹和区域协调发展等方面的项目。

根据世界银行与中国政府新的《国别伙伴战略》(2013—2016 财年),世界银行对华新战略体现在以帮助中国实现绿色增长、包容性发展、与世界建立互利共赢关系作为总体目标。新的《国别伙伴战略》在内容上和地域上做出了一些调整,更多地将重点放在知识、创新与环保方面,更加侧重于我国的中西部经济落后地区。新的《国别伙伴战略》是世界银行未来几年在中国开展工作的指导框架,根据新的《国别援助战略》,世界银行在中国战略投资,将把工作重点集中在以下三个主要领域:

(1) 支持更加绿色的增长。主要是帮助中国走上可持续能源道路,改善城市环境服务,促进低碳城市交通,推广可持续农业实践,开展可持续自然资源管理试点,示范污染管理方法,加强应对气候变化的管理机制。

(2) 推动更具包容性的发展。提高优质医疗卫生服务和社会保护的可及性,加强农民工技术培训及其他职业技能技术培训项目,扩大农村和小城镇的机会,改善交通连通性促进更均衡的区域发展。

(3) 与世界建立互利共赢的关系。支持中国政府开展南南合作,在全球发挥利益攸关方作用。新的《国别伙伴战略》强调知识共享与合作,通过分析咨询活动转移知识,并以省级的公共和私营部门投资项目,作为引入和示范创新做法的平台。

申报利用世行贷款项目时,为确保项目能够列入我国利用世行贷款三年滚动计划备选项目的命中率,应充分考虑以下几个方面的具体要求:

(1) 项目发展目标必须符合世行的"中国国别伙伴战略"要求。

(2) 所选项目必须符合世行在中国贷款项目的重点领域。

(3) 项目应符合我国政府国民经济和社会发展规划、国家利用外资战略、产业政策、重点发展领域和地方、行业发展规划。

(4) 项目应注重创新性、前瞻性、示范性和能促进体制机制改革。

(5) 项目应符合国家外债管理的原则和要求,充分考虑本地区外债偿还能力、配套资金能力和项目执行单位的组织和实施能力,合理确定世行贷款的申请金额。

(6) 项目规划必须符合相应行业部门的标准和规范的要求。

2.2 国内申报世界银行贷款项目的程序及要求

根据 2017 年 1 月 24 日财政部印发的"关于《国际金融组织和外国政府贷款项目前期管理规程(试行)》的通知"(财国合〔2017〕5 号文)和国家发改委关于申请国际金融组织贷款项目的有关规定,目前,我国国内拟申请利用世行贷款项目的申报程序大致上可分为以下几个主要步骤:

2.2.1 第一步:确定项目内容,编制项目申报文件

财政部一般定期会在财政部国际财金合作司网站上发布国际金融组织和外国政府贷款信息公告,包括向中方提供世界银行贷款的规模、领域、条件等,并发布世行贷款项目征集通知。省级财政部门和省级发展改革部门将根据财政部的通知,联合下发本地区的项目征集通知。同时,省级财政部门应根据本地区国民经济社会发展战略、国家重点区域发展规划、本地区的发展需求与地方政府债务管理要求,统筹研究本地区利用世行贷款工作,指导世行贷款项目申报。地方项目申请单位可根据项目征集要求,结合世界银行在中国的《国别伙伴战略》政策变化,选择世界银行在中国可申请的项目贷款类型,确定拟申请利用世行贷款项目类别和项目内容。同时,项目申请单位需要准备和编写世行贷款项目申请书、项目上报文件等项目申报文件。其中项目申报文件总体上应达到项目建议书的深度,项目基本材料需符合相应行业的标准和规范的要求。世行贷款项目申请书和项目上报文件的格式,请参见本章 2.3 节。

2.2.2 第二步:向国内相关部门申报

根据项目申请单位的级别和项目性质的不同,申报程序略有不同,主要的申报过程如下:

1. 地方项目

地方项目申请单位将编制的世行贷款项目申请书、项目上报文件等项目申报文件按相关要求,通过当地县(市、区)级财政局、发展改革委和行业主管部门联合行文,逐级向上一级财政局、发展改革委和行业主管部门上报,到省级财政、发改部门,申请列入"国际金融组织贷款备选项目规划"。同时,按照财政部的有关文件要求,地方政府还需要根据其负有偿还或者担保的不同责任,对贷款债务进行分类,逐级出具还款承诺函。还款承诺函的格式请参见本章 2.3 节。具体过程如下:

(1) 项目申报材料通过其行业主管部门,向项目所在地市级或(市、区)级财政局和发展改革部门申请和上报。

(2) 地方政府按照财政部要求出具还款承诺函,连同其他项目申报材料一起上报省级财政厅、发展改革部门和有关行业主管部门。

(3) 省级财政部门和发展改革部门审批地方上报的项目申报材料,并组织专家或委托第三方机构,对申请项目材料进行评审,同时按照财政部关于地方政府债务风险管理、外债指标监测等相关规定,进行债务风险审核,并出具财政评审报告。

(4) 对评审合格的项目申请,省级财政部门和发展改革部门应在当年规定的申报截止日期前,联合向财政部、国家发展改革委报送世行贷款项目申请书以及具有项目建议书深度的项目申报文件、还款承诺函、财政评审报告等相关配套文件。

另外,根据各个地方的不同情况,可能还有其他一些要求:

①需要地方政府安排国内配套资金、承担世行贷款偿还责任或提供贷款担保的,应出具地方政府有关部门的初步意见。其中,地(市)级行业主管部门申报的世行贷款项目,需要地(市)级以下地方政府安排配套资金、承担贷款偿还责任或提供贷款担保的,应同时出具项目所在县/市/区发展改革部门、财政等部门的初步意见。

②项目实施承诺函。世行贷款项目申请单位所在县/市/区及地(市)级发展改革委和财政局,还需就该项目分别向上一级发展改革委、财政厅(局)出具书面承诺函,有的地方要求需要出具当地党委和政府出具的双承诺函,并抄送至上一级行业主管部门。

地方政府承诺函内容主要包括:(1) 同意项目执行单位申请世行贷款项目;(2) 承诺成立相应的项目管理实施机构,并在项目推进实施管理过程中不受地方政府换届的影响;(3) 承诺项目财政配套资金和监督建设单位配套资金到位;(4) 承诺按照世界银行确定的项目框架、建设内容及规模组织项目实施，确保按时按量完成项目建设任务；(5) 承诺世行贷款还款责任，制订可行的还款计划，按要求履行世行贷款偿还责任，及时还本付息，确保国际信誉和形象。

2. 部门打捆项目

对于国家行业主管部门申报的打捆项目，将由负责的国家行业主管部门统一负责申报和协调工作。具体过程如下：

(1) 国家行业主管部门按拟申请项目目标等主题，征求各省(区、市)意见，并对各地的实施条件进行评估，形成短名单。

(2) 列入短名单的各项目省(区、市)行业主管部门，应分别向国家行业主管部门提交项目申请材料。

(3) 国家行业主管部门汇总审查后，向国家发展改革委和财政部上报世行贷款项目申请书以及具有项目建议书深度的项目申报文件、还款承诺函等相关配套文件，申请纳入"世行贷款备选项目规划"。对于由地方政府承担世行贷款偿还或担保责任，以及提供国内配套资金的申报项目，需附地方发展改革部门的意见和财政部门的还款承诺函等，未按规定提交的申报项目，一律不予列入世行贷款备选项目规划。同时，申报项目还需具备以下条件：①国家行业主管部门负责提供部分国内配套资金；②行业发展重点技术、新技术应用推广；③推动行业深化改革、体制机制创新示范作用比较显著。

(4) 财政部直接对国家行业主管部门申报项目的投入领域、贷款方式、绩效目标、融资安排、偿债机制和执行机构能力等进行评审，并出具财政评审报告。

3. 中央项目

拟单独申请利用世行贷款的国家行业主管部门，其项目申报程序，将参照财政部和国家发展改革委的审批程序及地方政府申报程序。同时，对于拟申请中央财政统借统还的世行贷款备选项目，国家行业主管部门还应向财政部提交相关统借统还安排的批复文件。

4. 核备项目

由项目申请单位自行偿还世行贷款且不需要地方政府担保的项目，可参照各省(区、市)企业投资项目核准或备案的有关规定办理；凡列入各省(区、市)《政府核准的投资项目目录》的项目，其项目申请报告，由省(区、市)发展改革委核准或转报国家发展改革委核准；《政府核准的投资项目目录》之外的项目，须由省(区、市)发展改革委备案。其项目的审批、核准和备案，请参照世行贷款项目的申报程序执行。

2.2.3 第三步：向世行申报

财政部和国家发改委将对所有世行贷款项目申请报告进行审查，并根据国家重大战略规划、优先发展和改革重点领域、政府债务管理要求、贷款方的资金使用政策、可用资金额度，并结合有关项目绩效评价结果和项目所在地的债务风险等情况，编制世行贷款备选项目规划。

财政部和国家发展改革委将就世行贷款备选项目规划同世界银行进行磋商，以确定最终的年度或跨年度世行贷款备选项目规划，并联合发布和下达世行贷款备选项目规划内容。

2.2.4 第四步：世界银行派出项目鉴别团，启动世界银行项目准备周期

拟申请利用世行贷款项目，一旦被列入国家发展改革委和财政部报请国务院批准的“世行贷款三年滚动计划备选项目规划”，该项目就进入世界银行的项目鉴别阶段。为此，世界银行将派出项目鉴别团，对所选项目进行项目识别鉴定，就项目概念和项目发展目标是否符合世行对华国别伙伴战略以及中国政府经济社会发展规划重点支持领域进行考察核证，并对项目的后续准备工作做出计划安排，一般采取相关政策和行业调研、实地考察和研讨会相结合的形式进行。世行项目鉴别团的派出，则标志着该项目启动了前期准备周期。

2.3 项目申请材料的编制要求和格式

2.3.1 财政部门的要求

根据2017年1月24日财政部印发的“关于《国际金融组织和外国政府贷款项目前期管理规程（试行）》的通知”（财国合〔2017〕5号文）的有关规定，世行贷款项目申报文件格式要求如下：

1. 世界银行贷款项目申请书

（1）地方项目：地方申请列入世行贷款备选规划的项目，省级以下地方财政部门向省级财政部门提出世行贷款项目申请，省级财政部门在对项目单位世行贷款申请评审合格的基础上，向财政部提交世行贷款项目申请书（具体格式见下文）。

（2）部门打捆项目：国务院行业主管部门申请列入世行贷款备选规划的打捆项目，应同时附送相关省级财政部门出具的还款承诺函。

（3）中央项目：国务院行业主管部门申请列入世行贷款备选规划的项目，由国务

院行业主管部门直接向财政部提交世行贷款项目申请书。

未按规定提交世行贷款项目申请书和还款承诺函的项目，一律不予列入世行贷款备选项目规划。

2. 世界银行贷款项目申请书参考格式

利用国际金融组织和外国政府贷款申请书

主要内容

一、贷款的目的和必要性

二、贷款项目主要内容

项目名称及实施地点

项目绩效目标、主要内容及其创新性

项目组织安排和实施计划

三、项目概算和资金来源

项目总投资及拟利用国外贷款来源和金额，申请使用的贷款方式（投资贷款、结果导向贷款、政策贷款等），配套资金来源等内容。

四、转贷、担保及债务偿还安排

拟申请使用的贷款类别（偿还责任贷款、担保责任贷款或混合型贷款）、具体还款责任单位及其还贷资金来源等内容。

3. 还款承诺函参考格式

利用国际金融组织和外国政府贷款

还款承诺函

财政部：

我省（或单位）拟申请××项目利用××贷款××（金额/币种）。根据财政部关于国际金融组织和外国政府贷款管理相关规章和制度，我厅（局）/（或单位）愿为所申请的贷款提供还款承诺：

项目名称：

贷款方：

贷款金额：　　　　（币种）　　　　（金额大写）

贷款类别（政府负有偿还责任贷款、政府负有担保责任贷款或混合型贷款）：

具体还款责任情况如下：

贷款总金额	承担还款责任单位	金额

注：承担还款责任单位具体到省、市、县或项目单位

项目实施单位：

我厅(局)/(或单位)承诺将按照上述项目转贷协议中规定的条件和条款，确保按时偿还全部到期债务，包括本金、利息、承诺费、管理费、违约金等其他应付费用。

如我厅(局)/(或单位)不能按期有效履行上述承诺，同意财政部对我省/(或单位)采取财政扣款等方式回收全部到期债务。

单位/盖章
年 月 日

4. 世界银行贷款项目评审报告的编制大纲要点

利用国际金融组织和外国政府贷款财政
评审报告

财政部：

按照财政部令第 85 号的规定和财办××号文件精神，现将我省(自治区、直辖市或计划单列市)拟利用××贷款××项目的评审意见报告如下。

一、项目概况

概述项目名称、项目绩效目标和内容，资金规模、来源及贷款方式，项目执行期、项目实施单位，贷款偿还安排等。

二、评审内容及重点

(一) 项目目标和内容

重点评审项目是否符合国家和地区经济社会发展的优先领域，项目的创新性和示范性，项目财务、经济、社会、环境效益，绩效目标的合理性等。

(二) 融资安排

重点评审项目贷款方式、融资规模、资金来源安排及其可行性等。

(三) 偿债机制

重点评审转贷担保方案的合理性、还款资金来源及其充足性，财政部门与还款责任人担保、反担保及债务风险控制安排的可靠性和法律效力等。

(四) 债务风险

对于地方政府负有偿还责任的贷款，重点评审省级地区与所辖涉及贷款项目地区政府债务限额可用空间、省级地区外债监测情况以及省本级与所辖涉及贷款项目地区是否列入风险预警地区名单或一般债务率指标是否超标。

对于地方政府负有担保责任的贷款，重点评审还款责任人的资信情况、财务状况、综合还款能力和担保人履行担保责任的资格能力、反担保措施可靠性等，对贷款回收的安全性进行审核。

（五）机构能力

重点评审项目实施单位和协调机构设置的合理性，人员配备的充足性、专业性、稳定性，以往执行国外贷款项目的经验等。

（六）财政部和贷款机构要求评审的其他事项。

三、项目风险提示

简明列示项目潜在的主要风险。

四、结论性审核意见

在对项目进行综合评价的基础上，提出同意申报的评审结论。

单位/盖章
年　月　日

2.3.2 发展改革部门的要求

根据 2008 年 8 月 11 日国家发展改革委印发的“关于《国际金融组织贷款项目资金申请报告编制大纲和项目资金申请报告报批文件提纲》的通知”（发改办外资〔2008〕1770 号文）的有关精神，对于申请列入国际金融组织贷款备选项目的相关管理工作要求，项目申请单位需要编写具有项目建议书深度的世行贷款申报项目材料文件。

国家发展改革委对项目申请报告及项目有关材料格式要求：

(1) 项目申报文件。申请列入“国际金融组织贷款备选项目规划”的上报文件要点：

项目上报文件要点

一、项目建设的必要性

简要说明项目建设的规划和政策背景，项目建设意义，项目创新内容和示范作用，以及通过执行国际金融组织贷款项目，学习和借鉴国际先进理念、经验，提升管理水平，深化改革创新和开展国际合作等方面的设想及项目预期目标。

二、项目建设的主要内容和实施安排

简要说明项目区域及建设地点，项目建设内容、规模，项目业主、项目办及组织方式，项目建设期，以及征地拆迁规模、移民安置和用地指标的初步情况等。

三、项目投资及融资方案

项目投资总额，项目资本金，拟申请国际金融组织贷款的种类、规模，国内其他配套资金及来源。

四、贷款偿还及担保责任

五、申报机构的意见

（如项目的子项目较多，请附表说明）

注：项目上报文件必须附上《申请列入"国际金融组织贷款备选项目规划"》项目有关材料。

（2）申请利用世界银行贷款项目有关材料。申请列入"国际金融组织贷款备选项目规划"项目有关材料准备参考大纲：

《申请列入"国际金融组织贷款备选项目规划"》
项目有关材料参考大纲

一、项目概况

（一）项目名称

项目名称要体现出项目隶属的地方或部门、所属的行业领域，并尽可能反映出项目的创新性和示范性等特点。

（二）项目建设内容及规模

项目的主要建设内容、建设规模。

（三）项目总投资及来源

项目估算总投资；拟申请的国际金融组织贷款类别及规模；配套资金规模及来源。

（四）项目建设期

项目建设起止年份和工期。

（五）项目执行机构

项目业主名称、法人代表及法定地址；项目负责人及联系方式等。对设有项目办公室的项目，请说明项目办公室负责人及联系方式。

二、项目建设的必要性

（一）项目建设的背景和意义

项目建设与国家和地方相关发展规划、政策的关系（附相关规划、政策等文件）；对企业自身发展、行业发展、地区经济和社会发展的作用和意义；项目建设的目标及实施后拟达到的效果。

（二）项目的创新意义和示范作用

项目拟通过国际金融组织的平台，在引进先进技术、设备，学习借鉴国外经营管理理念和方式及体制机制改革等方面的创新内容和示范作用。

三、项目建设条件、内容、规模及方案（附有关图）

（一）项目建设条件

项目建设地的基本情况及实施项目的主要有利条件和制约因素。

（二）项目建设内容、规模及方案

说明项目建设内容、建设规模和建设方案等（如有研究、培训等技术援助内容，请说明）。

四、投资估算及融资方案

（一）投资估算

项目投资估算及构成，附投资估算表。

（二）国内配套资金

说明资本金和其他国内配套资金具体来源、筹资方式。

（三）贷款规模及用途

国际金融组织贷款用于土建、设备、材料、咨询和培训等的初步估算。

五、项目业主简况及实施组织安排

（一）项目业主简要情况

项目业主的所有制性质、主营业务、现有生产能力、经营状况、资产负债状况、银行信用等级等；项目业主实施项目所具备的有利条件；项目业主目前在区域、行业中的地位和作用，在区域和行业发展的中长期规划中的定位。项目业主尚未组建的请说明组建计划。

项目业主尚未组建的请说明组建计划。

（二）组织安排

说明项目前期准备、建设管理的领导机构及其具体办事机构，以及项目实施机构的组织架构（计划）；各机构的主要职责或功能等。

六、偿还及担保责任

说明国际金融组织贷款项目的偿还、担保责任及还款来源。

七、项目效益

简要分析项目经济效益、社会效益、环境和生态效益及节能效益。

八、项目风险

简要分析项目技术风险、市场风险、汇率风险、利率风险、社会风险（征地、拆迁、移民安置）、环境和生态影响。

注：①项目有关材料总体上应达到项目建议书深度；

②项目有关材料需符合相应行业的标准和规范的要求；

③中央打捆项目应附地方发展改革、财政部门的意见。

2.3.3 世界银行对项目申请报告的要求

在编制利用世界银行贷款的项目申请报告时，必须注意世界银行对项目关注要点，可参考世行项目概念性文件及相关要求，结合项目具体特点和实际情况，在国内申报的项目建议书或申请列入“国际金融组织贷款备选项目规划”项目材料的基础上，编制一份对世行的项目申请报告，便于双方沟通、交流、讨论和尽可能地满足世行要求。提交给世行的项目申报材料应是中英文。

2.3.4 项目执行单位在项目鉴别阶段的主要准备工作

（1）政策资料，包括中国政府国民经济和社会发展规划、产业政策、重点发展领域、有关的方针、政策和地方发展规划、产业优势、资源优势等资料的收集和整理。

（2）基础数据资料，包括项目区的地理历史、文化、风俗习惯、自然资源条件、社会经济情况、国内外市场情况、项目技术经济指标、项目受益人的现状和需求、环境情况等的收集和整理。

（3）采用面访、座谈、问卷等方式，听取和调查利益相关者对项目需求意见和建议的调查报告/研究报告。

（4）拟建项目区现场准备等。

2.4 世行贷款项目申请过程中需要注意的主要问题

为确保拟申请利用世行贷款项目的申报成功，在申报世行贷款项目时，应注意以下几个主要方面的问题：

2.4.1 关注政策，满足要求

拟申请利用世行贷款项目的选择，应密切关注世界银行最新的国别伙伴战略政策和我国经济社会的中长期发展规划、利用外资政策、支持的领域和重点，还应关注世界银行新的国别伙伴战略政策，同时满足国家和世界银行对项目的要求。

2.4.2 注重效益，发挥优势

拟申请利用世行贷款项目的选择，应注重经济效益、社会效益和生态效益，发挥自身产业和资源优势，合理确定项目内容和规模，防止眉毛胡子一把抓。

2.4.3 适当集中，不宜分散

所选择的项目区应适当集中，不宜太分散；项目建设规模、建设内容、投资使用不宜包含过多的子项目，避免导致项目目标不明确、不突出，也便于今后的项目管理，发挥投资的最大效益。

2.4.4 配套偿还，机构健全

拟申请利用世行贷款项目的选择，应充分考虑配套资金能力、外债偿还能力和项目执行单位的组织协调和实施管理能力，合理确定世行贷款的申请金额，不一味追求世行贷款金额，项目不是越大越好，必须要与项目国内配套资金筹措、债务偿还、项目管理机构的实施能力相匹配。

2.4.5 资料数据，准备充分

拟申请利用世行贷款项目的申报工作涉及大量的资料和数据，申报单位应全方位予以收集和整理，争取政府、部门的支持和帮助，如拟建项目区的基本情况、经济社会发展现状和规划情况、拟实施项目的有利条件和制约因素、当前产品市场及发展情况等资料和数据。

2.4.6 项目风险，考虑周全

申报世行贷款项目时，申报单位应充分考虑将来项目实施可能带来的各种风险，如项目技术风险、市场风险、世行贷款的汇率和利率风险，以及重大自然灾害风险等影响因素。

2.4.7 征地移民，尽量避免

世界银行不主张由于项目实施而导致在项目区有大量的征地拆迁和移民问题，并且世行贷款资金也不支付这方面的任何费用。同时，国内有关部门对征地拆迁和移民的政策要求严格，审批程序复杂，执行中也容易出现一些纠纷，会给世行贷款项目的实施带来负面影响。因此，拟申报的利用世行贷款项目，应尽量选择项目区征地拆迁和移民数量较少的项目。

2.4.8 双方程序，注意衔接

国内申报利用世行贷款项目相关程序和世行对项目鉴别、准备、评估、谈判和签约的程序，互有交叉，必须注意互相衔接。申报的拟利用世行贷款项目只有在列入国家发展改革委和财政部的备选项目规划后，才能向世行提出贷款申请；只有在世界银行完成项目评估报告之后，才能修订项目可行性研究报告和编制项目实施计划(PIP)，以及项目资金申请报告（利用外资方案）；只有在项目可行性研究报告或资金申请报告（利用外资方案）获得批准后，财政部才能代表中国政府与世界银行就本项世行贷款项目进行谈判和签约，才能对内办理转贷生效、外债登记、招标采购和免税手续。项目资金申请报告（利用外资方案）自批准之日起两年内，项目未签订世行贷款《转贷协议》的，该批准文件自动失效。

2.4.9 长远打算,思想准备

世行贷款项目从申报到实施完成,一般前后需要在 7 年左右,时间长,工作量大,任务繁重,涉及方方面面,因此,中央和地方政府、有关部门和项目执行机构,要有长远打算,思想上有信心、精神上有恒心和工作上有责任心,做好打持久战的各项准备。

第3章 项目准备

3.1 世界银行贷款项目准备工作的特点

中央有关部门或省(区、市)申报利用世行贷款项目,一旦被列入国家发展改革委和财政部提交国务院批准的世行贷款三年滚动计划备选项目规划,该项目就进入世行的项目鉴别阶段,世界银行将派出项目鉴别团对所选项目进行项目识别鉴定。世行项目鉴别团的派出即标志着该项目正式进入世行贷款项目前期准备工作阶段。

由于中央有关部门申请的打捆项目或省(区、市)申请的地方单一项目,一般申请利用世行贷款规模一般为1亿美元左右,再加上国内配套资金按照1∶1进行初步安排的话,则世行贷款项目投资计划总规模应在12亿元人民币以上。按照国家发改委和财政部的有关文件规定,世行贷款项目需要按照国内大中型工程基本建设项目程序进行管理,严格执行大中型工程基建项目的申报和审批程序,需要开展项目建议书、可行性研究报告(包括项目环评报告等)、工程初步设计(或项目实施方案)的研究编制工作。同时,世行贷款项目还增加了项目实施计划报告(PIP)、项目资金申请报告(利用外资方案)的编制与审批过程。这些报告和设计文件均要经过中央或地方有关业务主管部门的技术审查并提出审查意见,报送国家发改委、财政部或省(区、市)发改委、财政厅(局)进行审查批准。在世行贷款项目履行国内技术审查和审批过程中,世行项目认定团、准备团、预评估团、正式评估团,将通过配合中方开展项目技术援助和检查指导等工作,以保证中方有关部门和项目管理单位能够很好地完成各个阶段的相关报告文件的研究编制和准备工作,进而确保顺利通过国内发改、财政等有关部门的审查批准。在此基础上,世行项目团队将重点完成项目评估报告文件(PAD)(包括安保政策文件等)的研究编写以及世行贷款项目的《贷款协议》《项目协议》等谈判相关文件,并且世行内部也将履行和完成相关的技术、经济、环境、社会、质量等方面的技术审查与项目审批程序。因此,申请利用世行贷款项目必须严格按照国内外项目技术审查与项目审批立项的两套工作程序加以考虑执行,一般需要1.5～2年的时间,并且中外双方都要按照既定的项目前期准备工作计划,认真组织开展项目前期准备工作,不断推进项目进展,以便为世行贷款项目能够顺利通过国家发改委、财政部和世行执董会的审批立项打下坚实基础,并为项目执行期能够按计划顺利实施与管理，创造有利的条件。

3.2 世界银行贷款项目准备的主要阶段

在世界银行贷款项目前期准备工作计划中，各阶段世界银行和中方有关部门需要开展并完成的主要工作任务与有关要求，简要论述如下，以供各省（区、市）和项目县（市、区）有关部门和各级项目办项目管理人员参考。

3.2.1 项目鉴别阶段

它是项目周期的第一个阶段，主要由申请借款国选定那些需要优先考虑并符合世界银行投资原则的项目，收集准确和完善的数据，从技术上、经济上进行综合分析和比选，编制项目选定简报，然后，送交世界银行进行筛选，并由世行对数据的正确性进行充分的估计、核算和分析，以确定该申请项目是否可行。在这个阶段，中外双方需要做的主要工作内容包括：

1. 中方有关单位的主要工作任务

(1) 编写并完成“项目前期准备工作报告”。

(2) 组建项目协调领导小组和项目管理办公室。

(3) 与世行项目认定团就以下文件达成一致意见：

①项目总体设计框架（选项）；

②世界银行认定团备忘录。

(4) 采取行动计划落实世行认定团备忘录的有关建议。

(5) 编制项目建议书并上报国家发改委或省发改委审批。

(6) 编写并完成“项目可行性研究报告（初稿）”。

(7) 通知世行派项目准备团进行下一阶段的项目准备工作。

2. 世界银行方面的主要工作任务

(1) 世行业务局副局长选定项目经理。由项目经理组建项目前期准备工作团队。

(2) 组建世行贷款项目认定团并来华到建议的项目省（市、区）和县（市、区）进行项目区现场考察认定工作。世行项目认定团的目标是：按照世界银行/中国各行业发展的伙伴战略，结合项目区现场考察，对以下几个方面进行重点认定工作或补充建议：

①项目投资内容；

②创新点/国际经验；

③世行安全保障政策；

④项目风险评估；

⑤项目准备时间表。

(3) 世行项目认定团准备“世行项目认定团备忘录”，与中方有关部门达成共识后，提交给中方项目管理单位。

(4) 世行项目认定团结束以后，在世行内部执行以下工作任务：

①准备项目概念性文件(PCN)、项目信息文件(PID)以及综合保障信息文件(ISDS)；

②召开认定阶段的项目安全保障审查会，并通过世行内部审查；

③召开新准备项目的概念审查会，并通过世行内部审查；

④在项目概念审查会上，确定项目的“快通道”或“正常通道”。

3. 这一阶段中方与世界银行方面的工作衔接点：

(1) 世行项目经理与国家发改委，财政部(或省发改委、财政厅)及项目管理有关单位，共同研究确定世行项目认定团的派出与来华时间。

(2) 国家发改委(或省发改委)及项目管理单位，应特别注意项目概念性文件(PCN)或在中方项目设计中新增加/变化的内容。

(3) 中方与世行方面应及时对以下关键问题进行研究并达成共识：

①国际河流问题；

②基础设施建设与生态保护问题；

③征地移民及社会发展问题；

④世行安全保障政策有关的问题(如项目相关联问题等)。

(4) 在世行下一个代表团来华之前，中方应完成两件重要事情：

①国家发改委或省发改委批复项目建议书；

②项目管理单位组织编制完成项目可行性研究报告(初稿)，其中包括项目环境影响评价报告(初稿)和项目区征地移民安置计划报告(初稿)。

3.2.2 项目准备阶段

中方选定项目并取得世界银行初步同意之后，便进入项目的准备阶段。项目准备工作是项目周期的第二个阶段，仍由中方有关单位在世界银行的配合下进行，一般需要1至2年。项目准备阶段主要是做好项目可行性研究工作，可分为以下几个步骤：

(1) 鉴别投资机会(机会研究)。

(2) 项目的初步选择和拟定(可行性初步研究)。

(3) 项目的分析和确定，即可行性研究，包括技术上可行性(多方案的比较)、组织体制的可行性、财务可行性(从项目直接受益者的角度、从整个项目的角度考虑、从政府角度考虑)、经济可行性(从宏观出发,整个国民经济角度衡量项目投资的经济价值)、社会可行性(考虑国家的政治体制、政策法令、经济结构、宗教文化等是否会影响到项目的实施)。

(4) 项目的最后决定和评价报告。

在这个阶段,中方和世行需要各方面做好的主要工作内容包括:

1. 世行方面的主要工作任务

(1) 世行项目准备团将结合项目省(区、市)和县(市、区)项目区现场考察,组织国内外专家审查中方项目管理单位提交的项目可行性研究报告(初稿),并重点审查:

①工程技术方案比较和项目管理;

②项目费用概算及财务经济评价;

③项目国内配套资金;

④世行安全保障政策,包括项目区环评、社评、征地移民安置计划、大坝安全等。

(2) 提交世行项目准备团备忘录,并对以上项目内容提出审查意见和建议。

(3) 世行项目准备团结束以后,在世行内部将执行以下工作任务:

①准备项目评估报告文件(PAD)(初稿);

②更新项目信息文件(PID)及综合保障信息文件(ISDS);

③召开项目质量审查会(QER),通过项目质量审查;

④质量审查会时将确定是否需要世行预评估团之前再派出第二个项目准备团,进行补充项目准备中的技术援助工作。

2. 中方有关单位的主要工作任务

(1) 配合世行准备团审查项目可行性研究报告(初稿),并就以下内容的修改意见达成一致:

①工程技术方案比较和项目管理;

②项目费用概算及财务经济评价;

③项目国内配套资金;

④世行安全保障政策,包括项目环评、社评、征地移民安置计划、大坝安全等。

(2) 与世行项目准备团就世行项目准备团备忘录达成一致意见。

(3) 在世行项目准备团以后,按世行项目准备团备忘录的有关意见与建议采取行动计划:

①修改项目可行性研究报告及有关附件;

②准备单独的项目环境和社会影响评价报告、征地移民安置计划、大坝安全等专题报告;

③准备项目实施计划报告(PIP)初稿,其中包括:项目采购计划与财务管理手册,项目监测评价手册等。

3. 这一阶段中方与世行方面的工作衔接点:

(1) 中方与世行方面应及时对以下可能的问题进一步研究并达成共识:

①国际河流问题;

②项目区征地移民及社会影响问题;

③基础设施建设与生态保护问题;

④世行安全保障政策中有关的问题(如项目相关联问题等);

⑤项目国内配套资金筹措计划问题。

(2) 在下一个世行代表团来华之前,中方项目管理单位应向世行方面提供如下有关文件:

①项目环境和社会影响评价报告文件(EAS, EAR, EMP, PMP)/中英文;

②项目区征地移民安置行动计划(RAP)/中英文;

③项目区大坝安全报告(DSR)/中文;

④项目实施计划报告(PIP)及有关附件(初稿)/中文。

3.2.3 项目评估阶段

项目的评估是世行贷款项目周期中的一个重要阶段,也可能分为预评估和正式评估两个步骤。世行项目团队将直接参加这一阶段的工作,对项目的各个方面进行全面检查,从而为项目的执行奠定基础。在项目评估的过程中,通常要对项目的技术、组织、经济和财务四个方面做出评价。如果认为该项目确实适合世行的贷款标准,就要提出两份报告:一是项目可行性研究的"绿皮报告书";另一个是作为同意世行贷款通知的项目评估报告文件(PAD)"灰皮报告书"。

(1) 技术评估。技术评估的主要方面是项目的规模、布局和位置,使用的工序形式和设备,所采用的技术是否适合当地条件,技术执行的进度是否切实可行,达到预计产量水平是否可靠等。此外,技术评估还要检查采购管理工作的安排是否满足世行的要求,测算经营项目的设施和劳务的费用,了解原材料或其他投入的供应情况以及检查项目对人体和自然环境可能产生的影响。技术评估的关键是审查费用估算及这种估算所依据的工程技术和其他数据。

(2) 组织评估。组织评估的目的在于保证该项目的建设能够顺利和有效地进行,促使中方有关部门和项目省(区、市)及县(市、区)建立一个由项目工作人员组成的精干高效的管理机构。具体而言,组织机构检查主要包括以下内容:项目执行机构的组织机构、计划与管理能力、人员素质及享有的权利与义务,政府对该机构所实行的经营政策,项目执行机构内部及同其他部门的协调关系;项目执行机构所面临的政策环境;与项目相关的单位之间的协作关系。

(3) 经济评估。项目的经济评估是从整个经济角度分析项目提供的效益的可观程度,是世行进行投资决策的基础。经济项目评估报告是最终审查、衡量项目投资价值的主要参考标准。经济上的可行性分析,首先要估计项目能否对国家的开发目标作出贡献,这始终是选择评估项目的一个基本标准。如果在经济评估中不能证明某个项目对借款国家的经济发展开发有利,世行将否决项目贷款。

(4) 财务评估。财务评估的主要任务是检查项目是否有充足的资金以保证项目实施和购买设备所需要费用。世行并不提供项目建设的全部费用,它通常只对项目全部费用中的全部或部分外汇需要提供贷款,建设项目的当地费用,一般由中央和地方有关部门自己筹措资金解决。财务评估的内容包括:项目和项目受益人的还款能力;项目的赢利能力;风险因素;价格因素。

在世行项目评估阶段,中方和世行方面需要开展并完成的主要工作任务和技术要求为:

1. 世界银行方面的主要工作任务

(1) 世行预评估团将重点讨论审查中方提供的以下有关文件:

①项目可行性研究报告(FSR)及有关附件(修改稿)中文;

②项目实施计划报告(PIP)及有关附件(初稿)中文;

③项目环评报告文件(EAS,EAR,EMP,PMP)中英文;

④项目区征地移民安置行动计划及附件(RAP)中英文;

⑤项目区大坝安全报告(DSR)中文。

(2) 世行预评估团将提供如下世行有关文件供中方进行审查:

①项目评估报告文件(PAD)及有关附件(初稿)英文;

②项目信息文件(PID)英文。

(3) 提交世行项目预评估团备忘录并与中方研究达成一致意见。

(4) 世行项目预评估团完成以后,在世行内部执行以下工作任务:

①修改项目评估报告文件(PAD)、项目信息文件(PID)、综合保障信息文件(ISDS),并向中方提交项目评估报告文件(PAD)修改稿;

②召开项目评估阶段安全保障审查会议;

③召开项目评估决策会议(快速通道项目除外)。

(5) 世行项目评估团完成以后,在世行内部执行以下工作任务:

①起草世行贷款项目的《贷款协定(LA)》和《项目协定(PA)》(草案);

②国家发改委(或省发改委)批准项目可行性研究报告和资金申请报告(利用外资方案)以后,世行向中方发出项目谈判邀请函。

2. 中方有关单位的主要工作任务

(1) 配合世行项目预评估团讨论修改中方提供的以下有关文件：

①项目可行性研究报告(FSR)及有关附件(修改稿)中文；

②项目实施计划报告(PIP)及有关附件(初稿)中文；

③项目环评报告文件(EAS,EAR,EMP,PMP)中英文；

④项目区征地移民安置行动计划及附件(RAP)中英文；

⑤项目区大坝安全报告(DSR)中文。

(2) 审查世行方面准备的如下文件并提出修改意见：

①项目评估报告文件(PAD)及有关附件(初稿)英文；

②项目信息文件(PID)英文。

(3) 审查世行项目预评估团备忘录，并与世行研究达成一致意见。

(4) 世行项目预评估团完成以后，中方方面将执行以下工作任务：

①按照世行项目预评估团备忘录的有关意见与建议采取行动计划；

②填写世行贷款选择表(世行提供)；

③修改项目可行性研究报告并准备项目资金申请报告(利用外资方案)；

④项目省(区、市)财政厅(局)会同本级项目管理单位准备项目评审意见书；

⑤国家发改委(或省发改委)预审修改后的项目可行性研究报告、项目资金申请报告(利用外资方案)以及世行准备的项目评估报告文件(PAD)，财政部审查项目省(区、市)财政厅(局)报送的项目评审意见书；

⑥开始项目的初步设计(或项目年度实施方案研究编制)。

3. 这一阶段中方与世行方面的工作衔接点

(1) 中方项目管理单位与世行方面应确保以下有关文件的高度一致性：

①项目评估报告文件(PAD)及有关附件英文；

②项目信息文件(PID)英文；

③项目可行性研究报告及有关附件(FSR)中文；

④项目资金申请报告(利用外资方案)中文(报送省发改委/国家发改委审批)；

⑤项目评审意见书中文(报送省财政厅/财政部审批)；

⑥项目实施计划报告(PIP)及有关附件中文；

⑦项目环评报告文件(EAS, EAR, EMP, PMP)中英文；

⑧项目区征地移民安置行动计划及附件(RAP)中英文；

⑨项目区大坝安全报告(DSR)中文。

(2) 根据项目的准备情况和世行内部的审查意见以及国家发改委(或省发改委)对项目可行性研究报告和资金申请报告(利用外资方案)的预审情况(项目投资规模，

内容及中央及省级配套资金），世行将与国家发改委（或省发改委）、财政部商议世行正式评估团的来华日期。世行也可将世行预评估团升级为正式评估团（仅对快速通道项目）。

（3）世行对项目进行正式评估，根据国家发改委（或省发改委）、财政部对项目可行性研究报告和申请资金报告（利用外资方案）以及项目评审意见书的预审意见，与中方项目管理单位一起再次修改上述有关文件。

（4）世行正式评估以后，中方项目管理单位可以按世行采购政策实施项目追溯贷款计划。

（5）国家发改委（或省发改委）批准项目可行性研究报告及资金申请报告（利用外资方案）。

（6）财政部和省（区、市）级财政厅（局）审查批准项目评审意见书。

（7）国家发改委（或省发改委）对项目可行性研究报告及资金申请报告（利用外资方案）批准后，由财政部向国务院提出世行贷款项目谈判的报告，并经国务院批准同意后，向世行发出项目谈判邀请信，该项目将进入谈判阶段。

3.2.4 项目谈判及签约阶段

在世行项目评估团对世行贷款项目进行正式评估工作结束后，中方项目管理单位应据此修订并完成项目可行性研究报告和资金申请报告（利用外资方案）以及项目实施计划报告（PIP）修订稿，并按有关程序报请国家发改委、财政部审批之后，完成国内利用外资项目技术审查和项目审批手续，并准备世行与中方的世行贷款项目谈判工作。

世行经过详细审查，提出项目《贷款协定（LA）》和《项目协定（PA）》两个法律文件（草案），内容包括世行贷款金额、期限、偿还贷款的方式以及为保证项目的顺利执行所应采取的措施等方面的内容。

此阶段是项目准备期的最后阶段，预示着项目准备工作的完成，在这个阶段各方需要做的工作包括：

1. 世行方面的主要工作任务

（1）世行将与中方有关部门（财政部）协商，确定本项世行贷款项目谈判的具体地点和日期，并向中方发出项目谈判邀请函。世行方面由律师主持项目正式谈判，世行项目经理及财务、采购、支付管理等方面专家参加。

（2）世行将向中方方面提交如下项目谈判有关文件：

①项目谈判日程（英文）；

②世行贷款项目的《贷款协定（LA）》和《项目协定（PA）》草案（英文）；

③项目评估报告文件(PAD)及有关附件(英文);

④世行贷款项目支付信草案(英文);

⑤世行贷款通则(英文);

⑥世行采购指南(英文);

⑦世行财务支付管理指南(英文)。

(3) 世行和中方有关部门及项目管理单位进行项目谈判时,将主要讨论世行贷款项目的《贷款协定(LA)》和《项目协定(PA)》(草案),并达成一致意见。世行谈判团将起草项目谈判纪要,经双方参加谈判负责人同意后签字有效。

(4) 项目实施计划报告(PIP)的附件——采购计划和财务管理手册要在项目谈判前定稿,并由谈判双方同意。

(5) 项目谈判完成后,世行将向中方提交一份需要由中方方面下一步采取的行动计划,使项目能够按计划批准,并得到有关部门领导签字和项目正式生效。

2. 中方有关单位的主要工作任务

(1) 中方项目管理单位应及时将下列谈判有关文件翻译成中文:

①项目谈判议事日程(英文);

②世行贷款项目的《贷款协定(LA)》和《项目协定(PA)》草案(英文);

③项目评估报告文件(PAD)及有关附件(英文);

④世行贷款项目支付信草案(英文);

⑤履行有关法律程序的行动计划(英文)。

(2) 按中方有关规定,由财政部项目官员带队,由中央有关部门项目管理单位和有关省(区、市)财政厅(局)、发改委和项目业务主管部门选派代表参加项目谈判。谈判的内容主要包括两个方面:一是常规性贷款条件及一般性法律条文的讨论和确认;二是技术内容的谈判,比如转贷安排、审计安排、培训计划安排、技术援助的设计、项目组织机构的设计和运行安排、项目实施计划的制订和要求、项目所附带的政策条件及要求等。需要注意的是:谈判前项目业主单位要认真阅读谈判的有关内容,特别是技术内容,对于不合适的内容要及时和世行进行交涉更改。

(3) 项目谈判完成后,按照世行律师提供的行动计划,应采取及时的行动和办理有关法律手续,使世行执董会及中国政府能够按计划批准本项目世行贷款计划。

3. 这一阶段中方与世行方面的工作衔接点

(1) 世行应及时将下列有关文件及时提供给中方,以便中方方面及时翻译成中文,供参加项目谈判的有关单位和人员参考:

①项目谈判议事日程/英文;

②世行贷款项目的《贷款协定(LA)》和《项目协定(PA)》草案(英文);

③项目评估报告文件(PAD)及有关附件(英文);

④世行贷款项目支付信草案(英文);

⑤履行有关法律程序(世行律师提供)(英文)。

(2) 中方对项目谈判文件中不明白的地方,世行应在项目谈判前予以解释和澄清。

(3) 对于项目谈判过程中可能涉及的纯技术问题,如有必要,中方项目管理单位与世行应在项目谈判前进行小范围的项目技术讨论,并达成一致意见。

(4) 项目谈判完成后,形成的本项世行贷款项目《贷款协定(LA)》和《项目协定(PA)》及谈判纪要,将由世行中国业务局提交世行执董会审查批准(1个月内完成)。在世行执董会批准该项目的《贷款协定(LA)》和《项目协定(PA)》之后,由世行中国业务局局长和财政部国际司司长分别代表世界银行和中国政府签订本项世行贷款项目的《贷款协定(LA)》,由世行中国业务局局长和项目省(区、市)政府主管省长或委托代表签订该项目的《项目协定(PA)》,及时完成世行贷款项目的相关法律手续。

(5) 在世行和中方正式签订世行贷款项目的《贷款协定(LA)》和《项目协定(PA)》手续之后,世行贷款项目将在90天内正式生效。

3.2.5 项目启动团

在世行贷款项目的《贷款协定》《项目协定》签约后2个月,世行和中方方面将抓紧完成世行贷款专用账户的建立等相关准备工作,并且在世行贷款项目正式生效之时,世行将派出第一次检查团对世行执董会批准生效的世行贷款项目进行第一次检查指导工作,并与中方有关部门共同主持召开项目启动会,这标志着世行贷款项目的前期准备工作业已完成,该项目将正式全面启动实施,将进入全面建设实施与执行管理阶段。

3.2.6 世界银行贷款项目准备工作阶段应注意的主要事项

由于我国申请利用世行贷款项目为中央或地方政府引进的国际金融组织外资项目,因此,需要按照世界银行制定的世行贷款项目管理操作指南和国家发改委、财政部制定颁发的利用国际金融组织贷款项目管理办法有关规定执行,并且在项目前期准备阶段,需要同时完成国内外审批立项手续。为此,各项目管理单位在开展世行贷款项目前期准备工作中,需要注意以下几个事项:

(1) 世行贷款项目总项目建议书、项目可行性研究报告编制和技术审查、审批问题。

在申请拟利用世行贷款项目立项报告,经国家发改委、财政部和世界银行初步审查同意后，列入我国利用世行贷款三年滚动计划备选项目规划，并报请国务院批准同意后，由国家发改委正式发文通知中央各有关主管部门和项目省（区、市）发改委、财政厅（局）。为此，中央有关主管部门对打捆的利用世行贷款项目和有关省（区、市）申请的地方利用世行贷款单一项目，将正式开始组织研究和编制利用世行贷款项目建议书，并按照国家发改委的有关文件要求，对于中央有关部门打捆项目，需完成经中央有关部门的技术审查并提出审查意见后，再报送国家发改委审批；对于地方单一项目，需完成省（区、市）有关部门或地（市）发改委的技术审查并提出审查意见后，再报送省（区、市）发改委审批。在项目建议书的编制与技术审查过程中，世行认定团、准备团将进行审查和指导中央项目办（CPMO）或省级项目办，搞好世行贷款项目建议书的编制工作，以保证能够符合世界银行和中方有关部门的有关规定要求。

根据批复的世行贷款项目建议书，项目管理单位委托具有资质的设计单位编制和完成项目可行性研究报告及有关附件，并按照国家发改委的有关文件要求，对于中央有关部门打捆项目，需完成中央有关主管部门的技术审查并提出审查意见后，再报送国家发改委予以审批；对于地方单一项目，需完成省（区、市）有关部门或地（市）发改委的技术审查并提出审查意见后，再报送省（区、市）发改委审批。与此同时，还需要完成该项世行贷款项目的环境影响评价报告、水土保持方案报告、土地利用和征地移民安置计划报告的技术审查与审批工作，并且在项目可行性研究报告和环境影响评价报告、水土保持方案报告、土地利用和征地移民安置计划报告的编制与技术审查过程中，世行准备团（或第二次准备团）、预评估团将审查和指导中央项目办（CPMO）或省级项目办，搞好世行贷款项目可行性研究报告及有关附件的编制工作，以保证能够符合世界银行和中方有关部门的有关规定要求。

（2）世行贷款项目环境影响评价报告、水土保持方案报告、社会影响评价报告、项目区土地利用和征地移民安置计划报告的编制和技术审查、审批问题。

世行贷款项目对于环评、社评、移民安置和大坝安全等安保政策问题高度重视，给予了严格的审查把关工作。同时，现国内有关部门对于世行贷款项目的环评、社评、土地利用规划、水土保持方案、征地移民安置计划等工作也给予了高度重视，给予了严格的审查把关工作。但世行和中方方面的有关要求，既有相似之处也有一定的差别。因此，对于世行贷款项目的环评报告、社评报告、水土保持方案报告、项目区土地利用和征地移民安置计划报告、大坝安全检查报告等，应以国家有关规程规范和国内有关部门的政策法规、规章制度为主要依据予以执行，按照有关文件规定要求进行这些相关报告文件的编制和技术审查与审批工作。同时，也要接受世行准备团、预评估团专家的技术审查和指导，在完成这些报告文件的基础上，组织中英文翻译工作，向世行预评估团、正式评估团提交项目环评、社评等专题报告的英文件，以便提交世行内部的项目质量审查和决策会，对该项目安保政策相关文件组织进行的审查工作，以满足世行贷款项目安保政策的有关规定要求。

(3) 世行贷款项目资金申请报告(利用外资方案)、项目评审意见书的编制和技术审查、审批问题。

在世行预评估团、正式评估团对世行贷款项目可行性研究报告、项目实施计划报告(PIP)进行审查通过,并完成世行项目评估报告文件(PAD)的基础上,中央项目办(CPMO)/省级项目办应组织编制和完成世行贷款项目资金申请报告(利用外资方案),省级财政部门编制和完成项目评审意见书,并分别报送国家发改委、财政部进行审查批准,最终完成世行贷款国内审批手续。在此基础上,由财政部向国务院办理同世界银行进行该项世行贷款项目谈判的申报和审批手续,并经国务院同意后,再由财政部代表中国政府组织中央有关部门和项目省(区、市)发改、财政等有关部门及项目管理单位,组成中国代表团,同世行代表团举行项目谈判,并完成世行贷款项目的《贷款协定(LA)》《项目协定(PA)》(草案)的谈判与审定工作,形成项目谈判纪要和谈判后需完成的行动计划,以便作为世行和中方方面共同执行的法律文件依据。

(4) 世行贷款新的贷款工具的应用和世行贷款项目国内外有关部门审批手续间的交叉与相互衔接问题。

目前,从世行贷款项目建议书、可行性研究报告、环评报告、社评报告、征地移民安置计划、项目实施计划报告(PIP)、项目评估报告(PAD)、资金申请报告(利用外资方案)、项目评审意见书的编制和完成的过程,一般需要历时1年半至2年时间,这中间既有世行贷款项目管理程序性的严格要求,又有中方有关部门的有关文件规定必须执行,其中缺一不可。因此,中央和地方有关部门、各级项目办在安排项目前期准备工作计划和前期工作经费计划时,一定要考虑履行和完成世界银行与中方有关部门对项目技术审查、审批手续上的程序性要求和必要的工作计划时间以及各项费用支出数额,并尽可能地合理安排各项准备工作和前期工作经费计划,提前考虑和安排相关工作,尤其是对一些制约性的前置性工作,一定要给予高度重视和提前早做安排,这其中包括:世行贷款项目的环评报告、社评报告、土地利用和征地移民安置计划、大坝安全报告等有关安保政策文件以及项目建设资金筹措计划和国内配套资金的来源等。

为了进一步推进世行贷款项目在中国更加有效地组织实施,经世界银行和中方有关部门商议,决定适当简化世行贷款项目的管理程序,适当压缩项目前期准备工作的时间计划,并且世界银行和中方有关部门将采取一些改革和创新的措施,进一步推进此项工作。世界银行已经开始在中国应用基于结果导向型的规划贷款(PforR)新模式,并以世行贷款京津冀地区大气污染治理项目作为首个试点示范项目。这种基于结果导向型的规划贷款(PforR)项目与传统的世行投资贷款项目管理的程序相比,大大简化了世行贷款管理程序,省去了项目准备相当长的前期工作阶段,并且是从项目鉴别阶段直接进入项目评估阶段。其具有以下几个主要特点：

①世行只对政府的行业发展规划报告进行一般性评估(不针对具体地点)。评估内容主要包括以下 3 个方面:技术评估(能否达到预定的目标),政府有关采购及财务的规定以及社会及环境影响。

②根据评估的结果,世行编写"评估行动计划"(包括与支付额度有关的监测指标),并与中方达成一致意见。行动计划将在项目生效以后实施。

③与世行签订项目相关法律文件,项目即可生效。世行在项目生效后立即拨付25%～30%预付款。

④中方按双方同意的"评估行动计划"编制"项目实施计划"(要针对具体地点并要估算投资)及其他报告,并将预付款作为周转金执行项目。

⑤中方委托第三方(世行认可)对项目实施的结果(项目监测评价报告)进行独立评价,世行根据评价结果按支付指标回补预付款。

以上世行贷款项目程序上不需要中方单独编制以下报告(评估行动计划中双方同意的除外),作为世行贷款评估生效的条件:(a) 项目可行性研究报告;(b) 项目初步设计报告;(c) 项目环评报告;(d) 大坝安全报告;(e) 征地移民安置行动计划及外部监测报告;(f) 项目采购计划;等等。

因此,基于结果导向型的规划贷款(PforR)新模式是以项目结果为导向,世界银行并不关注项目是如何具体实施,而是重点考核项目执行的结果,侧重于加强相应的管理制度和能力建设,以利于提高解决问题的能力。这种世行贷款项目新的管理模式,将在中国一些行业部门打捆项目及跨省(区、市)项目中得到应用并取得经验后,再进一步加以应用和推广。

(5) 世行贷款项目中世行贷款资金和国内配套资金筹措计划安排与落实问题。

世行贷款项目的资金计划由世行贷款资金和国内配套资金共同组成,其中世行贷款部分资金占 50%～60%,国内配套部分资金占 40%～50%,并且在编制项目可行性研究报告、项目实施计划报告(PIP)和申请资金报告(利用外资方案)时,就需要明确世行贷款和国内配套资金计划在各个子项目中的具体使用计划,同时,还要明确国内配套资金筹措计划,其中包括中央级、省(区、市)级、地(市)级、项目县(市、区)级和项目区自筹资金及受益农户的投劳折资等。因此,需要中央项目办(CPMO)或省(区、市)、地(市)项目办,在开展项目前期准备工作阶段,就要十分重视此项工作,认真研究和安排落实各级财政配套资金计划初步方案,包括各项资金来源、规模和年度投资计划等,以保证顺利通过国家发改委(或省发改委)、财政部(或省财政厅)审查批准该项世行贷款项目可行性研究报告和申请资金报告(利用外资方案)以及顺利通过世行预评估团(评估团)的评估。

多年来,对于世行贷款项目中国内配套资金计划的安排落实问题一直是影响和制约着项目顺利实施的重要因素，也是中央和地方有关部门比较关注和需要加以协调解决的重要问题。现从目前执行的世行贷款项目在研究和安排落实国内配套资金计划中所采取的一些措施和成功做法来看，可以考虑将世行贷款资金和国内配套资金项目计划进行统一设计、统一管理、分别实施，其中世行贷款中的土建工程、货物设备、咨询服务、国内外培训考察项目均采用100%支付比例，还有的部分土建工程、货物设备、咨询服务、项目管理、勘测设计、环保、水保、土地占用及移民安置经费等独立费用，则由国内配套资金100%安排，这样具有一定的灵活性，非常有利于利用中央和地方政府有关部门安排在项目县(市、区)项目区同步实施的相关项目资金，作为国内平行配套资金的主要来源，并且其他少量部分资金则由项目省(区、市)和县(市、区)财政资金进行专项安排，这样地方财政配套资金压力会小些，有利于世行贷款项目的顺利实施，实现项目的预期目标。

(6) 世行贷款项目组织机构设置和加强能力建设问题。

为加强对利用世行贷款项目的组织协调和实施管理工作，需要申请利用世行贷款项目管理单位及时组建精干的项目管理机构，按计划组织开展项目前期准备和建设实施管理工作。如果世行贷款项目为中央有关部门的打捆项目，则需要在中央级有关部门组建中央项目办(CPMO)，在有关项目省(区、市)和项目县(市、区)组建省级、县级项目办。如果世行贷款项目为一省(区、市)境内的地方单一项目，则只需要在有关省(区、市)和地(市)、项目县(市、区)组建省级、地(市)级和项目县(市、区)级项目办。同时，各级项目办需要配备一定数量的专职项目和资金管理人员，包括从事项目投资计划、工程技术、招标采购、资金财务、报账支付和文件档案资料管理、宣传等相关人员，并且要求参与世行贷款项目管理人员，具有良好的政治和业务素质，有事业心、责任心，以便能够承担起繁重的世行项目和资金管理工作任务。为了加强各级项目办管理人员的能力建设，世行特别强调，在世行贷款项目资金计划中必须安排一定数量的国内外培训考察项目资金计划，以便在项目前期准备工作阶段和项目建设实施管理执行阶段，将有计划地对中央级、省(区、市)级、地(市)级和项目县(市、区)级有关部门领导和各级项目办有关管理人员，组织开展国内外培训考察活动。因此，需要中央和地方各有关部门在组织实施世行贷款项目时，高度重视和切实加强各有关部门和各级项目办管理人员的技术培训和考察交流工作，不断提高有关人员的业务素质和管理水平，以便适应世行贷款项目管理工作的需要。同时，通过世行贷款项目的实施管理和学习锻炼，进一步培养和造就一大批高素质的复合型技术与管理人才队伍。

3.3 项目组织机构设置及职责

为了保证世行贷款项目的顺利实施，世行贷款项目一般都会要求在项目准备阶段就开始建立起专门的项目管理机构。世行贷款项目一般涉及的部门比较多，除了各级项目办，项目还会涉及发改、财政等其他相关的部门。图 3－1 是某项目的组织机构图案例，可供类似项目在设置组织机构中予以参考。

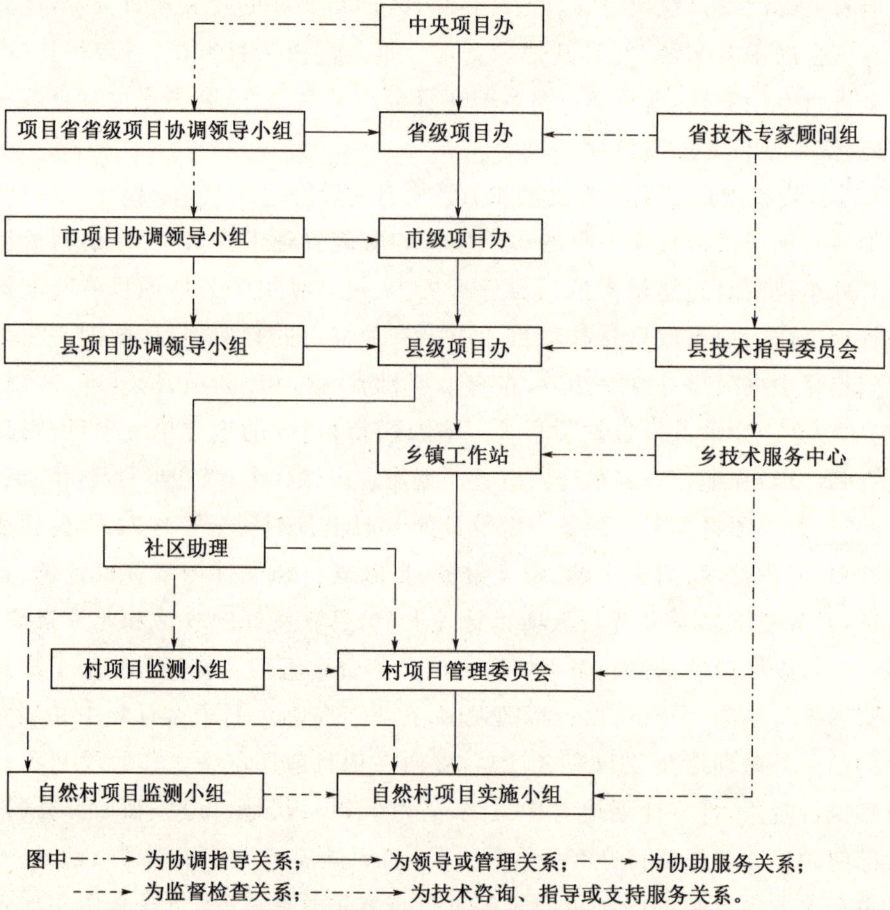

图 3－1 某世行贷款项目组织管理机构设置案例

3.3.1 项目实施协调领导小组（或项目指导委员会）

由于世行贷款项目涉及的部门比较多，为了便于进行统一协调，一般需要在项目前期准备和实施期，中央或地方政府成立一个项目协调领导小组（或项目指导委员会），协调项目前期准备工作和项目实施管理中的相关问题。世行贷款项目协调领导小组（或项目指导委员会）组长（主任）由政府分管领导担任，成员单位组成将视项目性质而定。例如，世行贷款农村发展项目，可能会包括发改、财政、环保、农林、水利、扶贫开发、民政等相关部门；世行贷款城市基础设施类建设项目，可能会包括发改、财政、环保、城建、交通、水利等相关部门。中央或地方有关部门项目协调领导小组（或项目指导委员会）的主要职责如下：

（1）协调并且监督世行贷款项目前期准备和实施管理工作。

（2）为项目实施管理过程提供相关政策指导。

（3）协调相关部门的工作。

项目协调领导小组（或项目指导委员会）在必要的情况下召开会议，及时讨论和研究解决项目前期准备工作和实施管理过程中相关的重大问题。

3.3.2 项目管理办公室（PMO）

世行贷款项目管理办公室是项目协调领导小组（或项目指导委员会）的具体办事机构。如果是中央项目或中央打捆项目，则需要设立中央项目办（CPMO）和有关省（区、市）及项目县（市、区）项目办，并且各级项目办一般设在行业主管部门；如果是地方单一项目，则项目办设在有关省（区、市）和项目县（市、区）行业主管部门。同时，各项目县（市、区）项目办根据本县（市、区）政府的授权，还承担了项目法人的职责，具有法人地位。

世行贷款项目管理办公室可根据项目管理工作需要，下设综合协调科（组）、项目管理科（组）、资金财务科（组）、招标采购科（组）。世行贷款项目管理办公室的职责主要包括以下内容：

（1）制定世行贷款项目管理操作程序，编制项目实施计划和资金预算。

（2）确保项目执行符合世行贷款项目《贷款协议》《项目协议》以及安全保障政策要求。

（3）编制项目工作计划，监督招标采购活动，确保项目招标采购活动符合项目采购计划。

（4）选择雇佣项目采购代理机构。

（5）按照项目管理主管部门和世行的相关规定，监督设计单位、咨询人及采购代理的项目采购活动。

（6）对外沟通与协调，包括上下级政府及有关部门。

（7）开展项目管理办公室管理工作人员能力建设与技术培训。

（8）监督各项目实施机构的项目实施与管理。

（9）监测项目实施进度和财务进度，按照世行要求编制项目进度报告并及时提交世行检查团。

（10）选择招聘项目管理咨询人（咨询公司及单个咨询人），组成联合专家组，为世行贷款项目实施提供技术管理支持。

(11) 在世行项目实施中进行技术和财务监督。

(12) 收集处理项目利益相关人的各种投诉。

(13) 组织项目检查验收、中期计划调整和编写项目完工报告。

(14) 协调安排世行检查团的项目检查活动。

3.3.3 财政部门

财政部门代表同级政府负责世行贷款项目的财务管理工作,如财政部、省(区、市)财政厅(局)、项目县(市、区)财政局等,成立贷款办,其主要职责包括:

(1) 监督世行贷款的使用管理。

(2) 开设、管理世行贷款周转金专用账户,编制和提交世行贷款提款申请,专用账户资金清算与回补。

(3) 与财政部和项目执行机构签署《转贷协议》,并向上级财政部门出具还贷承诺。

(4) 监督世行贷款项目《转贷协议》的执行。

(5) 协调项目执行机构(各级项目办),确保本项目下各类合同预算的有效性。

(6) 协调、配合省级审计部门进行项目账目的审计。

(7) 汇总并向世行提交项目财务报表,及时向项目县(市、区)政府和财政局通报项目资金支付进度。

(8) 编写项目财务报表以备世行检查团随时检查。

3.3.4 发改部门

发改委代表同级政府负责项目的审批,其主要职责包括:

(1) 组织审查项目建议书,将符合世行项目要求的项目列入利用外资备选项目清单。

(2) 组织审查项目可研报告及项目申请报告(利用外资方案),确保项目相关技术标准及定额符合相关规定。

(3) 审查项目外资利用计划。

(4) 审查项目中期调整计划。

(5) 参与项目相关竣工检查验收。

3.3.5 世界银行

世界银行作为世行贷款项目的管理机构,其主要负责以下活动:

(1) 为项目执行机构(各级项目办)提供技术指导,以确保项目顺利实施及项目发展目标的实现。

(2) 定期开展世行贷款项目检查、中期检查及项目完工审查验收。

(3) 项目招标采购活动审查批准。

(4) 项目资金提款申请书审查与处理。

(5) 监督《贷款协议》《项目协议》以及安全保障措施的遵守及落实情况。

(6) 审查年度资金审计报告,落实审计有关意见。

(7) 在各级项目办的协助下定期更新项目绩效审查报告。

(8) 定期更新项目文件信息以及世行网址的通告,包括安全保障文件。

表 3-1 世行贷款项目周期国内外程序对照表

世行项目周期	国内程序	相关项目准备文件
项目范围识别团(Project Screen Mission)	项目建议书阶段	项目业主委托咨询单位编制《项目建议书》
项目预鉴别团(Project Pre-identification Mission)	项目建议书阶段	1. 业主聘请可研、移民安置/社评和环评咨询单位 2. 移民安置/社评单位入户调查 3. 河道清淤的底泥监测等前期基础收据收集、测试(该项目特征工作)
项目鉴别团(Project Identification Mission)	项目建议书提交省发改委审批	1.《项目建议书》报当地发改部门审批 2. 可研、移民安置/社评和环评咨询单位踏勘现场、编制相关报告 3. 开展水质模型专题研究
项目准备团(Project Preparation Mission)	项目可行性研究阶段	可研、移民安置/社评和环评咨询单位提交报告(准备团初稿) 环评开展第一次信息公开和公众参与
项目准备跟进团(Project Preparation Follow up Mission)	项目可行性研究阶段	1. 项目可行性研究报告(准备团修改稿) 2. 移民安置/社评报告(准备团修改稿) 3. 项目环评报告书(准备团修改稿)
项目预评估团(Project Pre-appraisal Mission)	项目可行性研究阶段	根据世行预评估团的审查意见,修改完善、提交各项报告(评估团报审稿)

续表 3-1

世行项目周期	国内程序	相关项目准备文件
项目评估团（Project Appraisal Mission）	项目可行性研究批复，项目资金申请报告阶段，开始项目初步设计工作	根据世行评估团的审查意见，修改各项报告（报批稿） 对于环评来说，本项目被定为A类项目，则要提交以下3个报告的中英文本：项目环评报告书（评估团报审稿）、环境管理计划（EMP）、环评摘要（EAS）
项目谈判前	项目资金申报报告报发改委的批复 项目设计阶段	国家财政部和国家发改委向国务院递交项目谈判申请 按照财政部的程序要求，通过招标程序选聘招标代理机构，并报财政部门审批
项目谈判	项目初步设计	签署法律文件（贷款协议、项目协议、支付信） 一般在项目谈判时会约定法律文件签署后60天（或者90天）内，完成省里的司法程序，然后贷款生效
项目提交世行执董会	项目初步设计、施工图设计	如果设计工作已经完成，可以编制招标文件，履行采购程序（注意按照世行的采购程序，前审合同在招标文件、评标报告和合同文件要提交世行审查）

备注：世行贷款项目有一个追溯报账的机制，项目在评估后，资金申请报告报国家发改委批准后，就可以开展初步设计工作，在履行项目谈判、法律文件签署等程序的同时，加快工程设计工作，这样可以尽早地开展项目采购程序（希望追溯报账的合同，需要按照世行的采购程序，因此建议项目单位在项目准备阶段应该参加世行组织的采购培训，加快项目进度）采购后，即可开工建设，业主垫付的资金，可以在贷款生效后追溯报账（追溯报账的总金额不超过贷款总金额的10%）。

3.4 准备阶段相关报告文件格式及有关要求

3.4.1 项目建议书

项目建议书需要由项目执行单位或地方行业主管部门按照有关要求进行编制，项目建议书的参考格式为：

世行贷款项目建议书

编制世行贷款项目建议书,应包括以下主要内容:

1. 项目提出的理由

包括:项目提出的背景、项目建设的必要性、项目建设的依据。

2. 市场预测分析

包括国内外市场需求情况和现状及未来发展趋势预测。

3. 项目建设方案、拟建规模及建设地点

建设规模和方案设想,包括建设规模的分析、产品方案是否符合行业发展规划、技术政策、产业政策和产品结构的调整方向;建设地点分析包括:建设地点的地质、地形、社会经济条件;征地拆迁规模、移民安置和用地指标的初步情况;环境影响初步评价;建设地点是否符合地区规划布局的要求。

4. 投资估算、资金筹措及还贷方案

资金筹措,包括所需项目投资的依据和来源;利用世行贷款的可能性;贷款金额和用途以美元表示,其主要用于土建工程、采购设备、原材料、咨询服务、技术支持等;还贷方案必须落实偿还主体和责任,一般有地方政府或部门统借统还;国内配套资金落实情况;必要时还需各级政府或财政部门向财政部出具世行贷款项目还款担保和配套资金承诺函。

5. 项目实施安排

包括项目组织安排,业主单位情况;项目实施进度安排。

6. 项目经济效益和社会效益

包括项目的初步财务评价和国民经济评价、世行贷款偿还分析。

7. 项目环境和社会影响评价

8. 项目风险分析评价

包括技术风险、市场风险、汇率风险、利率风险、社会风险等。

9. 主要结论

10. 有关附件

3.4.2 项目可行性研究报告的编制大纲要点

下面列出世行贷款江苏省淮河流域重点平原洼地治理项目可行性研究报告的编制大纲,供参考。

世界银行贷款淮河流域防洪除涝治理工程项目
可行性研究报告编制提纲

1　综合说明

1.1　规划过程及编制依据

1.2　洼地概况

1.3　水文和气象

1.4　工程地质

1.5　工程任务和规模

1.6　工程布置及建筑物

1.7　水力机械、电工、金属结构

1.8　施工组织设计

1.9　工程占地和移民安置

1.10　环境影响评价

1.11　水土保持

1.12　工程管理

1.13　招标设计

1.14　工程量及投资

1.15　经济评价

2　水文和气象

2.1　流域概况

2.2　水文气象及暴雨洪水特性

2.3　除涝水文

2.4　主要涵闸、泵站设计

3　工程地质

3.1　勘察工作概况

3.2　区域地质

3.3　工程地质条件

3.4　天然建筑材料

3.5　结论和建议

4　工程任务和规模

4.1　自然及社会经济概况

4.2　工程建设的必要性

4.3　工程任务

4.4　工程规划

4.5　典型片面上配套工程

4.6　工程建设规模

5 工程设计

5.1 工程等别和标准

5.2 设计依据

5.3 河道工程设计

5.4 病险涵闸、泵站、桥梁除险加固工程

5.5 新建建筑物工程

6 机电及金属结构

6.1 水力机械设计

6.2 电气设计

6.3 金属结构设计

6.4 采暖通风

6.5 消防设计

7 工程管理

7.1 管理机构

7.2 工程管理范围和保护范围

7.3 管理设施

7.4 管理规章制度

7.5 工程调度运用

7.6 农民排涝协会试点

8 施工组织设计

8.1 施工条件

8.2 施工导流

8.3 料场选择与开采

8.4 主体工程施工

8.5 施工总布置

8.6 施工总进度

9 工程占地及拆迁安置

9.1 工程对地区社会经济的影响

9.2 移民安置规划

9.3 专业项目迁建规划

9.4 复耕规划

9.5 实施管理

9.6 投资估算

10 招标设计

10.1 项目法人

10.2 招标依据

10.3 招标范围

10.4 招标方式

10.5 招标组织形式

11 环境影响评价

11.1 环境现状

11.2 环境保护目标

11.3 评价标准

11.4 评价范围

11.5 环境影响预测评价

11.6 环境保护措施及投资

11.7 评价结论

12 水土保持方案

12.1 项目区水土流失现状及防治情况

12.2 主体工程水土保持评价

12.3 项目的责任范围、方案的设计深度及设计水平年

12.4 水土流失预测

12.5 水土流失防治目标与方案

12.6 水土保持措施施工组织设计

12.7 水土流失监测

12.8 投资估算

12.9 效益分析

12.10 方案实施保证措施

12.11 结论与建议

13 节能分析与评价

13.1 编制依据

13.2 节能措施综述

13.3 工程节能效果分析

14 工程投资估算

14.1 工程概况

14.2 主要工程内容

14.3 主要工程量及材料量

14.4 工程投资

14.5 设计概算编制

14.6 其他费用

14.7 资金筹措

14.8 投资估算表

15 经济评价

15.1 评价依据及参数

15.2 工程投入分析

15.3 效益分析

15.4 国民经济评价

15.5 风险分析

15.6 财务分析

15.7 社会评价

3.4.3 项目实施计划报告(PIP)编制大纲要点

下面列出世界银行贷款加强灌溉农业三期项目实施计划报告(PIP)编制大纲,供参考。

世界银行贷款加强灌溉农业三期项目实施计划报告(PIP)

编制大纲

第1章 项 目

1.1 项目范围和目标

1.1.1 项目由来

1.1.2 项目区选择

1.1.3 项目目标

1.2 项目概述

1.2.1 项目规划原则与标准

1.2.2 项目建设内容

1.3 项目中的有关问题

1.3.1 大坝安全

1.3.2 水资源平衡

1.3.3 环境影响评价

1.3.4 社会影响评价

第2章 项目投资、效益、财务经济分析和风险分析

2.1 投资概算

2.1.1 投资概算的依据

2.1.2 投资概算

2.2 融资计划

2.2.1 资金筹措依据

2.2.2 资金筹措计划

2.2.3 分年资金安排计划

4.7 运行与维护

第5章 项目监测与评价

5.1 监测评价机构/人员的设置和职能

5.2 监测评价指标体系

5.3 报告制度

附表：

1. 表1-1:项目县分布表
2. 表1-2:项目区基本情况表
3. 表1-3:项目区土壤情况表
4. 表1-4:项目区良种繁育体系表
5. 表1-5:项目区农技推广服务情况表
6. 表1-6:项目区农机服务情况表
7. 表1-7:项目区农业生产情况表
8. 表1-8:项目区林业情况表
9. 表1-9:项目区灌溉工程设施情况表
10. 表1-10:现有服务于子项目区的大坝情况表
11. 表2-1:项目建设规模表
12. 表2-2:项目区播种面积表
13. 表2-3:项目区农产品产量规划表
14. 表3-1:全项目详细概算表
15. 表3-1-1:河北省详细概算表
16. 表3-1-2:江苏省详细概算表
17. 表3-1-3:安徽省详细概算表
18. 表3-1-4:山东省详细概算表
19. 表3-1-5:河南省详细概算表
20. 表3-1-6:SO CAD详细概算表
21. 表3-2-1:按项目内容投资汇总表
22. 表3-2-2:按项目内容分省投资汇总表
23. 表3-3:按支付类别投资汇总表
24. 表3-4:按支付类别分年度投资汇总表
25. 表3-5:分省资金筹措表
26. 表3-6:世界银行贷款分期还本付息计划表
27. 表4-1:财务价格表
28. 表4-2:财务效益现金流量表
29. 表4-3:经济效益现金流量表
30. 表4-4:敏感性和风险分析汇总表
31. 表4-5:项目对典型农户收入影响情况表

3.4.4 项目资金申请报告(利用外资方案)编制大纲要点

项目资金申请报告(利用外资方案)编制大纲是对项目资金申请报告编写内容及深度的一般性要求,项目申报单位在编写具体项目的资金申请报告(利用外资方案)时,可结合项目自身的实际情况,对编制大纲中所要求的内容进行适当调整。

世界银行贷款项目资金申请报告(利用外资方案)编制大纲

一、项目概况

(一) 项目建设目标及必要性(包括配套改革、创新或示范、推广等内容)

(二) 项目区域及建设地点、项目建设规模、内容等(打捆项目可附表说明,参见附表 1、2)

(三) 项目投资估算及资金筹措方案

1. 总投资及资金构成(包括资本金、国外贷款、其他配套资金)

2. 年度投资安排

(四) 项目执行机构及项目业主

(五) 项目建设期及进度安排

二、国外贷款来源及条件

(一) 国外贷款机构(世行银行)

(二) 贷款条件(包括还款期、宽限期、利率、先征费、承诺费等)

三、项目前期准备工作进展情况

(一) 国内工作进展情况

1. 项目建议书批准情况

2. 项目可行性研究报告或项目申请报告批准情况

3. 环评及土地预审相关情况

(二) 对外工作进展情况

1. 项目鉴别、准备、评估等情况

2. 贷款谈判计划安排

3. 贷款协议及项目启动计划安排

(三) 国内配套资金落实情况

四、贷款使用方案及类别安排

包括世界银行贷款用于土建工程、设备、材料、咨询和培训等方面的资金安排(应附表说明,参见附表 3)

五、土建工程、设备及材料采购安排

(一) 采购原则及方式

(二) 采购计划(应附表说明,参见附表 4、5、6)

1. 土建工程采购分包方案

2. 设备及材料采购清单

3. 咨询服务及培训计划

六、经济分析及财务评价结论

(一) 经济分析

(二) 财务评价

(三) 环境和社会效益评价

七、贷款偿还及风险防范

(一) 世界银行贷款偿还方式

(二) 偿还或担保责任

(三) 还款资金来源

(四) 世界银行贷款偿还计划

(五) 外债风险分析及规避风险初步方案

八、附件

(一) 项目批准文件(项目可行性研究报告批准文件、项目申请报告核准文件或项目备案文件)

(二) 项目评估报告文件(世行对项目的评估报告文件(PAD)中英文文本)

(三) 国内配套资金落实文件或相关证明

注:项目资金申请报告编制大纲是对项目资金申请报告编写内容及深度的一般性要求,项目申报单位在编写具体项目的资金申请报告时,可结合项目自身的实际情况,对大纲中所要求的内容进行适当调整

附表1 世界银行贷款 ××项目项目建设内容汇总表

附表2 世界银行贷款 ××项目项目建设区域分布汇总表

附表3 世界银行贷款 ××项目贷款使用类别汇总表

附表4 世界银行贷款 ××项目土建工程采购分包方案汇总表

附表5 世界银行贷款 ××项目货物设备采购分包方案汇总表

附表6 世界银行贷款 ××项目咨询服务及培训计划汇总表

3.4.5 世界银行项目评估报告文件(PAD)编制大纲(世界银行方面要求)

世界银行贷款项目评估报告文件(PAD)编制大纲

1. 战略背景和基本依据

A. 国家与行业问题

B. 世行参与的基本依据

C. 项目作出贡献的较高层次的目标

2. 项目描述

A. 贷款工具

B. 项目发展目标和关键指标

C. 项目内容

D. 经验教训及在项目设计中的反映

E. 考虑过的替代方案及其被拒的原因

3. 项目实施

A. 合作伙伴关系安排

B. 机构与实施安排

C. 成果监测与评价

D. 可持续性

E. 关键风险及可能引起争议的问题

F. 贷款条件及约定

4. 评估概要

A. 经济与财务分析

B. 技术

C. 信托

D. 社会

E. 环境

F. 安全保障政策

G. 政策例外及准备度

附　录

1. 国家和行业或规划背景
2. 世界银行或其他机构资助的主要相关项目
3. 项目设施结果框架与监督
4. 项目详细描述
5. 项目成本
6. 项目实施安排
7. 财务管理与支付安排
8. 采购安排
9. 财务与经济分析
10. 安全保障政策
11. ……

3.5 项目前期准备期实际案例分析

在本节中将选择世界银行贷款新疆坎儿井保护及农业节水灌溉项目的前期准备工作过程及体会总结为主要案例，来说明世行贷款项目准备各个阶段的重点工作任务和技术要求。同时，将选择世界银行贷款江西省浯溪口洪水综合管理项目、全球环境基金(GEF)海河流域水资源与水环境综合管理项目、世界银行贷款节水灌溉二期项目(WCP2)、世界银行贷款淮河流域重点平原洼地治理项目概念设计框架等 4 个世界银行贷款(赠款)项目的项目概念设计框架为案例，进一步说明世界银行贷款项目规划设计的特点和逻辑框架结构与相关要求。这对于指导中方有关省(区、市)、地(市)和项目县(市、区)有关部门和项目管理单位有关人员,进一步了解和熟悉世行贷款项目设计的有关技术要求与工作重点,以便为积极配合世界银行项目管理团队,努力搞好世界银行贷款项目前期准备阶段各项工作,并且按国内外利用外资项目管理的有关程序和管理办法有关规定要求,按期完成和提交符合质量的世行贷款项目建议书、项目可行性研究报告、项目实施计划报告(PIP)、项目资金申请报告(利用外资方案)以及项目环评报告、社评报告、土地利用和征地及移民安置计划报告、大坝安全报告等相关文件,提供有益的帮助和指导作用。

案例1:世界银行贷款新疆坎儿井保护及节水灌溉项目

(一)新疆维吾尔自治区吐鲁番地区项目区基本情况

1. 存在的问题

(1) 水资源利用不合理,用水矛盾突出。

(2) 水资源几乎全部被传统农业占用。

(3) 地下水超采造成生态环境恶化。

(4) 大量坎儿井因地下水超采而枯竭消失。

(5) 缺乏山区控制性水库、地表水引用率较低。

(6) 灌区输水工程老化、输水方式落后。

(7) 田间工程设施缺乏配套,灌溉水平较低。

2. 面临的机遇

(1) 吐鲁番地区具有煤炭、石油、天然气、有色金属、无机盐等丰富的矿藏资源;

(2) 国家西部地区大开发提出的优势资源转换战略,吐鲁番地区必须改变目前的水资源利用现状。

3. 项目创新

(1) 传统农业灌溉节水

①主要是依靠灌溉工程技术减少在灌区输水过程中的渗漏损失。例如:渠道衬砌、低压管道、喷灌滴灌等。

②以提高灌溉水利用率达到节水的目的。然后将节约的水量用于扩大灌溉面积;或提高现有灌溉面积的灌溉保证率;或向城市工业和生活供水。

③中国与其他国家的经验表明:仅仅控制取水量或提高灌溉水利用率可能会增加耗水量而不是减少耗水量,从而加重生态环境的破坏。

(2) 创新思路

①如何保护坎儿井和保护生态?关键是控制地下水的超采;如何将部分农业用水转向工业用水?关键是控制农业耗水量同时提高农民收入。

②创新战略：科学使用农业灌溉节水技术，降低农业耗水量，提高单方耗水量农业产出的价值。减少水资源超采量，保护生态环境，提高农民的收入。

③先进手段：利用目前世界上最先进的卫星遥感技术监测实际耗水量。可以让农户知道到底耗了多少水，是否超过了分配给农户的最大耗水量，起到监测评价的作用。

（二）世界银行贷款新疆维吾尔自治区吐鲁番地区节水灌溉项目的总体设计框架

目标或产出	关键指标	实现目标或结果的必要条件
世界银行/中国合作战略目标： 1. 世界银行/中国 2006—2010 年合作战略目标：减轻农村贫困，资源缺乏及环境问题，促进城乡社会经济和谐发展 2. 新疆维吾尔自治区/吐鲁番地区水利“十二五”计划目标：实现水资源可持续利用，促进本区社会经济环境保护可持续发展	结果评价指标： 战略目标的评价指标： 1. 新增城市工业就业人数 2. 新增地区 GDP 3. 水资源实现采补平衡	1. 中国政府和世界银行集团项目投资的宗旨（中国） 2. 改善中国最贫困地区人口的生活质量，特别是在中西部地区 3. 促进城乡繁荣发展
项目的目标： 1. 降低洪水灾害损失 2. 实现新增城市工业供水效益 3. 提高灌区农业单方耗水量的产出效益 4. 减缓项目区地下水超采 5. 保护坎儿井文化遗产 6. 加强项目机构能力建设	结果评价指标： 1. 可能减少的洪水灾害损失 2. 城市工业供水新增效益 3. 农业水分生产率 4. 地下水超采量的减少量 5. 减缓坎儿井消失的速度 6. 项目管理人员技术考核达标	1. 政府进一步推广和加强各河系水资源综合管理及资金投入 2. 政府增加非项目区水利基础设施和节水灌溉的投入 3. 政府推广本项目的经验并增加非项目区农业技术的投入 4. 政府继续增加对非项目区环境保护的投入 5. 政府继续增加对非项目区坎儿井保护的投入 6. 政府促进全区更广泛的项目利益相关者的参与

目标或产出	关键指标	实现目标或结果的必要条件
实现项目目标的中间结果： 1. 下游防洪标准得以提高 2. 洪水资源得以有效利用 3. 农民务工就业人数增加 4. 渠系及灌溉水利用系数得以提高 5. 项目区无效蒸腾蒸发量(NBET)减少 6. 项目区总蒸腾蒸发量(ET)减少 7. 项目区农业产值增加 8. 项目区地下水位下降减缓 9. 坎儿井出水的实际效果 10. 项目管理与国际接轨	结果评价指标： 1. 实际防洪标准 2. 工业供水增量 3. 农民就业人数 4. 实际利用系数 5. NBET 减少量 6. ET 减少量 7. 实际新增效益 8. 地下水位观测数据 9. 坎儿井出水观测指标 10. 监测评价指标达标率	1. 农民及公众参与水管理 2. 实施ET管理、工程措施、农业措施及灌溉管理措施相结合 3. 地下水地表水(含汛期洪水)联合运用 4. 严格执行禁开荒复耕,禁农业打井,禁节水增地,禁荒漠造林 5. 骨干工程及田间工程运行管理维护经费到位 6. 新技术及科研成果得到应用 7. 按照创新理念编制和实施各河系水资源及生态环境综合规划与管理 8. 项目区环境保护管理计划得以落实 9. 社会及少数民族发展计划得以实施 10. 项目区按移民行动计划妥善安置移民 11. 病虫害管理计划得以实施 12. 大坝安全计划得以实施
项目投资建设内容（人民币元）： 1. 综合规划与管理(1 466 万元) 2. 山区水库工程及渠首工程(9.69亿元) 3. 农田灌溉节水工程(2.69 亿元) 4. 坎儿井保护工程(342 万元) 5. 技术援助及项目管理(1 284 万元) 总投资:13.88 亿元人民币,其中世行 6.8 亿元	项目投资建设内容（人民币元）： 1. 综合规划与管理(1 466 万元) 2. 山区水库工程及渠首工程(9.69 亿元) 3. 农田灌溉节水工程(2.69 亿元) 4. 坎儿井保护工程(342 万元) 5. 技术援助及项目管理(1 284 万元) 总投资:13.88 亿元人民币,其中世行 6.8 亿元	1. 自治区政府地委行署高度重视,健全有效的项目管理和执行机构 2. 自治区及地县配套资金按时到位 3. 世行招标采购和财务管理计划严格实施 4. 实施国内及国外培训和考察,举办各种研讨会 5. 应用项目管理信息系统实施项目合同管理 6. 实施项目监测评价(卫星遥感)指导项目实施

（三）世界银行贷款新疆维吾尔自治区吐鲁番地区节水灌溉项目案例总结

在世界银行贷款新疆维吾尔自治区吐鲁番地区节水灌溉项目前期准备工作执行周期内的各个阶段，世界银行项目代表团向国家发改委、财政部等有关部门和新疆维吾尔自治区发改委、财政厅报告项目的进展情况。

（1）从项目认定到项目进入评估阶段历时约1年时间，项目创新设计/可研审批/落实配套资金是关键。

（2）在项目的认定阶段与国家及新疆维吾尔自治区发改委密切沟通：

①确定项目参与单位；

②协调项目组织管理机构；

③确定项目创新设计；

④协调落实自治区配套资金。

（3）在项目可研报告的审批阶段与新疆维吾尔自治区发改委充分协商：

①可研报告分单项工程审批；

②项目总体按项目实施计划审批。

（4）在项目的谈判阶段密切与财政部及新疆维吾尔自治区财政厅沟通：

①项目法律条文的理解；

②谈判地点时间的选择。

案例2：世界银行贷款江西省浯溪口洪水综合管理项目概念设计框架

目标或产出	关键监测评价指标	实现目标或结果的必要条件
世界银行/中国—国别合作战略目标 1.“消除贫困，促进流域社会经济的可持续发展” 2. 中国政府关于加快水利改革发展的决定 3.“加快中小河流的治理，减轻洪涝灾害” 4. 饶河流域规划及景德镇城市防洪规划战略 5.“堤库结合，先堤后库，逐步实施”	景德镇国民经济评价指标： 1. 新增城市工业就业人数 2. 新增地区 GDP 3. 城镇供水及电力供应	世界银行集团的宗旨：改善世界各国人民特别是最贫困人口的生活质量，促进繁荣发展 中国政府在2020年的中长期目标：建成防洪抗旱减灾体系，重点城市和防洪保护区防洪能力明显提高

目标或产出	关键监测评价指标	实现目标或结果的必要条件
项目的目标： 1. 通过工程与非工程措施降低洪涝灾害的风险，应对气候变化，加强城市综合洪水风险管理体系的建设，将景德镇中心城区的防洪标准由 20 年一遇提高到 50 年一遇 2. 其他效益：发电，供水及环境生态流量	1. 受灾人口的数量（万人） 2. 洪灾财产损失（百万元） 3. 洪水受灾面积（平方公里） 4. 参与洪水风险管理和提高 洪灾风险意识单位的数量（个） 5. 政府机构颁布的与洪水风险；管理的文件的数量（个）	1. 昌江流域洪水风险管理实施成功 2. 洪水风险管理向其他中小河流推广 3. 政府继续增加对防洪工程的投入 4. 政府继续增加对防洪非工程措施的投入 5. 防洪风险意识促进更广泛的公众相关者的参与 6. 社会经济发展及环境保护实现可持续发展
项目的投资结果： 1. 景德镇市防洪工程标准提高 2. 电力调峰计划实现 3. 城市供水量增加 4. 昌江环境生态流量增加 5. 洪灾信息发布更快更准 6. 洪涝灾情评估的质量提高 7. 防洪调度决策所需信息量增加 8. 项目区移民妥善安置 9. 洪水风险管理能力提高 10. 项目管理与国际接轨	1. 从 20 年一遇提高到 50 年一遇 2. 调峰电量（度） 3. 规划供水量（立方米） 4. 最小生态流量（秒立方米） 5. 信息发布预见期及预报误差（%） 6. 灾情评估误差（%） 7. 决策信息量（项） 8. 移民年净收入增加（元/年） 9. 移民安置人数（人） 10. 通过相关测验的人数（人）	1. 工程施工监理到位 2. 领导及公众的防洪风险意识增强 3. 地方政府及村委会强有力的支持 4. 工程运行管理维护经费到位 5. 加强水法及防洪法的执法力度 6. 灾情评估及减灾决策系统运行维护经费到位 7. 洪水管理新技术及科研成果得到应用 8. 项目管理与国际项目管理接轨 9. 环境管理计划实施到位 10. 移民行动计划实施到位 11. 大坝安全计划实施到位

目标或产出	关键监测评价指标	实现目标或结果的必要条件
项目建设内容：总投资 21.15 亿元，其中世行贷款 1 亿美元 1. 涪溪口水利枢纽(5.85 亿元) 2. 洪水风险综合管理系统(0.28 亿元) 3. 移民安置(14.07 亿元) 4. 项目管理 及能力建设(674 万元)	大坝主体及附属工程 洪水风险管理规划 GIS 数据库 洪水预警预报系统 调度决策显示系统 移民新村及生产开发基地 考察培训人次数	1. 中央、省、市、县领导高度重视 2. 健全有效的项目管理办公室及技术专家组 3. 中央、省、市、县配套资金按时到位 4. 应用采购财务管理信息系统进行项目管理 5. 项目监测评价指导项目实施 6. 实施国内及国外培训和考察，举办各种研讨会 7. 按照世界银行的安全保障政策财务采购指南实施项目

案例 3：全球环境基金(GEF)海河流域水资源与水环境综合管理项目概念设计框架

目标或产出	关键指标	实现目标的必要条件
全球环境基金规划目标： 1. 黄海大海洋生态系统包括渤海子流域水资源的利用及环境保护得以持续发展 2. 政府"十一五"及"十二五"水利及环境保护规划	1. 海河流域各入海口入海水质和水量 2. 地下水压采量	1. 达到世界银行关于促进社会经济环境可持续发展和消除贫困的目标
项目目标：加速实现海河流域水资源与环境综合管理 1. 提高海河流域水资源与环境综合管理水平 2. 支持各级机构合作实现流域范围内的水资源与水环境的综合管理 3. 加强水资源与环境的能力建设和知识管理 4. 减少沿渤海小城镇的废污水排放	1. 项目 16 个试点示范项目县(市、区)和天津市向渤海的排污量 2. 项目成果向海河流域其他省市县推广应用	1. 水利部和环境保护部积极促进将本项目的理念和方法向其他流域推广 2. 各级政府继续为流域水资源与环境综合管理提供资金支持 3. 各级政府促进更广泛的项目相关者的参与

目标或产出	关键指标	实现目标的必要条件
项目结果： 1. 行动计划及 IWEMP 规划得以实施 2. 战略研究成果得到应用 3. 专题研究及示范项目得到应用 4. 水利环保合作机制得以实施 5. 水利环保部门使用共享 KM 数据库 6. 卫星遥感监测 ET 得到应用 7. 耗水控制理念在海河流域应用 8. 小城镇污水处理财政激励机制得以实施 9. 项目利益相关者与农民参与项目规划实施与管理 10. 项目管理与国际接轨	项目结果评价指标： 1. 定量指标：项目评估报告附件 1 所列的指标，并将历年监测的指标与基线调查指标进行对比分析与评价 2. 定性指标：以具体例子说明项目的成果所产生的影响和将来预期产生的影响	1. 项目按照自下而上，自上而下，横向与纵向相结合的方式实施 2. 水利与环保部门的合作机制不断完善，包括签署项目成果联合审批和数据共享协议 3. 战略研究的成果、KM 和 ET 技术运用于规划和行动计划的准备和实施 4. 小城镇污水处理财政激励机制批准实施 5. 利用 MIS 进行项目管理和实施 6. 利用项目监测评价指导项目实施 7. 采购及财务管理按世界银行指南实施 8. 政府加强投资力度去执行项目取得的成果
项目产出： 1. 水环境综合规划及行动计划 2. 知识管理 KM/ET 流域及县级应用工具及模型 3. 水资源与环境管理示范项目 4. 天津沿海地区污水管理及技术 5. 项目管理、培训及研讨会	1. 2 项战略行动计划 2. 8 项战略研究 3. 地方专题研究 4. 17 项 IWEMP 规划 5. 4 个示范项目 6. 模型及数据库	1. 政府及主管机构具有强烈的项目所有感 2. 中央及地方配套资金按时到位 3. 水利环保部门合作机制到位并紧密合作 4. 国际专家到位与中方专家密切合作 5. 项目领导及专家全面理解项目理念 6. 全面开展项目管理与实施的培训及研讨

案例 4:世界银行贷款节水灌溉二期项目(WCP2)概念设计框架

目标或产出	关键指标	实现目标或结果的必要条件
1. 世界银行/中国合作战略目标:减轻农村贫困,资源缺乏及环境问题,促进城乡社会经济和谐发展 2. 水利部、宁夏、山西、河北 3 省(自治区)水利发展计划目标:实行最严格的水资源管理制度,统筹考虑社会经济发展与水资源节约,水环境治理与水生态保护之间的关系,以水资源的可持续利用促进社会经济的可持续发展	结果评价指标: 1. 地区 GDP 逐年增长,农民收入持续增长 2. 水资源逐年实现采补平衡,水生态环境得到改善	实现世界银行集团的宗旨(中国):改善中国最贫困地区人口的生活质量,特别是在中西部地区,促进城乡繁荣发展
项目的目标: 1. 提高灌区农业单方耗水量的产出效益 2. 提高农民从事农业生产的收入 3. 减轻和适应气候变化的影响 4. 降低农业作物耗水量 5. 减轻农业面源污染 6. 加强项目组织机构能力建设	结果评价指标: 1. 农业水分生产率 2. 农民的农业收入 3. 干旱减产面积 4. 作物耗水量(ET) 5. COD、氨氮等 6. 培训人数	1. 政府推广本项目耗水平衡及资源节水的理念 2. 政府推广本项目地表水和地下水统一规划与应用 3. 政府推广本项目农民参与灌溉管理施工运行维护全过程 4. 政府推广本项目工程措施,农业措施及灌溉管理措施相结合 5. 政府推广本项目应对气候变化影响的措施 6. 政府推广本项目所应用的新技术(卫星遥感监测 ET 及监测评价 M&E/MIS) 7. 政府增加项目区和非项目区水利基础设施和节水灌溉的投入

目标或产出	关键指标	实现目标或结果的必要条件
实现项目目标的中间结果： 1. 作物产量提高 2. 灌溉定额降低 3. 渠系及灌溉水利用系数得以提高 4. 灌溉引水量减少 5. 农民参与灌溉管理施工运行维护全过程 6. 农民参与农业面源污染的防治 7. 采取应对气候变化影响的措施 8. 项目管理与国际接轨	结果评价指标： 1. 亩产量 2. 灌溉定额 3. 灌溉水利用系数 4. 灌溉引水量 5. 农民管理面积 6. 农民防治面积 7. 采取措施的数量 8. 新技术应用数量	1. 实施ET管理、工程措施、农业措施及灌溉管理措施相结合 2. 地下水地表水联合运用 3. 农民及公众参与灌溉管理及面源污染防治 4. 骨干工程及田间工程运行管理维护经费到位 5. 实施国内及国外培训和考察，举办各种研讨会 6. 新技术及科研成果得到应用 7. 环境管理计划得以实施 8. 移民行动计划及少数民族发展计划得以实施 9. 大坝安全计划得以实施
项目投资建设内容： 1. 水源建设工程(16%) 2. 农田灌溉节水工程(47%) 3. 农业支持与服务(12%) 4. 林业及环境保护(3.2%) 5. 技术援助及机构支持(3.7%) 6. 项目设计实施和管理(4.8%)	成果评价指标：实物统计数据 1. 项目总投资：10.57亿元人民币 2. 世行贷款：8 000万美金或5.2亿人民币；配套资金：5.37亿元人民币	1. 水利部和各级地方政府高度重视，健全有效的项目管理机构 2. 省/自治区及地县项目前期准备工作经费按时到位 3. 省/自治区及地县配套资金按时到位 4. 按照耗水平衡及资源节水的理念编制可研报告和项目实施计划报告(PIP) 5. 可研阶段多方案比较(社会、技术、经济、环境影响指标) 6. 应用项目管理信息系统实施项目合同管理 7. 应用卫星遥感技术支持项目准备并实施监测评价

案例5:世行贷款淮河流域重点平原洼地治理项目概念设计框架

目标或产出	关键指标	关键指标记录	实现目标或结果的必要条件
1.世界银行/中国—国别援助战略目标： 消除贫困,促进流域社会经济的可持续发展 2.国务院/水利部—防洪除涝规划目标： 加快治淮工程建设规划—19项及新增3项	关键定量评价指标	地区或国家统计数据	世界银行集团的宗旨： 改善世界各国人民特别是最贫困人口的生活质量,促进繁荣发展
项目的目标： 1. 提高流域和区域洪水管理水平,降低洪涝灾害损失 2. 提高项目区农业生产能力及农民收入水平 3. 改善项目区人民的生产及生活条件	关键定量评价指标	1. 年度监测评价报告 2. 项目中期调整报告 3. 项目完成报告	1. 流域水资源管理得到进一步加强 2. 政府在流域内加强扶贫力度 3. 政府在流域内继续增加对防洪除涝的投入 4. 政府在流域内继续增加对农业水利的投入 5. 促进更广泛的项目相关者的参与
项目的投资结果： 1. 防洪工程标准提高 2. 除涝工程标准提高 3. 防洪工程得以持续管理和维护 4. 除涝工程得以持续管理和维护 5. 洪涝信息采集更快更广 6. 洪涝灾情评估更快更准 7. 防洪除涝调度手段得到改善 8. 防洪除涝调度决策能力提高 9. 淮委—流域洪水统一调度管理示范 10. 各省—区域洪水统一调度管理示范	关键定量评价指标	1. 年度监测评价报告 2. 世界银行检查报告 3. 项目管理信息系统	1. 工程施工监理到位 2. 工程管理体制改革得以实施 3. 农民及公众参与水管理 4. 地方政府及村委会强有力的支持 5. 水价改革得以实施 6. 工程运行管理维护经费到位 7. 加强水法及防洪法的执法力度 8. 灾情评估及减灾决策系统运行维护经费到位 9. 新技术及科研成果得到应用 10. 项目区水环境得以保护 11. 项目区移民妥善安置

目标或产出	关键指标	关键指标记录	实现目标或结果的必要条件
项目的投资内容： 1. 工程措施（堤防，疏浚，泵站，闸，涵，桥） 2. 非工程措施（工程建设，运行，管理，维护实现可持续发展） 3. 能力建设（管理者的理念实现从工程水利向资源水利的转变） 4. 项目管理（与国际项目管理接轨）	关键定量评价指标： 项目总投资36.32亿元人民币，世行贷款2亿美元	1. 项目投资分类表 2. 项目评估报告	1. 健全有效的项目管理和执行机构 2. 中央及地方配套资金按时到位 3. 多方案比较（社会，经济，环境影响指标） 4. 应用管理信息系统进行项目管理 5. 项目监测评价指导项目实施

第4章　项目实施管理

4.1　项目启动与追溯

一般在世行贷款项目正式生效后，世界银行将派出第一次检查团对项目进行第一次检查指导工作，并与中方有关部门共同主持召开项目启动会。这标志着世行贷款项目将正式全面启动，进入建设实施与执行管理阶段。

在世行项目第一次检查团（启动团）期间，世行项目经理及有关方面专家，将对中方方面参与本项世行贷款项目建设实施与管理工作的各级项目协调领导小组（或项目指导委员会）、项目管理办公室有关负责人和管理工作人员，进行全面系统的技术培训与检查指导工作，其中包括：世行贷款项目规划设计理念、总体发展目标、项目改革创新点、项目主要建设内容、项目实施计划、采购管理、财务管理、安全保障、监测评价等方面的有关要求与具体规定。同时，检查各级项目办、贷款办、联合专家组的组织机构建设情况并对其进行能力评估，检查项目实施与管理的各项准备工作情况，并提出需要加强和改进的意见与建议，同时形成世行项目第一次检查团（启动团）备忘录，供中方项目管理单位研究参考和制订落实行动计划，以切实保证世行贷款项目能够按照批准的《贷款协定（LA）》和《项目协定（PA）》的有关要求予以组织实施，并按计划组织好世行贷款项目的实施与管理工作，不断提高项目管理水平。

世行贷款项目将在项目《贷款协议》签订90天后正式生效，但实际上很多项目活动在项目生效之前就已经开始了。世界银行可以对在项目《贷款协议》签字日之前一年内发生的合理费用进行追溯报账，但所有申请追溯报账的合同，也必须按照世界银行的采购管理程序进行采购，同时追溯期内允许报账的金额，一般不能超过本项目世行贷款总额的10%。

4.2　实施期项目计划管理

在项目准备阶段，世行将在项目可行性研究报告的基础上完成项目评估工作，项目评估报告文件（PAD）中的投资估算，将作为在项目实施期向世行报告项目进度的对照依据。但是和国内项目不同的是，在项目实施过程中，项目执行单位还需要在每年年底之前，根据当时的项目进展情况，制订和上报下一年度的项目投资计划，这也是项目《贷款协议》和《项目协议》的要求。项目年度投资计划至少应包括三部分内容，即项目投资计划、采购计划、资金筹措计划。世行贷款项目计划管理和国内项目不同的是，世行贷款项目计划中活动的预算只要有充分理由，并且事先获得世界银行的许可，都是可以调整的。而国内项目中活动的预算不能变更，即使实施中发生变化，超出预算的部分要由项目实施单位自筹解决。

需要注意的是，在世行贷款项目实施的第一年，项目执行单位要充分考虑到项目前期初步设计批复、编制采购计划、世行招投标前审等工作，可能造成的时间拖延，合理制订第一年的项目投资计划（一般占项目总投资计划的10%～15%），以避免造成年度项目投资计划制订过高而无法完成。

4.2.1 项目年度实施计划的编制和审批

世行贷款项目年度实施计划的管理，一般实行统一计划、分级管理的原则。年度实施计划应包括本级项目办本年度计划开展的全部项目活动，其中包括：各类工程建设活动、国内外培训、考察、会议、监测与评价的所有活动。

对于跨省打捆项目，中央有关部委、省有关部门及县级有关部门同时设立项目办的项目，一般是项目县（市、区）世行项目办先编制县级年度项目实施计划，经省（区、市）级世行项目办审核、平衡后，编制省级项目年度实施计划。编制好的省级项目实施计划上报中央项目办（CPMO），由中央项目办（CPMO）审查汇总并上报世行审批。

经世行批准的项目年度实施计划及批复函，由中央项目办（CPMO）印发各项目省（区、市）、县（市、区）项目办予以执行。

在项目年度实施计划中，由中央项目办（CPMO）或省级项目办统一组织的出国培训、考察计划应单独列示，同时出国培训考察计划也需要经过省（区、市）财政厅（局）预先确认，并且需将本年度的国外培训考察计划及时上报财政部和世行审查批准后，再予以执行。

经省（区、市）项目办审核、平衡后编制的省级项目年度实施计划，一般应在每年11月30日前报中央项目办（CPMO）进行汇总审查。

经世行批准的项目年度实施计划，应在每年12月31日前下发给项目省（区、市）和项目县（市、区）各级项目办，同时，抄送同级发改、财政部门。

现以世界银行贷款淮河流域防洪除涝治理项目2012年度实施计划编制提纲为例来说明：

世界银行贷款淮河流域防洪除涝治理项目
年度实施计划编制提纲

一、编制依据

1. 淮河流域防洪除涝治理项目《项目协议》《贷款协议》

2. 世界银行贷款淮河流域重点平原洼地治理项目实施计划(PIP)报告及有关附件

3. 世界银行认定团、准备团、预评估团、检查团有关备忘录等

二、编制原则

1. 按照世界银行贷款淮河流域重点平原洼地治理项目实施计划(PIP)报告,合理安排本年度的项目实施计划

2. 土建工程、物资设备和技术咨询服务相互衔接的原则

3. 子项目招标设计已经完成和项目建设条件基本具备的原则

4. 在认真总结分析上年度项目实施计划执行情况和经验教训的基础上,科学合理地安排本年度项目实施计划

三、上年度项目实施计划执行情况

1. 项目建设内容完成情况

2. 项目投资完成情况

各项目办根据2011年度项目实施计划执行的实际情况编写

四、当年项目实施计划完成主要建设任务及投资计划安排

当年项目实施计划安排,根据项目实施计划(PIP),并结合目前项目的实际进展情况和世界银行有关建议进行适当调整,具体计划安排如下

1. 项目建设内容

(1) 防洪除涝工程

(2) 洪涝灾情评估及减灾决策支持系统

(3) 机构加强

(4) 移民行动计划

(5) 环境管理计划(环保、水保)

(6) 项目管理

2. 项目投资计划安排

3. 资金筹措计划

五、2012年度项目采购计划

六、2012年度培训考察计划

(1) 国外培训、考察

(2) 国内培训、考察

七、2012年度实施计划保障措施

八、有关附表

表1　年度投资计划表

表2　年度按项目内容投资计划构成表

表3.1　年度采购计划汇总表

表3.2　采购计划表

表4　年度分省资金筹措计划表

表5　年度国内外培训考察计划表

4.2.2 项目年度实施计划执行情况的检查和监督

项目年度实施计划、采购计划及配套资金计划下达后，各级项目管理部门要对下一级项目实施机构的项目年度计划执行情况进行定期检查监督，对于检查过程中发现的相关问题要分析原因，提出改进措施，形成调查报告。对于检查中发现的重大问题，要及时上报上一级项目管理部门。

4.3 采购管理

4.3.1 世界银行贷款项目采购工作的基本要求

采购管理工作是世界银行贷款项目管理中非常重要的一个关键环节，世界银行要求所有使用世行贷款的项目必须遵循世行的采购政策和程序要求。

1. 世界银行贷款项目采购的特点

世行贷款项目采购工作的最大特点是土建工程和货物招标采用最低评标价中标的评标方法和咨询服务采购采用最高分中标的评审办法。同时，世行贷款项目中将服务区分为咨询服务和非咨询服务，对“咨询服务”和“货物、土建工程及非咨询服务”采用不同的采购文件和程序。在 2016 年 7 月 1 日生效的新采购框架中，土建工程和货物招标修改为最优报价中标，下文中我们对世行新旧采购政策进行了详细的对比。

土建工程和货物招标采用最低评标价中标的评标方法，最能体现世界银行对公共部门采购经济性的要求，即通过招标只采购满足使用要求的产品或能按质按量和按时完工的队伍，不一定是最好的产品或最强的队伍，除非最好的产品或最强的队伍递交的是最低评标价的投标。最低评标价中标的评标办法是最客观的评标办法，可以最大限度地避免人为的主观因素的干扰和保护评委。尽管最低评标价中标可能增加实施期间的风险和管理难度，私营部门采购多采用其他非最低评标价中标的评标办法，世界银行招标迄今一直采用最低评标价中标的评标办法。

咨询服务采购采用最高分中标的评审办法，体现了世界银行需要高质量的服务的考虑，同时也是因为咨询服务的成果不是以实物为主，主要依靠咨询人的智能，而咨询人的智能很难用价格来评审，因而只有采用评委打分的比较主观的评审办法。

2. 世界银行采购基本政策与国内采购政策的不同之处

下面我们借助表格的形式，将世界银行采购基本政策与国内采购政策的主要不同之处列出以供比较和参考。

表 4－1　世界银行采购基本政策与国内采购政策对比表

项目内容	世界银行采购基本政策	国内采购政策 招标投标法，政府采购法	不同之处
采购原则	经济、有效、透明	公开、公平、公正、诚实信用	世行强调经济，国内要求尽可能公开招标
特殊要求 1	为成员国提供竞争机会	同等条件下优先采用国内产品	世行项目尽可能采用国际招标
特殊要求 2	鼓励借款国发展本国承包业、制造业和咨询服务业		世行国际招标国内承包商有 7.5%投标价优惠，制造商有 15%投标价优惠，国内咨询人有最多 10 分优惠
缺省采购方式	货物、工程：国际招标 咨询服务：基于质量和费用的选择	公开招标	世行要求尽可能采用国际招标，国内要求尽可能采用公开招标
采购方式	货物、工程：国际招标 ICB，国内招标 NCB，询价 Shopping，单一来源，自营/直接签订合同 咨询服务：基于质量和费用的选择，预算固定选择，最低费用选择，基于质量选择，单一来源，单个咨询人选择	招标投标法：公开招标，邀请招标 政府采购法：非招标方式有单一来源，竞争性谈判等	世行区分为：货物\工程\非咨询服务为一类，咨询服务为另一类，国内不区分
采购法规	红皮：工程、货物和非咨询服务 绿皮：咨询服务	一套法规适用于工程、货物和服务	世行：2 套文件 国内：1 套文件
服务采购	区分为非咨询服务和咨询服务 2 类服务	不区分，与工程和货物相同	非咨询服务竞争以价格为主，咨询服务竞争以质量为主
采购计划	在项目评估和准备时编制，每年更新	无特殊要求	世行采购计划至少包含 18 个月的采购
采购审查	事前审查：国际招标和单一来源采购，大合同 事后审查：小合同	机电产品国际招标要报商务部审查	世行事前审查限额根据国家和项目风险有区别

续表 4－1

项目内容	世界银行采购基本政策	国内采购政策 招标投标法，政府采购法	不同之处
招标公告	总采购公告和国际招标在联合国开发业务和世行外部网站，全国性报纸商标刊登广告	在网上或报刊上刊登	国内可以只在网上刊登广告，世行要求在报纸上刊登广告
投标人投标时间	国际招标 6～12 周，国内招标至少 4 周，感兴趣函 2 周，资格预审时间同招标时间	招标投标法规定 20 天	世行时间以周计是为了与 FIDIC 合同条款以周计时相同，世行要求的时间比国内长
资格预审方法	通过和不通过法评审	通过和不通过法评审和打分法评审	世行只有一种方法，国内有 2 种方法
通过资格预审数量	不限定通过资格预审的投标人数，咨询服务短名单位 6 家	4 至 8 家	世行货物一般不进行资格预审，国际招标大合同和交钥匙资格预审，咨询服务短名单同资格预审
投标人数量限制	无限制，只要满足招标广告和时间的要求少于 3 家也可以评标和授标	少于 3 家投标人要重新招标	世行项目询价采购少于 3 家要报世行和获得世行不反对意见
评标方法	货物和工程以价格为主，咨询服务以质量为主	以打分法为主	世行项目货物和工程评标的非价格因素折算为价格评标
超过招标文件要求的投标	工程和货物评标不考虑，咨询服务可以考虑	可以加分	世行评标对好于招标文件要求的工程和货物投标不加分或减少投标价，对非实质性偏离可以增加投标价评标
中标	货物和工程：具有响应性的最低评标价中标，咨询服务：最高分中标	最大限度满足招标文件中标，或评审最低价中标，低于成本除外	世行咨询服务 QCBS 技术和财务综合最高分中标，QBS 最高技术分中标，CQS 和单个专家最高资格中标，LCS 在技术分及格的基础上最低价中标

因为世行贷款项目的法律文件《贷款协定》和《项目协定》是财政部代表中国政府与世界银行签订的，在世行采购政策与国内采购政策冲突时，只能服从世行采购政策，放弃国内采购政策。世行贷款项目中不用世行贷款的合同，可以服从国内采购

政策。

3. 采购方式

《货物、工程和非咨询服务采购指南》(2011 年 1 月,注意更新版)及《选择和聘请咨询顾问指南》(2011 年 1 月,注意更新版)明确规定,使用世行贷款项目下的项目活动必须满足指南的规定。世界银行现有的采购方式一般按照限额进行划分,对于各种采购的限额世行是不断更新的,限额根据借款国和贷款项目的不同而有区别。中国的采购方式限额和世行事前审查限额由世行东亚和太平洋地区采购经理确定,在世行东亚和太平洋地区网站上可以查阅。设计项目采购方式时请注意世行的最新规定。

表 4-2　世界银行贷款中国项目工程、货物及咨询服务一般采购限额(2016 年 6 月)

采购类别	方　式	限　额
土建工程	国际竞争性招标(ICB) 国内竞争性招标(NCB) 询价采购(Shopping)	超过 4 000 万美元 低于国际竞争性招标限额,但超过 50 万美元 小于或等于 50 万美元
货物设备	国际竞争性招标(ICB) 国内竞争性招标(NCB) 询价采购(Shopping)	超过 2 500 万美元 低于国际竞争性招标限额,但超过 50 万美元 小于或等于 50 万美元
咨询服务	基于质量和费用的选择和基于质量的选择(公司,QCBS,QBS)	大于等于 3 0 万美元的合同
	基于咨询者资历的选择(公司,CQS)	小于 30 万美元的合同
	单一来源选择咨询人(公司,SSS)	世行特许
	单个咨询人	
	其他(直接签订合同、自营工程、社区参与采购)	世行根据具体项目设定

备注:表中的限额世界银行会不断更新,注意最新的限额。

对于低于 1 万美元的项目采购,一般由执行机构和实施机构直接从供应商处采购,世界银行将视为其采购价格合理。

自营工程:即借款人使用自己的人员和设备 进行施工,这可能是承建某些种类工程的唯一实际可行的方法。世行采购指南对使用自营工程方式有一些限制条件,在使用这一方法时务必和世行提前沟通。

社区参与采购:对于一些社区发展类的项目(如建立农民用水者协会等),项目实施中需要:(a)请当地社区和/或非政府组织参与提供服务,或(b)增加当地的专有技术和材料的使用,或(c)使用密集型劳动和其他合适的技术。在此情况下,可采用社区参与的方式进行采购。

4. 提前签订合同与追溯贷款

借款人可能希望在相关的世界银行《贷款协定》签订前就进行初期的采购活动。这时使用的采购程序，包括刊登广告，应符合采购指南的规定，以便使最终签订的合同能为世界银行所资助，并且世界银行应对借款人所使用的程序进行审查。从事该提前签订合同活动的借款人自己承担有关风险，而且世界银行对程序、文件或授标建议做出的任何同意，并不意味着世界银行承诺对该项目提供贷款。如果合同已经签订，世界银行偿还支付的任何在《贷款协定》签字前由借款人按合同规定支付的款项，称为“追溯贷款”，并且只能在《贷款协定》规定的限额内提供。一般追溯保障的合同总金额不能超过本项目世行贷款总金额的 10%。

5. 世界银行前审/后审

使用世界银行贷款的合同应严格按照世界银行要求的招标程序进行采购，并且要经过世界银行的审查，世界银行对采购合同的审查分为前审（事前审查）和后审（事后审查）。

所谓“前审”，就是所有重大采购步骤必须在开始之前报世行审查，包括修改、补遗、延期、超过 15% 的变更等，如在发布招标公告之前，世界银行分别要对土建工程和货物合同的招标文件、咨询服务合同的短名单和建议书征询文件进行审查；同时在签订合同之前，要对评标结果和合同进行审查，项目执行单位只有在收到世界银行对每次审查的不反对意见函之后，才能继续下一步的采购程序。如果项目执行单位在执行前审合同时，在还没有收到世行不反对意见函的时候，就急于发布公告或签订合同，就有可能被认定为错误采购，世界银行将会拒绝支付。细节见采购指南附录一。

所谓“后审”，就是在招标采购过程中，项目执行单位可自行按照世界银行的采购政策进行招标采购，不需要报世界银行事前审查，但世界银行的采购官员会对没有经过事前审查的合同每年进行两次后审，检查采购构成的合理性。如果在后审过程中发现有违背世界银行采购原则的问题，也会被认定为错误采购。后审采用抽查的方式，抽查的比例在贷款项目的法律文件和/或评估报告中规定。

除非世界银行另行同意，否则所有货物、土建工程及咨询服务的采购过程应遵循表 4 - 3 中的审查要求。

表 4-3 采购中的世界银行审查要求表

采购方法	前审/后审	备 注
货物和土建工程		
货物/土建工程国际竞争性招标	前审	国际竞争性招标应将招标及资格预审邀请函、资格预审文件、招标文件、资格预审评审报告、评标报告提交世行进行前审。使用本方法同时要遵守世行《货物、工程和非咨询服务采购指南》(2011 年 1 月,注意更新版)的相关规定
货物/土建工程国内竞争性招标	前审/后审	不管预计合同金额是多少,国内竞争性招标第一次采购文件(有些项目要求前两个)的英文版应提交世行审批,世行审批通过的该采购文件应作为本项目所有世行贷款项目活动国内竞争性招标文件的范本,以后的国内竞争性招标文件按审批的招标文件格式编制,不再需要提交世行审查。但世行将对评标报告和所授予的合同进行后审。审查评标报告并在事后审查的基础上授予合同。使用本方法同时要遵守世行《货物、工程和非咨询服务采购指南》(2011 年 1 月,注意更新版)国内竞争性招标的相关规定
土建工程/货物询价采购	后审	对于询价采购,世界银行将进行合同后审。使用本方法同时要遵守世行《货物、工程和非咨询服务采购指南》(2011 年 1 月,注意更新版)国内竞争性招标的相关规定
单一来源/直接签订合同	前审	所有合同都要进行前审
咨询服务		
基于质量和费用的选择,预算固定选择,最低费用选择和基于质量的选择(公司,QCBS, QBS, FBS, LCS)	前审/后审	大于等于 30 万美元的合同,一般向世行提交以下四份文件供世行前审:①建议书征询文件(初稿)及咨询人短名单;②技术建议书评标报告;③综合评审和排名结果评审报告。使用本方法同时要遵守世行《选择和聘请咨询顾问指南》(2011 年 1 月,注意更新版)的相关规定
基于咨询者资历的选择合同(CQS)	前审/后审	第一个基于咨询者资历的选择合同,一般向世行提交以下四份文件供世行前审:①建议书征询文件(初稿)及咨询人短名单;②技术建议书评标报告;③综合评审和排名结果评审报告。使用本方法同时要遵守世行《选择和聘请咨询顾问指南》(2011 年 1 月,注意更新版)的相关规定
单一来源	前审	所有合同都要进行前审,这种方法仅适用于一些以前工作的自然延续,但所选机构必须在所要完成的工作任务方面有非常优异的工作经验

续表 4-3

采购方法	前审/后审	备　　注
单个咨询人	前审/后审	大于等于 2 万美元的个人合同,由执行机构选择、签订并管理合同。但需要提交一份候选人排名和合同草案供世行审查。具体程序请参照世行《选择和聘请咨询顾问指南》(2011 年 1 月,注意更新版)的相关规定 全部单一来源的单个咨询人

注:资格预审文件、招标文件、建议书征求文件包括这些文件的修改、补遗,评标报告包括投标有效期延长超过 42 天。合同实施包括超过合同价 15%的变更。

4.3.2 世界银行最新采购政策简介

世界银行 2016 年 7 月 1 日生效的新采购框架是世行成立以来对采购政策的最大一次现代化修改,引入了资金价值(或物有所值)和量体裁衣的采购理念。采购方法在咨询服务方面没有太大修改,在土建工程和货物采购方面有较大修改,将具有响应性的最低评标价中标改为最优报价中标,增加了“征求建议书 RFP”采购货物、工程和非咨询服务的选择方式。“征求建议书 RFP”的选择方式,可以采用打分法评标。原来采购政策中的国际招标和国内招标改为“征求投标书 RFB ”(或翻译为招投标)和原来采购政策中询价采购(英文 Shopping 修改为 Request for Quotation)—RFQ,仍然采用具有响应性的最低评标价中标的原则,即具有响应性的最低评标价为最优报价。

2016 年 7 月 1 日生效的新采购框架适用于 2016 年 7 月 1 日以后的新项目,2016 年 7 月 1 日以前的项目可以仍然使用 2016 年 7 月 1 日以前以 2011 年 1 月的红绿皮的采购指南为核心的采购框架。

新采购框架更加灵活,注重质量、投诉、提供多种选择,包括谈判、最优和最终报盘、竞争性谈判、价值工程等,国内招标可以采用借款国的招标程序等。

新采购框架的 7 个核心采购原则是物有所值、经济、诚信、量体裁衣、效率、透明、和公平公正。只要符合世行的核心采购原则,世行可以接受“替代的采购安排——APA”。

最新采购政策增加了预中标通知书(合同授予意向通知)和静止期的采购阶段,即在评标完成后向全部投标人宣告预中标的投标人的名称和中标价,开始 10 个工作日的静止期,投标人在收到预中标通知书后的 3 日内可以提出申诉或投诉,在中标通知静止期期满和投诉解决后才能正式发布中标通知书。

除了采购计划之外,新采购框架要求借款人还要编制“项目发展采购战略”“项目风险管理计划”“合同管理计划”和高风险高价值合同的“合同采购战略”。世行网站上有项目发展采购战略的长模板和短模板供借款人使用。世行还提供采购管理和跟踪的电子系统STEP供借款人使用。

新采购政策将土建工程、货物采购指南和咨询服务采购指南合并为“世界银行投资项目融资借款人采购条例”。老采购框架下的标准招标文件修改为新采购框架下的标准采购文件，在世行网站上都可以下载。

下面我们从多个方面对世行新老采购政策的特点进行了详细的对比，供读者参考。

表4-4 世界银行新老采购政策对比表

序号	对比内容	2016年7月1日前 采购政策	2016年7月1日后 新采购框架	说明
1	主要采购文件	工程、货物和非咨询服务采购指南（红皮）和咨询服务采购指南（绿皮），2011年1月	投资项目融资借款人采购条例，2016年7月颁布	原来分开的两个采购指南合并为一个采购条例
2	主要采购原则	货物、工程和非咨询服务采购：经济、有效、透明 咨询服务采购：质量、经济、有效、透明	核心采购原则：物有所值、经济、诚信、量体裁衣、高效率、透明和公平公正	在原来的经济、有效和透明的基础上增加了物有所值、诚信、量体裁衣、和公平公正
3	愿景(Vision)	无	投资项目融资业务采购支持借款人保持诚信和实现可持续发展和物有所值	新增
4	适用贷款项目类别	不明确	适用于借款人投资项目融资IPF贷款的采购	新增
5	工程、货物和非咨询服务评标方法	最低评标价法：非价格因素折算为价格加在投标价上成为评标价进行评标	征求建议书为优点打分法，招标和询价为最低评标价法	新增打分法评审报价，但只适用于征求建议书法，不适用于招标和询价
6	工程、货物和非咨询服务中标原则	有资格和响应性的最低评标价中标	最优报价中标：征求建议书最高分为最优价，招标和询价最低评标价为最优价	最低评标价中标改为最优价中标

续表 4-4

序号	对比内容	2016 年 7 月 1 日前 采购政策	2016 年 7 月 1 日后 新采购框架	说明
7	工程和货物最佳投标书 /建议书	无	使用打分法：符合资格标准的投标人，其投标书被评为响应招标文件并得分最高 不使用打分法：符合资格标准的投标人，其投标书被评为响应招标文件并为最低评审价	打分法：得分最高为最佳投标书 不使用打分法：最低评审价为最佳投标书
8	咨询服务最佳建议书	打分法：得分最高的建议书	评审的最好的建议书	主要适用于 QCBS、QBS 两种采购方式
9	工程、货物和非咨询服务采购方式	国际竞争性招标 ICB、国内竞争性招标 NCB、有限国际招标 LIB、询价采购 Shopping、直接签订合同 DC 和自营 FA	征求建议书 RFP，招标 RFB，询价 RFQ（每种都有公开、有限、国际和国内 4 种市场进入方式），直接选择 DS	原来有 6 种采购方式，现在有选择方式和市场进入的 13 种组合。征求建议书 RFP 为新增采购方式
10	首选的采购方式	工程、货物和非咨询服务：国际竞争性招标 ICB（第三章），占采购指南的主要内容 咨询服务：QCBS（第三章），占采购指南的主要内容	公开竞争的方式进入市场是世行的首选方法，包括公开竞争进入国际市场和公开竞争进入国内市场。借款人应该证明除了公开竞争之外的其他任何方法是合理的，并且必须在采购计划中说明（6.11、7.22 章节）	世行鼓励和推荐的采购方式，只有在首选的采购方式不适用时，才使用其他采购方式
11	咨询服务采购方式，选择咨询公司或实体	基于质量和费用的选择 QCBS，基于质量的选择 QBS、预算固定选择 FBS 最低费用选择 LCS，基于资格的选择 CQS，单一来源选择 SSS	基于质量和费用的选择 QCBS，基于质量的选择 QBS、预算固定选择 FBS 最低费用选择 LCS，基于资格的选择 CQS，直接选择 DS	6 种基本方式不变，但现在有选择方式和市场进入的 11 种组合，单一来源选择改称直接选择

续表 4-4

序号	对比内容	2016 年 7 月 1 日前 采购政策	2016 年 7 月 1 日后 新采购框架	说明
12	咨询服务采购方式，选择咨询个人	基于资格（简历）的选择和单一来源选择（SSS）2 种，可以通过公司推荐来选择个人	公开、有限和直接共 3 种选择方式，可以通过公司推荐来选择个人	公开选择鼓励刊登公告 REOI，有限选择在已知候选人及其可用性可以不登公告
13	类似采购方式 1：国际招标	国际竞争性招标 ICB	国际公开招标 RFB	评标方法不变，均为最低评标价法
14	类似采购方式 2：国内招标	国内竞争性招标 NCB	国内公开招标 RFB，进入国内市场可以采用借款国国家自己的采购程序	评标方法不变，均为最低评标价法，均允许国外投标人投标
15	类似采购方式 3：有限招标	有限国际招标 LIB，可以不登招标公告，其他同 ICB	国际有限招标 RFB，只有邀请，不要求招标公告	评标方法不变，均为最低评标价法
16	类似采购方式 4：询价	询价采购（Shopping），最少 3 家报价，投标人不足 3 家时要求获得世行的不反对意见	询价采购 RFQ：有公开、有限、国际和国内 4 种市场进入方式，一般向 3 家询价	评标方法不变，均为最低评标价法，适用于采购货架商品或标准规范/规格的商品或简单的小型土建工程
17	类似采购方式 5：无竞争	直接签订合同（Direct Contracting）（红皮指南 3.7 章节） 单一来源选择（SSS）（绿皮指南 3.8-3.11） 没有明确过去的合同是不是世行资助	直接选择（Direct Selection），包括过去的合同不是世行资助，但授予程序世行可以接受，或重新雇用先前 12 个月之内已经完成了借款人合同的公司来履行类似的合同（6.9、7.13 章节）	直接选择需要满足的三个条件： ①该公司在以前的合同中的表现令人满意；②通过竞争方式采购没有任何优势可以获得（因为直接选择方式无竞争）；和③直接签订合同价格合理（6.9-b，7.14 章节）

续表 4 - 4

序号	对比内容	2016 年 7 月 1 日前 采购政策	2016 年 7 月 1 日后 新采购框架	说明
18	类似采购方式 6：自营，政府部门用自己的人员和设备施工	自营，要求在贷款协定中设立允许的自营的累积最高金额，并获得世行不反对意见（红皮指南 3.9 章节）	在管理上、法律上、或财务上不自主的国有施工单位，被认为是自营单位。在管理上、法律上、或财务上独立的国有企业不是自营单位（6.54 章节）	采用自营要求借款人采用与管理第三方合同的同样的方式进行严格的质量检查和检验
19	工程货物新增采购方式：征求建议书 RFP	征求建议书 RFP 只用于咨询服务，不用于工程、货物和非咨询服务	征求建议书 RFP 可用于工程、货物和服务：有公开、有限、国际和国内 4 种市场进入方式	可以用优点打分法评标，一般为多阶段选择程序
20	合同授予前是否可以谈判合同价和合同条件	咨询服务选择在评标后可以谈判合同，所以咨询服务合同需要世行的不反对意见；工程货物招标在授标后不能谈判合同，所以工程和货物合同不需要世行的不反对意见	对事前审查的国际竞争性采购，世行可能同意在最后的合同授予之前进行合同谈判（6.34～6.36 章节）	谈判要在一个世行同意的诚信保证提供者出席的地点举行。谈判可以涉及合同条款和条件、价格和/或社会、环境、创新方面
21	工程货物采购新采购框架新增的其他采购安排	无	6.32 章节：最佳和最终报价 BAFO，6.39～6.41 章节：竞争性对话，6.46 章节：商业惯例，6.49 章节：电子反向拍卖，6.50 章节：进口方案，6.51：商品	详见本表第 54，56，57，58 和 59 项
22	工程货物采购新采购框架没有涉及的采购内容	中间金融机构转贷（红皮指南 3.13 章节）、施工管理承包商（Construction Manager）（3.11 章节）、商检服务（3.12 章节）	没有提到	

续表 4-4

序号	对比内容	2016 年 7 月 1 日前 采购政策	2016 年 7 月 1 日后 新采购框架	说明
23	价值工程	无	价值工程(Value Engineering),编制这项建议是承包商的成本,决定是否采纳这项建议取决于借款人。合同中应规定各方如何分享建议所产生的利益	以最佳成本来提供项目所需的功能,不牺牲性需要的功能、寿命或可靠性的前提下,缩短时间,替换材料、方法和方案
24	新增评标程序:静止期	无此时段	评标完成后要公示评标结果 10 个工作日,没有投诉或投诉解决后才能正式授标(5.78 章节)	给投标人时间审查评标结果,提出抱怨,只收到 1 份投标书则无静止期
25	合同授予意向通知(预中标通知)	无此要求	决定合同授予人之后,将借款人打算将合同授予成功的投标人的意向提供给各投标人(5.72 章节)	静止期为从合同授予意向通知发出后开始计算的 10 个工作日
26	借款人听证	借款人应该应投标人的要求及时书面解释该投标人不中标的原因	收到合同授予意向通知后,不成功的投标人有 3 个工作日可以书面要求借款人听证(5.81 章节)	采购条例要求借款人需在收到听证要求后 5 个工作日内提供书面或口头听证(5.82 章节)
27	授予合同的公告	在收到世行不反对意见(前审)或授标决策(后审)后 2 周内	在合同授予后的十个工作日内,公开公布授予合同的公告	
28	招标阶段	一般为一阶段,两阶段仅用于大型复杂工程,供货安装和计算机系统	包括一阶段单信封、一阶段双信封和多阶段(主要指两阶段)三种形式	原来双信封仅用于咨询服务采购
29	采购文件范本	标准招标文件 SBD	标准采购文件 SPD	强制性用于国际招标,国内招标可以用借款人自己国内的副本

续表 4-4

序号	对比内容	2016年7月1日前 采购政策	2016年7月1日后 新采购框架	说明
30	采购审查	事前审查、事后审查	事前审查、事后审查、第三方进行独立的采购审查	
31	项目发展采购战略(PPSD)	无要求	PPSD说明支持项目的发展目标和在基于风险的方法下提供最佳的物有所值,在项目准备期间编制,指导编制风险管理计划和合同管理计划,借款人在项目准备期间编制项目发展采购战略(PPSD)和采购计划	PPSD是采购计划和合同管理计划的基础,PPSD应为采购计划中的选择方法提供充分的理由,PPSD的详细程度和分析应该与项目采购的风险、价值和复杂性成比例
32	采购计划	采购计划至少包括头18个月采购活动	项目发展采购战略(PPSD)为采购计划中的选择方法提供充分的理由。初步的采购计划一般应该覆盖至少项目实施的头18个月(4.1章节)	借款人在项目准备过程中编制PPSD和采购计划,世行在贷款谈判完成之前审查PPSD和同意采购计划
33	采购计划编制和跟踪工具	世行网站上有采购计划模板和格式	借款人应使用世行的网上采购计划和跟踪工具STEP编制、完成并更新其采购计划	世行网站上有PPSD和采购计划的编制指南
34	国内优惠	工程:低收入借款国本国承包商参与ICB竞争有7.5%优惠 货物:借款国本国制造增值30%以上货物参与ICB竞争有15%优惠 咨询服务:雇用借款国本国咨询人技术建议书可以最高打10分	货物采购国内优惠不适用于供货安装合同	工程采购和咨询服务采购的国内优惠没有修改

续表 4－4

序号	对比内容	2016 年 7 月 1 日前采购政策	2016 年 7 月 1 日后新采购框架	说明
35	可持续采购	无	基于证据以及现有的社会—标签标准，生态—标签标准，国际公认的证书可证明公司实施环境管理措施的能力。这种证书包括 ISO 14001	又叫绿色采购，可持续采购并不是强制性的
36	替代的采购安排	无	如果借款人要求，世行可以同意使用其他多边或双边机构的采购程序和借款人的实体的采购程序	世行可能同意其他机构在提供实施支持和采购活动监督方面起主导作用
37	诚信保障提供者，又称诚信审计师	无	诚信保障提供者是提供采购过程实时监督服务的第三方（6.33、6.35 章节）	监督 BAFO、谈判和竞争性对话的实施过程
38	租赁资产	在内部文件世行程序 BP11 和业务政策 OP11 中有规定	有经济和/或运营效益时，租赁比较新购可能是适当的（5.10 章节）	如资产使用时间短暂，减少废弃的风险时租赁可能比新购合适
39	二手商品的采购	在内部文件世行程序 BP11 和业务政策 OP11 中有规定	如果采购二手货是实现项目发展目标的经济和有效的手段，借款人可以购买二手货（5.11 章节）	要在采购计划规定和征得世行同意
40	国际招标投标时间	最短 6 周，大型复杂情况 12 周	最短 30 个工作日	采购指南时间计量与 FIDIC 合同条款时间计量相同，以周计算（7 进制）。新采购条例以工作日计量，30 个工作日合 6 周

续表 4－4

序号	对比内容	2016年7月1日前 采购政策	2016年7月1日后 新采购框架	说明
41	严重失衡或支付前置的投标书	在土建工程标准招标文件中规定，在采购指南中没有规定	要求投标人提供书面澄清，包括详细的价格分析(5.64章节)	3种结果： ①接受该投标 ②增加履约保证金总额20% ③拒绝该投标
42	对异常低报价的投标书的澄清	无	异常低报价指报价与其他元素结合，显得如此之低，使得借款人对投标人以其所报的价格履行合同的能力产生了实质上的疑问。借款人可以要求投标人提供书面澄清，包括详细的价格分析、工作范围、施工方法等，如投标人未能证明其具有以其报价交付合同能力，其投标书可以被拒绝(5.65章节)	
43	初始选择(IS)	无初始选择，只有资格预审	采购货物、工程和非咨询服务时，在邀请提交建议书前的短名单过程。初始选择包括两步程序：第一步为资格预审程序，建立申请人的长名单；然后再用打分法评审长名单的申请人并排序，选择排序最靠前的申请人递交建议书(6.25章节)	新采购条例：资格预审用于招标RFB，初始选择用于征求建议书RFP
44	借款国的国有公司参与	满足以下条件可以参与： ①在法律上和财务上独立； ②按照商业法则运作；和 ③不受雇佣他们的机构的监督	此外，如缺乏合适的私营部门，或国有公司参与至关重要，不独立的国有公司也可以参与	国有公司包括大学、研究中心或机构

续表 4－4

序号	对比内容	2016年7月1日前采购政策	2016年7月1日后新采购框架	说明
45	招聘政府官员和公务员	政府官员和公务员不能参与世行贷款项目的竞争	世行可能逐案同意在借款国的咨询服务合同中招聘借款国的政府官员和借款国的公务员	无论是作为个人还是作为专家团队的成员
46	借款国制裁的公司	无明确规定，个别处理	在世行资助的合同中受到同样的制裁	前提是制裁涉及欺诈或腐败行为，遵循了司法程序，给予了该公司或个人足够的申诉程序
47	遵循世行的反腐败指南认可信	无要求	招标文件要求投标人投标时出具签字的认可信，确认运用和遵循世行的反腐败政策（5.4－c章节）	世行的反腐败政策包括世行的制裁权（列入黑名单）、检查权（检查承包商账户）和审计权（审计承包商账户），认可信将被组合进的合同中
48	使用借款人的国家采购安排	无	紧急需要援助或能力受限，可以使用借款人的国家采购安排	适用于紧急需要援助和能力受限制的情况
49	公开开启投标书	ICB、NCB、LIB、QCBS、QBS等必须公开开启投标书、建议书	最终和最佳投标BAFO，谈判和竞争性对话一般不公开开启投标书	但是要有世行接受的诚信保证提供者在场
50	保留采购文件	借款人保留采购文件直至贷款协议关账后2年	借款人应按照法律协议的要求保持采购过程的所有记录	新采购框架没有说明采购记录保存的时间
51	咨询服务广告REOI	没有明确要求是否同时提供工作大纲TOR	要求同时提供工作大纲TOR全文	如果因为TOR篇幅太长不能登广告，应该提供电子版

续表 4-4

序号	对比内容	2016 年 7 月 1 日前 采购政策	2016 年 7 月 1 日后 新采购框架	说明
52	服务承包商	作为咨询个人按照单个咨询人的程序选择	聘请个人(但不是正式雇员)提供在合同基础上的非咨询服务。经过世行认可,可以由借款人根据其人事聘用程序聘用	由咨询服务改为非咨询服务
53	项目实施支持人员	无	经过世行审查和认可,借款人可以根据其人事聘用程序聘用支持项目实施的项目实施人员,由借款人个别地与他们签订合同。(7.32 章节)	更加灵活 项目实施支持人员不包括法律协议中确定的个人咨询人
54	最佳和最终报价(BAFO)	无	邀请提交了实质上响应的投标书/建议书的投标人/建议人提交他们的最佳和最终报盘,借款人应当聘请诚信保证提供者作为第三方监督采购过程。BAFO 只能用于需要事前审查的国际竞争性采购中(6.32 章节)	投标人有一个最后的机会来改进他们的投标书,包括降低价格、澄清或修改他们的投标书或提供额外的信息
55	工程、货物合同谈判	工程、货物和非咨询服务不得谈判合同,只有咨询服务可以进行合同谈判	需要事前审查的国际竞争性采购,在投标书评审之后和最后的合同授予之前可以进行合同谈判(6.34、6.35、6.36 章节)	谈判要在一个世行同意的诚信保证提供者出席的地点举行

续表 4-4

序号	对比内容	2016 年 7 月 1 日前采购政策	2016 年 7 月 1 日后新采购框架	说明
56	竞争性对话，互动的多阶段的选择程序，允许建议人动态参与	无	附录 13 适用于借款人不能客观地定义技术规格和范围，详细的技术和商务安排要求与建议人讨论和进一步发展，竞争性对话只能用于复杂或创新采购。(6.39、6.40 章节，附录 13)	要有独立的诚信保证提供者(诚信审计师)在场，分 3 期：①期初始选择，②期初步建议和对话，③期最终建议(详见采购条例附录 13)
57	电子逆向拍卖	无	采用投标人排序的自动评审方法，通过资格预审/注册登记(6.49 章节)	最低投标价的公司赢得合同
58	涉及进口方案的采购	无	采购大量的合同时，可简化广告和货币规定，提交投标书的周期可以减少到 20 个工作日(6.50 章节)	不要求刊登总采购公告 GPN
59	商品：如粮食、饲料、食用油、肥料和金属	无	适用于多次授予部分数量，以保证供应安全，或在一段时间内多次购买，以充分利用有利的市场条件，并保持低库存。报价的价格与出货运输时，或之前的市场价格挂钩。投标有效期应尽可能短(6.51 章节，附录 12：6.7 章节)	可用 e-反向拍卖从通过资格预审/注册登记的公司采购商品
60	基于咨询人资格的选择 CQS	向尽可能多的咨询人获得意向书，至少不少于 3 家有资格和经验的咨询人	意向书征求通告(REOI)带工作大纲 TOR，要求不少于 3 家有资格的咨询人递交意向书 EOI(7.11 章节)	意向书征求通告(REOI)的广告不是强制性的

续表 4-4

序号	对比内容	2016年7月1日前 采购政策	2016年7月1日后 新采购框架	说明
61	直接选择，无竞争的采购方式	单一来源选择仅用于例外情况，需要世行不反对意见，主要适用于以下情况：①前期工作的自然延续，②灾害或紧急情况，③十万美元以下的小合同，④只有一家咨询人合格	投入产出成比例、量体裁衣和物有所值可能需要无竞争的直接选择，直接选择主要适用于以下情况：①现有合同不是由世行资助的，但合同授予的程序世行可以接受的，通过竞争可能无法获得合理的优势和价格；②是咨询人承担的前期12个月之内的工作的自然延续；③重新雇用先前已经完成了合同的公司来履行类似的咨询服务合同的理由是合理的；④采购计划同意的非常低值和低风险的采购；⑤响应紧急情况；⑥只有一家公司是合格的；⑦国有公司、大学、研究中心或机构提供的咨询服务有独特的和特殊的性质；⑧直接选择联合国机构(6.8、6.9、7.13、7.14章节)	重新雇用先前已经完成了合同的公司的合理的理由表明该公司在以前的合同中的表现令人满意，通过竞争没有任何优势可以获得，而且价格合理。借款人应保证公平和公正，并有适当的程序确保，所要求的咨询服务没有被分裂成更小规模的采购来避免竞争过程
62	短名单数量	6家公司，有广泛的地理分布	不少于5家和不超过8家的合格的公司(7.17章节)	首先考虑感兴趣EOI的咨询人(是咨询人对咨询任务感兴趣)
63	短名单来源	来自任何国家的公司不多于2家，至少一家来自发展中国家	除了CQS和直接选择之外，所有的选择方法都必须准备短名单(7.16章节)	新框架减少了来源国和地理分布的限制

续表 4-4

序号	对比内容	2016 年 7 月 1 日前 采购政策	2016 年 7 月 1 日后 新采购框架	说明
64	短名单公司性质	同类商业营利目的，国有企业和非营组织不与私营企业在同一短名单中。私营企业以营利为目的	联合国机构，国有公司或事业单位和非营利组织不应包括在有私营部门公司的同一短名单中，除非他们作为商业实体经营（7.18 章节）	如短名单包括不同实体，选择通常应使用 QBS 或 CQS 方法。短名单不应包括个人咨询人（7.19 章节）
65	采购代理人	使用 QCBS 选择采购代理，费用比重可以达 50%，采购代理合同可以是百分比合同（或百分比加固定费），采购顾问合同以时间为基础（如果列入采购计划，世行可以资助采购代理合同）	使用 QCBS 或 LCS 来选择采购代理（7.31 章节）	新框架下的采购条例进行了简化
66	选择单个咨询人的采购公告	鼓励刊登 REOI 公告	公开选择鼓励刊登 REOI 公告，有限选择可以不刊登 REOI 公告	新框架采购条例要求邀请 EOI 时提供工作大纲 TOR
67	物有所值（Value For Money-VFM）	无	物有所值（VFM）意味着有效、高效、经济地使用资源，要求评审有关的成本和效益、风险和非价格属性和/或生命周期成本（附录 1）	单独价格因素不一定代表物有所值。物有所值在世行新采购条例的 7 个核心采购原则中排第一
68	投诉	采购指南中无规定，实际操作中要求借款人考虑匿名投诉	投诉应以书面形式向借款人提出，并应当明确投诉人的姓名，联系方式和地址（附录 3）	新采购条例明确投诉应该用书面并署名

续表 4-4

序号	对比内容	2016年7月1日前采购政策	2016年7月1日后新采购框架	说明
69	解决投诉问题的时间表	无	采购投诉处理标准表，质疑在投标截止前10个工作日或收到被排除通知后10个工作日内提出，借款人在3个工作日内书面确认收到投诉，7个工作日内回复投诉(附录3中的表1)	合同授予意向通知之后的投诉应在静止期间内提交给借款人，借款人在15个工作日内回复投诉
70	借款人听证	如投标人要求借款人解释不中标的原因，借款人应该书面解释，投标人自费参加听证会	听证要求应该在收到合同授予意向通知之后的3个工作日内提出，借款人应在收到按时要求听证的来函后5个工作日内进行听证。对所有其他听证要求，借款人应在合同授予公告公开发布之日起不晚于15个工作日进行听证	
71	风险管理	无	PPSD分析风险管理计划	
72	市场进入	无	公开的、有限的、直接的、国际/国内、资格预审/后审，单一/多阶段、单一/双信封、谈判、BAFO	
73	履约保证金	保证金的数额取决于工程性质和大小	通常银行保函的金额不超过合同价格的10%	
74	合同价格调整	调价使用调价公式，特殊情况可以用文件证据，包括实际发票	调价使用官方价格指数。在这种指数不可获得时，也可以从其他适当的文件来源得出，如何处理投标书递交截止日期之前的28天以后借款国法律和法规发生的变化对合同完工期/交货期/和/或合同价的影响	

续表 4-4

序号	对比内容	2016年7月1日前 采购政策	2016年7月1日后 新采购框架	说明
75	费用法评标	货物和工程只用费用法评标，非价格因素折算为费用评标	作为费用评审的基础，考虑： a. 调整的投标价，或 b. 生命周期成本(附录10，2.3(a)和3.5章节)	生命周期成本的基础是净现值，将未来成本折算为净现值成本(附录10，3.8章节)
76	打分法评标	打分法评标只用于咨询服务	对非价格属性的优点打分，当利益无法量化(或评审标准不能用金钱来表示)以及与打分法相关联的利益在不同的投标书/建议书中各不相同时采用。(附录10，3.2章节)	打分法评审可以包括： a. 方法和工作计划的质量；b. 性能，容量和功能特征；和 c. 可持续采购。(附录10，3.4章节)
77	打分法和费用法的组合	咨询服务：质量70%～90%，一般80%	货物和工程：打分法得分的权重一般不应超过30%，但为了实现物有所值(VFM)，该权重最高可以设置达50%(附录10，3.9章节)	财务得分与其价格成反比
78	合同管理计划	无要求	合同管理计划是在合同创建过程中建立，并在合同签订时完成，使用关键绩效指标(KPI)(附录11)	
79	合同价变更超过15%	附录1，第三条事前审查合同价变更累积超过15%要获得世行的不反对意见	没有明确规定	
80	工程货物采购RFP程序	无	征求建议书(RFP)3种模式：模式1，初始选择后两阶段；模式2，流水集成；模式3，竞争性对话(附录12)	在征求建议书3种模式前均进行初始选择

续表 4-4

序号	对比内容	2016年7月1日前采购政策	2016年7月1日后新采购框架	说明
81	工程货物采购的初始选择	无	先按照资格标准评审申请人。对符合资格标准的申请人按照打分标准进行评审和排序，邀请排名最靠前的申请人参加下一阶段的采购(附录12，图1)	刊登总采购公告(GPN)和具体采购公告(SPN)，给30个工作日报送初始选择申请。
82	工程货物采购的RFP模式1，两阶段	无	第一阶段：征求和评审技术建议书；第二阶段：征求和评审完整的技术和财务建议书(附录12，图2)	在第一阶段与建议人个别召开探索会议，建议人可以修改建议书
83	工程货物采购的RFP模式1，两阶段可选项	无	BAFO或谈判(BAFO或谈判是相互排斥的，不能同时选)	第二阶段的信封不进行公共开启，而是在诚信审计师在场时开启
84	工程货物采购的RFP模式2，流水集成	无	一阶段提交完整的分开包装的技术建议书和财物建议书(附录12，图5)	BAFO或谈判是可选项
85	工程货物RFP模式3，竞争性对话	无	交互式多阶段选择安排，初始选择3～6家分别进行对话，建议书征求文件中指出对话轮流的遍数，在对话期结束时，留下的建议人一般不少于3家(附录13，图1)	竞争性对话只能用于复杂或创新采购，借款人与建议人动态交流
86	工程货物RFB单信封招标步骤	国际竞争性招标(ICB)和国内竞争性招标(NCB)与之类似	招标前可进行资格预审，发出合同授予意向通知启动10天的静止期，投标时间至少30个工作日	投诉解决后才能正式授予合同

续表 4-4

序号	对比内容	2016 年 7 月 1 日前 采购政策	2016 年 7 月 1 日后 新采购框架	说明
87	工程货物 RFB 双信封招标步骤	无	招标前可进行资格预审。先公开开启和评审技术投标书再公开开启和评审财物建议书，发出合同授予意向通知启动 10 天的静止期	投诉解决后才能正式授予合同
88	公私合作伙伴关系(PPP)	公开竞争方式选择 BOO/BOT/BOOT 承包商，或通过 ICB、LIB 方式选择	采用竞争性的方式选择私营伙伴，世行可同意为不请自来（主动）的建议而产生的 PPP 项目提供资金	借款人在过程中不给主动建议的公司参与竞争任何优势

注：部分栏目中括号里的数字是新采购条例和老采购指南的条款编号，详细内容请查阅相关文件。

4.3.3 采购计划

世行贷款项目均需要在项目评估和实施阶段编制和更新项目采购计划（世行网站上有采购计划的模板可供参考），世界银行要求采购计划至少要覆盖未来 18 个月的采购活动。采购计划要获得世界银行的不反对意见函后才能实施，只有列入采购计划的合同，并按照世界银行要求的采购程序进行采购后，才能申请世行贷款的支付。

采购计划的内容包括：合同编号、合同名称、合同估算金额、采购方式、世行审查要求（事前审查和事后审查）、采购时间等。世界银行的采购计划模板样本中有是否对投标人进行资格预审一栏。除了大型复杂的土建工程合同和交钥匙合同之外，绝大多数世行贷款项目的合同均为资格后审合同，项目实施机构可以根据贷款项目的具体情况，决定是否保留对投标人进行资格审查这一栏。如果只有个别合同要对投标人进行资格预审，也可以取消资格审查方式这一栏，而在采购计划的说明或备注中注明“除×××合同要对投标人进行资格预审之外，其他全部合同均为资格后审合同”。

1. 合同编号（Contract No.，Contract Reference No.，Contract ID No.）

每个世行贷款、赠款项目要根据本项目的特点，确定统一的合同编号的方法，合同编号需要注意以下几点要求：

（1）合同编号的原则是唯一、简洁、便于识别、记忆、使用、检索和档案管理。

（2）合同编号对每个合同而言必须是唯一的，在全部采购文件（采购计划、招标文件包括补遗，投标书、开标记录、澄清文件、合同文件包括合同变更和竣工文件）中均要使用。如果招标代理在招标时要使用招标编号，在与招标有关的文件中除了招标编号之外，还需要注明合同编号。项目实施机构在合同签署和存档时也要使用采购计划中的合同编号，不要另外编制一套合同编号。

(3) 合同编号一般包括采购类别的首字母(如G货物，W工程，C咨询公司，IC单个咨询人等)和从1开始的系列编号。合同编号也可以包括该合同所在项目类别的首字母(如贷款项目有不同的组成部分，这时，项目类别的代号最好与世行的贷款项目评估报告中项目类别的代号一致。)，实施机构的首字母(如贷款项目有不同的实施机构)或资金来源(如贷款项目有不同的资金来源)。为了缩短合同编号，采购方式(ICB, NCB, Shopping, QCBS, QBS, CQS, SSS等)和合同所在地区(如果不需要区别)一般不体现在合同编号中。

(4) 合同编号应该尽可能简短，不添加任何不必须的字符，这样才便于记忆和使用。编号的长度(字符数)不需要一致，1不要写成01或001等。字母和数字可以一眼识别，不要在字母和数字之间添加任何字符，如G1不要写为G01, G001, G(1), G(1, G-1, G/1等，只有在字母与字母之间或数字与数字之间才需要添加特殊字符以示区别。

(5) 合同系列编号从1开始，按照时间顺序排下去，不间断，避免使用小数点或其他字符，如G1.1, G1.2, G1a, G1(a)等，这样从合同编号即可知道在某个时段内采购的合同数。

2. 合同名称和简介(Contract Description)

合同名称和简介要简短、突出重点和在有限的空间尽可能提供更多信息。如购买办公计算机、打印机的合同可以写为台式计算机3台，笔记本计算机6台，打印机1台等，不要简单地只写为办公室设备，这样提供的信息量太少。如果设备品种较多，可以只列出最主要的几种。咨询服务合同可以注明合同期，如“招标代理合同，24个月”。

3. 合同估算价或概算(Cost Estimate or Budget)

合同估算价要由技术人员、采购人员和财务人员共同商定。随着设计的深入，合同估算价可能需要调整，可以在采购计划的备注栏或页末注明估算的时间。

合同估算价应该尽可能准确，但误差难以避免。货物采购的估算价要根据最新的市场调查确定，咨询服务的估算价要根据可能的国际或国内人员的实际的或最近的工资单价、任务大纲/工作大纲(TOR)规定的时间，旅行次数，机票价格和食宿补贴标准等计算。工程合同的招标要根据详细的施工图设计，合同价估算也要根据施工图预算确定。如果采购计划编制时只有可行性研究报告或初步设计报告，合同估算价基于可行性研究投资估算或初步设计投资概算，后来的施工图预算价有变动，采购计划中的合同估算价也要及时调整和报审。

世行贷款项目实施机构在报送招标文件和评标报告给世行审查时均需要报告采购计划中的合同估算价，如果招标时的估算价与采购计划中的估算价不一致，需要向世行说明原因和解释。有的合同中标价与采购计划中的估算价差别太大,或解释不清,延长了世行审查和下不反对意见的时间,甚至需要调整贷款项目的预算和内容。

世行贷款项目中的合同估算价在采购计划中估算,如果需要,可以在招标前更新。采购计划中的合同估算价不是合同限价,只是用于确定采购方式和世行审查方式(事前审查或事后审查),根据世行在项目准备时确定的采购方式限额和世行审查方式限额确定具体合同的采购方式和世行审查方式。对土建和货物采购而言,一般是大合同国际招标,小合同国内招标,更小合同询价采购;大合同和单一来源合同要接受世行事前审查,小合同接受世行事后审查。事后审查是抽查,贷款协定和评估报告中规定抽查比例。

如果在采购计划编制时项目和合同没有完成初步设计和施工图设计,合同估算价只是依据可研报告,在招标前可能需要更新。如果招标后的投标价和中标的合同价与采购计划中的估算价差别较大,需要向世行说明产生差别的原因并获得世行的不反对意见。

世行贷款项目中工程合同的合同估算价或标底也叫工程师概算,一般采用招标文件中的工程量清单编制,以便以投标人的投标报价对比,分析投标价是否平衡或支付前置,世行项目中工程合同的合同估算价不参与评标打分,评标价与业主的合同估算价没有直接联系。世行项目的合同估算价不在招标文件中披露,因为没有与评标和中标直接挂钩,即便采购计划中的合同估算价披露,对投标人的中标与否都没有影响。只有在咨询服务采购中的基于质量的选择 QBS 中,可以在建议书征询文件 RFP 中披露合同估算价或咨询人投入人月数。

国内项目工程招标有采购限价,也叫投标控制价,投标控制价直接参与评标打分。投标人的报价从低的方向越接近投标控制价,越容易中标。投标控制价在招标文件中披露,直接指导投标人的投标报价。某世行贷款高速公路项目在开标前一天发补遗公布投标控制价,全部投标人的报价均稍微低于投标控制价,最高报价和最低报价的差别在1%以内,有明显的人为干预迹象,因为自然投标报价的离散度都较大。如果投标控制价不公布,保密性就很重要。

世行贷款项目工程和货物招标采用具有响应性的最低评标价中标的评标办法是想尽可能采用客观的评标因素,不受评标专家个人的主观判断打分的影响,评标结果不因评标专家的不同而不同,所以世行对评标专家的来源和数目没有限制,不强制要求外部专家,不要求专家数目为单数。国内项目评标评标专家三分之二要来自从评标专家库的随机抽取的外部专家。

4. 采购时间

采购时间只需要注明 2～3 个关键时间点即可,如估计的合同签订时间和合同完成时间,精确到月即可,实际的时间一般都与计划的时间有差别,不需要精确到日。采购时间一般都需要根据实际情况调整。

可以在采购计划之外编写采购进度表，在采购进度表中可以列入的时间点包括：设计完成、环境影响和征地、拆迁、移民完成，招标公告和出售/发出招标文件、投标截止和开标、合同授予、合同签订、合同完成等，世行事前审查的合同还可以列入招标文件报世行审查时间、世行对招标文件的不反对时间、评标报告报世行审查时间和世行对评标报告的不反对意见时间等，咨询服务一般还需要列入世行对谈判后的合同的不反对意见的时间。有的进度表对每个合同都有2行，一行为计划时间，另一行为实际时间。

采购计划中的时间控制点主要是留给投标人编写投标书或咨询服务建议书的时间，国际招标ICB不少于45天或6周，国内招标NCB和咨询服务基于质量和费用选择QCBS，基于质量的选择QBS不少于30天或4周，询价采购和递交感兴趣函EOI(咨询公司)或简历(CV/Resume)不少于2周。世行审查和不反对意见的时间一般为2周。招标人的评标时间和国内审查时间由实施机构根据实际需要的时间估算。

5. 采购计划的更新

如果采购计划能够包括贷款项目的全部合同，采购计划的更新主要是采购时间、合同估算价的调整，也包括采购方式、世行审查方式和合同包划分的调整。大部分贷款项目在开始编制采购计划时并不能包括贷款项目的全部合同，在贷款项目实施期间，特别是贷款项目的中期调整，可能会增加、取消或调整某些子项目或合同，所以，世界银行只要求采购计划涵盖未来18个月可能采购的合同。采购计划更新时可以将采购任务完成，合同已经签订的合同从采购计划中移走，进入项目实施进度报告。

6. 采购计划与项目实施进度报告的关系

在世行贷款项目实施和采购计划执行期间，项目实施机构要定期编制和报告项目实施进度和完成情况，包括项目采购实施进度和完成情况。尽管项目实施进度报告中含有项目采购实施进度的内容，贷款项目的采购部门还是应该编制和更新独立和完整的项目采购实施进度报告。项目采购实施进度报告表的栏目除了采购计划中的全部栏目之外，要增加反映项目合同实施情况的内容，特别要增加中标的承包商/供应商/咨询人名称、合同实际完成时间和最终决算价的栏目。有的贷款项目将采购计划与采购实施进度表合并，在采购计划中一开始就增加中标的承包人/供应商和咨询人名称和合同实施和完成情况的栏目，已经签订的合同不从采购计划和实施进度表中删除。这样采购计划就越来越大，越来越复杂，但可以在一张表中看到全部合同实施的情况。

7. 采购计划的编制工具

采购计划可采用MS Excel软件进行编制，便于计算各种采购方式和项目各部分的合计金额。近年来一些项目也采用较先进的管理信息系统(MIS)进行编制，可以在实施期对合同进度进行监测，并与采购计划进行对比。世行采购计划编制案例见表4-5。

表 4-5 世界银行贷款项目采购计划案例

合同编号 Reference No.	合同名称 Name of Contract	合同描述 Description of Contract	合同估算金额 Cost Estimate		采购方式 Procurement Method	资格预审 (PQ)	世行审查 Reviewed by the Bank (Prior/Post)
			万人民币 RMB	万美元 (US$)			
土建工程类 I. Civil Works							
JS-TJ-TDH-28	堤防道路及安全防护隔离栅工程	堤防道路 28.694 km，安全防护隔离栅 23.935 km	2 508.00	411.15	NCB	N/A	Post
JS-TJ-TZ-10	泰东河整治工程	河道疏浚 0.9 km，两岸新建挡墙 1.8 km，新建1座闸站	1 500.00	245.90	NCB	N/A	Post
合计 Total			4 308.00	706.23			

合同编号 Reference No.	预计发标日期 Expected Issuing Date of BD 1/	预期开标日期 Expected Date of Bid Opening 1/	预计合同签署日期 Expected Date of Contract Signing 1/	预计完工/供货日期 Expected Completion/Delivery Date of Contract 1/	执行机构 Executive Body	备注 Remarks	
JS-TJ-TDH-28	2015.3	2015.4	2015.5	2015.11	东台建设处		
JS-TJ-TZ-10	2015.3	2015.4	2015.5	2015.11	项目办	新增	
注:汇率 6.1							
Note:1 USD = 6.1 RMB							
Notes 注:1/:采购时间表只是初步时间安排,执行过程将根据每个市实际准备情况有所调整							

8. 世行对采购计划的审查

采购计划需要通过世行的事前审查并获得不反对意见函,任何合同只有列入采购计划并获得世行的不反对意见函,才能获得世行贷款资金的支付。由于采购计划的编制、报审需要一定的时间,个别紧急的新增合同或需要修改的合同可以单独报审,在获得不反对意见函之后再列入采购计划。列入采购计划的合同,必须符合贷款/赠款项目的目标并在项目的评估报告中有所提及或反映。

世界银行在审查土建工程合同的采购计划和招标文件时,特别注重审查项目的设计报告和深度,环境影响报告和征地、移民拆迁报告。

有的世行贷款项目在编制采购计划时,没有认真和充分考虑其他有关配套项目的设计、环评、征地移民、设备订货和采购进度,致使有关土建工程和设备采购的采购和实施进度不同步和不协调,造成资金积压、仓库积压,已采购的设备和土建工程无法发挥效益。所以,世行贷款项目执行机构的采购人员在编制采购计划和招标文件时,要积极主动联系和配合有关技术人员、环境评价人员、征地拆迁人员和财务人员,确定和调整合同的估算价和招标时间,设计深度不够和环境影响报告、征地移民计划的实施达不到要求的合同不要开始招标,以便尽可能减少招标后的变更和实施进度的延误。

4.3.4 土建工程、货物和非咨询服务采购

招标文件一般可以分为商务和技术两大部分,商务部分文件包括:招标公告、投标须知、合同条款(通用合同条款和专用合同条款)、投标要求的格式、合同格式和资格审查表格(Qualification Forms)等。技术部分文件包括:工程量清单、技术规范、图纸和各种表格(如施工组织设计表格),复杂的土建工程的招标文件技术部分还可以包括其他参考资料(如地质、勘探、试验、水文、气象资料等)。土建工程单价承包合同招标文件中的工程量清单和技术规范为投标人投标报价提供操作平台和基本依据,为下一步的评标提供共同的基础,为中标后的合同实施、变更、管理、成本控制、审计和支付提供基础和依据。

1. 土建工程合同工程量清单的编制

(1) 编制原则

工程量清单和技术规范,必须简洁、不重复、高效、定义准确、符合逻辑、按专业划分章节、按重要性(主次)或施工顺序编排,尽可能使用表格,不罗列与本合同无关的任何内容。工程量清单与技术规范应该一一对应,统一编号,为投标人递交有竞争性和响应性的投标书和计算变更和支付提供充分和必要条件。

（2）编制程序

编制时应该首先根据设计图纸和设计工程量列出全部工程量清单项目，在此基础上，按专业划分工程量清单和技术规范的章节，完善编写大纲和目录。在工程量清单的基本结构和支付项目及不支付项目明确后，根据工程量清单支付项目编制技术规范，或修改删减已有的其他类似合同的技术规范或标准技术规范，成为本合同的技术规范。在编制过程中要随时对照和检查工程量清单和技术规范。工程量清单中的全部支付项目都应该有相应的计量和支付的说明。工程量清单和技术规范的章节编号和支付项目的编号应该相同。如果不同，应该在工程量清单中注明所适用的技术规范的章节号，在技术规范中说明所适用的支付项目编号。

由于编制技术规范的工作量很大，不太可能从零开始或另起炉灶，一般都是从修改已有的类似合同的技术规范或标准技术规范开始，如交通部的公路工程国内招标标准招标文件就有公路工程很全面的工程量清单和技术规范。由于标准招标文件要照顾各方面的项目和问题，内容很多很杂，在编写本合同的工程量清单和技术规范时要毫不留情地删除与本合同无关的全部内容和条款。

目前房屋建筑和市政工程的工程量清单，多依据住房和城乡建设部的工程量清单计价规范和各省（市、区）的清单计价规费编制。在编制具体项目的工程量清单时，也应该删除与本合同无关的项目和内容。

（3）编制单位

目前，招标文件的商务部分一般由招标代理单位编制，或招标代理单位与项目业主/招标人共同编制，图纸由设计院提供。有的招标人委托设计院编写工程量清单和技术规范，有的招标人委托不同的咨询公司或造价咨询单位编制工程量清单和/或技术规范，或者不编制单独的技术规范，用工程量清单中的技术要求代替技术规范，因为各地的清单计价规费都没有相应的技术规范与之对应。

有的合同的工程量清单和技术规范由不同机构完全分开编制，章节和支付项目互相不对应。最好的办法是在委托设计的合同中把编制工程量清单和技术规范的任务都包含在设计合同中。设计院在出施工图的同时编制与施工图完全一致的工程量清单和技术规范，保证施工图、工程量清单和技术规范的完全一致。

（4）工程量清单的结构

考虑到技术规范只能按照专业编写，工程量清单中的工程项目最好也能按照不同专业划分章节，而不是按照单体建筑物划分章节。目前公路项目的工程量清单和技术规范就是按照路基、路面、桥梁、隧道、标志标线、绿化等专业划分，一章技术规范对应于一章工程量清单，项目编号也一致，无需在工程量清单中注明相应的技术规范章节号。

目前，房屋建筑工程和市政工程（除市政道路外）的工程量清单多按照单体建筑物划分章节，有的甚至把每一个单体建筑物再细分为分部分项工程、措施项目、其他费用和规费。一个几百万元的合同的工程量清单中就有几百项支付项目，比一个几亿元投资的公路项目工程量清单中支付项多得多。如果把不同单体建筑物的工程量按照相同专业划分章节，把相同专业和相同单价的项目的工程量合并(合并同类项)，就可以大大减少工程量清单中的项目，便于与技术规范对应。在工程量清单的细目中，可以注明合并的工程量的构成。如场地平整 8 300 m^2(综合楼 3 800 m^2＋附楼 200 m^2＋锅炉房 150 m^2＋门房 50 m^2＋停车场 4 100 m^2)，250＃混凝土柱 2 500 m^3(综合楼 2 200 m^3＋附楼 200 m^3＋锅炉房 100 m^3)，60 W 节能灯 300 套(综合楼 260 套＋附楼 22 套＋锅炉房 15 套＋门房 3 套)

这样做的缺点是不能直接看出每一个单体建筑物的总造价，但这样做不影响投标人报价和对承包商的支付。如果要知道单体建筑物的造价，建设单位可以在按照专业划分的工程量清单之外，再保留一套按照建筑物划分的工程量清单。按照专业划分的工程量清单用于招标、投标和支付，按照建筑物划分的工程量清单只用于单体建筑物费用控制和内部结算。

(5) 工程量清单项目的类别

工程量清单中的支付项目有单价项目、总价包干项目和暂定金项目三大类。暂定金项目又可以细分为总项暂定金、专项暂定金和计日工(国内招标有暂估价、暂列金、专项工程暂估价和材料设备暂估价之分)。

单价项目(Unit Price, or Unit Rate)：项目业主或招标方设计的永久工程或实体建筑物(相应于住房和城乡建设部工程量清单计价规范中的分部分项工程)，一般都有详细的工程量，为单价项目。由招标方在招标时填入根据设计图纸计算的工程量，投标人填入单价，计算机计算合价和投标总价。支付时按照监理工程师批准的承包商实际完成的工程量和招标时的单价结算。

总价包干项目(Lump Sum)：由承包商设计和施工的临时工程和费用一般采用总价包干项目列入工程量清单。建设部清单计价规范称为项价。招标文件必须明确规定总价包干项目的计量和支付方式，可以在该项工程完工后一次支付，也可以根据进度分两次或多次支付。招标文件还必须明确说明承包商必须按照招标文件技术规范的规定完成总价包干项目经监理工程师批准后才能获得支付，不论承包商的成本是高于报价还是低于报价，多不退少不补。如果承包商报零或不报价，也必须按照招标文件技术规范的规定完成总价包干项目并经监理工程师批准，但不能获得任何支付，完成该总价包干项目的费用已经分摊在其他项目中。

暂定金项目(Provisional Sum) 包括总项暂定金(Total Provisional Sum)、专项暂定金(Special Provisional Sum) 和计日工(Dayworks)(发改委标准招标文件和城乡建设部清单计价规范称为暂估价、暂列金)：暂定金项目一般为合同变更预留合同价 5%～

15% 金额，其中总项暂定金由招标方填入工程量清单汇总表（一般不超过 10%），不由投标人报价，在合同实施时根据监理工程师的指示实施和使用，也可能多也可能少，或完全不使用。专项暂定金一般为招标时不能给出工程量的专业项目设立，招标方估计工程量并列入各专业工程量清单，不由投标人报价。专项暂定金不是必需的项目，很多合同在招标时并没有设立专项暂定金。计日工是另一种形式的暂定金，由招标方在工程量清单中列入计日工细项的项目和工程量，承包人在投标时填入单价，计算机计算合价并进入投标总价参与竞争。计日工细项一般分为人工费、材料费和机械费。除计日工外，其他暂定金为无竞争项目。总的暂定金金额一般不得超过投标价的 15%，以保证充分竞争。

国内招标还有材料和设备的暂定金，为甲方供材料提供条件，或者在实施过程中由甲乙双方共同组织招标采购。这对总承包商招标而言减少了竞争范围，在国际金融组织贷款项目的招标中是不允许的。

(6) 工程量清单的构成

由招标方设计的土建工程单价承包合同招标文件中的工程量清单一般由前言、目录、工程量清单汇总表（Grand Summary Bill），各专业工程或分项工程的工程量清单（Bill of Quantity）和计日工表组成。总项暂定金只需要在汇总表中表示即可，不需要单独列一张表。如果专项暂定金少，也可以只在汇总表中计列，不单独成表。

工程量清单应该能清楚地显示出投标总价是如何构成的，一般显示是由粗到细，由投标总价、各章节的投标合计价、各支付项目的合价再到各支付项目的单价，与投标总价的计算过程正好相反。在投标总价汇总表中投标总价一列要注明工程量清单中的汇总价需转入投标函，在各章节的最后一行应该填入该章节的合计价，并注明该合计价进入投标总价的相应行号。

工程量清单应该在每一页的页头注明章节编号和名称，并从第一页至最后一页连续编号，以便检索和防止漏页或加页。

(7) 工程量清单项目的多少和大小

一般认为合同管理费用控制（Cost Control）应该着重抓大项目，所以工程量清单只应列出单项金额大于合同价 1%的项目，其他小项目的费用则分摊到相应的大项目中，即工程量清单中的支付项目不超过一百项。这样虽然显得过于简单，但说明工程量清单并非越细越好。实际上不可能将全部项目和费用都列齐，只需要在招标文件中说明工程量清单中没有单独列项的其他项目和费用都已包含在工程量清单所列项目的单价和合价中。投标人的投标书将被认为是包含了完成整个合同的全部费用，无论其报价与否，也无论其所报单价的高低。

(8) 工程量清单章节的划分

工程量清单各章节中的支付项目的数量和汇总金额应该尽可能平衡。有的工程量清单一章有几百个支付项目，合计金额占合同总价的一大半，其他章节有的只有一两个支付项目，合计费用可以忽略不计。这种情况应该尽可能避免。章节划分时要考虑各章节之间的平衡，太小的章节是否可以合并（相应技术规范的章节也必须合并），太大的章节是否可以按照小专业再拆分为几个章节（相应技术规范的章节也必须拆分）。对于支付项目多达几百个的章节，除了全章的合计之外，对本章中的每一个小专业也应该隔行分开，并增加小计一行，或在每页的最后一行增加本页小计一行，便于汇总和审查。

(9) 永久工程或实体建筑物工程量清单

永久工程或实体建筑物（相应于住房和城乡建设部工程量清单计价规范中的分部分项工程）工程量清单，以设计工程量计列，一般分项很细微，支付项目很多。以房屋建筑室内供排水工程为例，各种管径、规格和长度的管材、三通、弯头、法兰的数量在工程量清单中均单独计列，在实际装修过程中只要终端和始端供排水器具位置有少许变动，即会产生变更，增加合同管理的工作量。实际上在工程量清单中可以只计列终端或始端供排水器具的数量，各种管径、规格和长度的管材、三通、弯头、法兰等的费用可以包含在终端或始端的供排水器具的单价和合价中，这样就可以减少工程量清单中的支付项目，加大支付项目的金额，减少变更和索赔。这同样适用于电器照明工程，在工程量清单中只列终端电器的数量，连接终端电器的各种规格和长度的电线电缆、布线装置、开关等均应按图施工，费用包含在终端电器的单价和合价中。工程量清单列单独支付项目的原则是“抓大放小”，将小项目的费用合并到相关大项目中支付，不再单独计量。

永久工程或实体工程的工程量清单中所列的工程量一般均按照施工图纸中所示的设计支付线内的工程量计列，承包商因施工需要的超挖、超填和加工损耗均不予计量。

①土石方工程工程量清单计量

开挖工程量一般以被开挖岩土的未松动体积的立方米计量。计量的起始线为原始地面线，终止线为设计图纸所示的开挖线或支付线，开挖边坡和建基面在施工图中标注。施工过程中原始地面线的变化、开挖边坡及建基面高程因地质和岩性的改变而产生的变化均属于变更范畴。地下工程开挖的支付线可以为隧道内径加衬砌厚度，或再加 5 至 10 厘米的超挖，但计算混凝土衬砌工程量时衬砌厚度只能按设计厚度计量。设计断面之外的超挖超填不单独计量支付，这样可以鼓励承包商采用控制爆破和光面爆破技术，尽可能减小超挖。

临时工程开挖工程量还可以用建筑物的垂直投影面积乘以开挖深度计量。开挖边坡坡度和相应支护措施由承包商根据边坡地质条件和稳定情况自行决定。建筑物垂直投影面积之外的超挖量和边坡稳定支护工程量不另外计量，费用包含在建筑物投影面积内的开挖单价内支付。稳定的岩石边坡和较浅的土质边坡可以垂直或陡坡开挖，超挖量小，不稳定和松散的较深的边坡必须缓坡开挖；超挖量大，有时还得加上支护。如果招标文件事先规定建筑物垂直投影面积之外的开挖和支付不单独计量支付，投标人的投标单价必须包含这部分费用。这样地质条件变化的风险由承包商承担，不能因开挖边坡坡度和支护措施的修改而获得支付和提出变更或索赔。

除了按照立方米的体积计量之外，大面积等厚度的开挖也可以平方米面积计量。断面一致的线性建筑物，如管道，还可以按照开挖深度分类的长度计量，如开挖深度2米内的管道××米，开挖深度2～4米的管道×××米，开挖深度4米以上的管道××米，这是因为开挖深度不同，单价也不同。这样做简化了计量和计算，避免扯皮。

技术规范必须说明开挖单价是否包括开挖料的运输、运距、堆存、二次搬运、堆场或弃渣的修建、保护和原地面恢复等费用。

土石方开挖的区别：石方开挖需要钻孔爆破，包括大孤石的爆破。土方开挖包括不需要爆破，用带单齿裂土器的75千瓦以上的推土机即可松动开挖的全部土石材料。

土石方填筑工程量一般以图纸所示支付线内经压实后的立方米体积计量，图纸所示的支付线以外的超填量或承包商因施工需要增加的填筑量不予计量和支付。

地下管线顶管施工的工作井和顶管机头接收井属于临时建筑物，可以由招标方设计，也可以由承包商设计。由承包商设计时由于工作井和接收井及其支护的位置、数量、形式在招标时不能确定，工作井和接收井的开挖、支护、回填和原地面恢复的费用包括临时占地的费用只能分摊到顶管施工的其他单价中，承包商的施工组织设计和单价分析必须包括工作井和接收井的施工。如果工作井和接收井由招标方设计，工程量清单可以对工作井和接收井的开挖、支护和回填等费用单独列出并单独支付（费用高时），也可以采用费用分摊的方法（费用低时）不单列。这些都必须在技术规范中注明。

地下管线的检查井可以按照深度不同和材质不同的个数计量和支付，如深2米内砖砌检查井××个，深2～4米塑料检查井××个，包括基础、井筒、井盖等等。这样做计量简单，工程量清单支付项目少。如果井筒按立方米体积计量，井盖按照个数计量，虽然体积数量可以准确一些，但增加计量支付工作量，没有必要。

②计量单位的选择

线性通风管应该以长度米或千米计量。某工程合同以制造材料的平方米计量，但没有说明是按照成品的面积计算，还是按照加工前下料的面积计算以及加工的损耗量如何计量等等。以安装后验收合格的长度计量和支付是简单易行的方法，应该采用。

喷混凝土应该以达到设计厚度的已喷面积平方米计量。如果以已喷体积立方米计量，超过设计厚度的喷混凝土也可以得到计量和支付，不利于业主成本控制。如果以消耗的混凝土量计量，回弹的混凝土也得到计量，同样不利于业主成本控制。

锚杆和锚索应该以某一长度范围内的根数计量，如 2～3 米多少根，3～4 米多少根，包括钻孔、锚固、注浆和锚杆、锚索的加工、制作、切割等等。不应该以锚杆和锚索的长度或重量计量。

钢支撑应该已安装后经验收合格的架数计量，不应该以制作钢支撑的钢材的重量计量。

围幕灌浆应该以施工图显示的围幕的面积计量，由于地质条件变化而增加的面积可以按照变更处理。固结灌浆可以按照固结岩石的体积或面积（等设计厚度时）计量。回填灌浆、接触面灌浆和接缝灌浆可以按照接触面和缝面面积计量，也可以按照消耗的有效浆液的体积计量，但灌浆前的回填和接触情况应该记录并获得监理工程师批准。

混凝土防渗墙应该按照达到设计厚度的施工图显示的面积计量，不应该按照混凝土的体积计量。

油漆、涂料等装饰材料在按照面积计量不易实施时可以按照喷涂或安装对象的个数或面数计量。

③混凝土工程量的计量

混凝土工程一般都占土建工程投资的大头，一般情况下均以施工图中标注的建筑物体积计量，小于一定范围的倒角、孔洞不扣除。技术规范必须规定混凝土单价包括的范围，是否包括混凝土全部材料的开采、采购、制作、加工、供应、拌和、试验和成品混凝土的运输、立模、浇筑、振捣、拆模和养护，是否包括钢筋、模板、脚手架、石料/骨料加工厂和混凝土拌和厂的采购和运行费用等等。骨料加工厂和混凝土拌和厂的架设、安装和拆除的费用是否包含在混凝土单价中，还是单独列项支付。

原则上部位、标号、强度和单价相同或很相近的混凝土工程的工程量可以合并在一个工程量清单支付项目中计量和支付，无论该混凝土是属于哪个建筑物的。这样可以减少混凝土工程的支付项目。

④钢筋的计量

钢筋的费用有的合同放在混凝土单价中，在工程量清单中不再单独计量钢筋的工程量；有的合同则在工程量清单中以重量计量和支付。虽然钢筋的计量以重量吨或公斤为单位，但实际上在施工现场不可能去称重，是加工前的毛重，还是加工后的净重。钢筋绑扎就位后就更不可能去称重。所以，钢筋的计量还是按照施工图中配筋的理论重量计量，并非实际称重的重量计量。因为钢筋的造价高，混凝土的单价也高，尽管合并在混凝土项目和单价中计量和支付可以减少支付项目，简化计量和支付，很多业主还是愿意把钢筋从混凝土单价中剥离出来单独计量和支付。

(10) 临时工程(或通用项目)的计量

临时工程或通用项目(相应于住房和城乡建设部工程量清单计价规范中的措施项目)将整个合同通用的临时工程项目集中到一章中,与技术规范的相应章节对应。临时工程项目一般包括保险,承包商进场、退场,大型临时设施(如施工进场道路,施工供电、供水、供气、机修、仓储、砂石料加工、混凝土拌和、预制)的架设和拆除,环保,安全,竣工图,承包商现场办公和生活设施,承包商为监理工程师提供的现场办公和生活设施等等。住房和城乡建设部工程量清单计价规范中的措施项目中有很多是属于各永久工程项目的,应该纳入永久工程项目,或费用包含在永久工程项目中不单独支付。例如冬雨季施工增加费,脚手架、二次运输费等都不需要单独列项。

临时工程项目一般由承包商设计,为总价包干的竞争性项目。施工后不多退少补。

①保险

土建工程适用的保险主要有建筑安装工程险和第三者责任险,其他还有承包商车辆和设备保险(含车辆第三者责任险)、财产保险和雇员保险。承包商设备、车辆、财产和雇员人生和工伤保险一般不在工程量清单中计列。建筑安装工程险和第三者责任险的保险费一般在工程量清单中计列。

工程险和第三者责任险一般由承包商以雇主(Employer 国内招标文件习惯称为业主、招标人、招标方、发包方、甲方等)和承包商的名义办理保险。保险条件由雇主在招标文件中规定,承包商按照雇主规定的条件从保险公司获得保险费率和保险费(Premium),将保险费填入工程量清单。施工合同签订后承包商正式办理保险,向保险公司支付保险单规定的保险费。承包商将保险单提交给监理工程师和雇主,雇主按照工程量清单总承包商所报的保险费支付。保险费是总价包干的竞争性项目,不计实报销。

保险条件有最低保险额和保险公司最大免赔额。保险费率的计算基础是最低保险额。最低保险金额也是保险公司的最高赔偿金额。工程险的最低保险额为工程造价的 111%。保险公司在确定保险费率时要考虑本工程发生保险事故的几率、承包商和雇主的履约记录。最大免赔额越大,保险公司赔偿的几率就越小,保险费率应该越低。

如果招标文件规定了保险费率,则保险费成为无竞争性的暂定金项目,承包商可以根据保险单上的保险费获得雇主的据实补偿支付。雇主在招标文件中规定的保险费率与承包商实际办下来的保险单上的保险费费率会有差别。

②施工临时设施

根据工程量计量和支付应该抓大放小的原则,每个合同的工程量清单应该根据本合同的具体情况确定什么临时设施应该在工程量清单中单独列项,什么临时设施的费用可以分摊到其他项目中，不在工程量清单中单独计列。如果本合同需要修建较长的进场道路、施工供电和施工供水设施，则工程量清单可以单独列项。如果本合同使用商品混凝土，则不需要骨料加工厂和混凝土拌和站。如果混凝土单价中只分摊了砂石料加工厂和混凝土拌和站的运行费，而砂石料加工厂和混凝土拌和站的安装和拆除费用较高，在工程量清单中可以单独立项。

③承包商的办公和生活设施

如果工程是在偏远地区，承包商需要新建现场办公和生活设施，则在工程量清单中可以单独列项。如果工程是在城市，承包商可以租用设施，则招标文件应该作出相应规定。如果租期较长或租金较高，工程量清单中也可以单列。如果承包商的生产和仓储设施投资大，也可以单独列项。

④监理工程师的办公、测量、试验和生活设施

如果招标文件要求承包商为监理工程师提供办公、测量、试验和生活设施，并在工程量清单中单独列出，则技术规范必须详细说明要求提供的面积、数量、规格、时间等等，以便投标人据此报价。

⑤竣工图

如果竣工图和竣工资料很重要，则在工程量清单中可以单独列项，并在技术规范中说明要求提供的时间、内容、形式(照片、电子版，纸质版)规格、质量、数量等。

⑥特殊试验和大型试验

常规试验或日常经常性的测量、检验和试验，如原材料的质量抽检，砂石料和土料的含水量和容重、混凝土浇筑前的坍落度和浇筑后的强度检验和试验等可以不单独列项计量和支付。费用较高的特殊和大型试验，如决定施工参数的桥梁基础试验、沥青混凝土碾压试验等，可以单独列项计量。属于专业工程或单体工程的在该专业工程或单体工程的工程量清单中列项，属于整个合同通用的，在通用细目的工程量清单中列项。

⑦为其他承包商提供方便和服务

如果招标文件要求承包商为其他承包商提供服务和方便，并在工程量清单中单独列出，则技术规范必须详细说明提供服务的内容、数量、规格、时间等等，以便投标人据此报价。否则在工程量清单中可以不单独立项。技术规范说明提供方便和服务的费用分摊到其他工程项目中。工程量清单计价规范将此项称为总承包服务费，容易造成误解。总承包商对其分包商的管理费不应该在工程量清单中单独列项。总承包商为其他承包商提供服务则不称其为总承包商。

⑧安全文明施工费和环境保护费

即使工程量清单中没有单列安全文明施工费和环境保护费，承包商也应该按照招标文件和应该部门的要求进行安全文明施工和保护环境，费用分摊到其他可报价

项目的单价和合价中。为了强调安全文明施工和环境保护的重要性，工程量清单可以单列报价和支付，有两种处理方法：第一种，承包商报总价包干价进行竞争，实施后按包干报价支付，不据实报销；第二种，招标文件规定为暂定金项目并确定金额或费率，不参与竞争，实施后据实报销。

⑨施工排水

如果工程临近河流湖泊，或者工程所在地地下水位高，而基坑开挖低于地下水位，必须考虑施工排水。如果排水量大、时间长，工程量清单必须列项单独计量支付。如果施工排水仅适用于某专业工程或某单体工程，可以在该专业工程或单体工程的工程量清单中列项。如果施工排水是为整个合同服务，或为施工办公、生活服务，可在通用项目工程量清单中列项。施工排水可以设两个细目支付：一项为施工排水施设的安装和撤除，为总价包干项目；另一项为施工排水施设的运行，以运行时间计量，或以排水量计量。最好预估排水量列入工程量清单，投标人报单价竞争。如果不能预估，可以设为暂定金细目，招标方在工程量清单中填入估算排水金额，投标人不报价，不竞争。

(11) 其他不在工程量清单中单独列项计量和支付的项目

住房和城乡建设部工程量清单计价规范中的规费项目中有很多是属于各永久工程项目的，应该纳入永久工程项目，或费用包含在永久工程项目或合同总价中不单独支付。例如，社会保险费、税费等都不需要单独列项，其他费用如管理费、利润等也不单独列项。

①社会保险费

社会保险费包括养老保险、医疗保险、失业保险、工伤保险、生育保险、残疾人保险、重大事故保险、住房公积金等等都是职工的福利，应该进入人工费中，工程量清单不单独计列。

有的省规定养老保险中个人缴纳部分进入人工费，企业缴纳部分由招标方代扣，并规定社会保险费、税金和安全文明施工费为不竞争项目，投标人必须按照规定费率在工程量清单中计列。实际上投标人的竞争只体现在投标总价上，并不体现在某一具体的支付项目上。即使承包商按照规定费率填报了社会保险费和税费，也不妨碍他挪作他用，拆东墙补西墙。按照法律缴纳税费和为职工缴纳福利费是承包商的法律责任和义务，即使不单独报价也应该缴纳。招标文件可以明文规定无论投标人报不报价或报多少，即使是报零，中标后雇主也将从给承包商的支付中扣除法律规定承包人应该缴纳的税费和养老保险费。雇主为税务局和社保局代扣代缴有关税费是为社会办好事，但并不是雇主的责任和义务。只有雇主在招标文件工程量清单中规定为暂定金并填入金额的项目才是不竞争项目。

②税费

土建工程适用的税种有流转税和所得税两大类。流转税主要是营业税和随营业税计征的城建维护费和教育费附加，所得税有企业所得税和个人所得税，其他还有印花税、牌照税等。

营业税税率施工企业为3%，服务企业为5%，加城建维护费和教育费附加后施工企业为3.3%左右，服务企业为5.5%左右，计费基础为承包合同价。企业所得税税率为25%，计费基础为承包商利润。由于承包商利润在投标时是未知数，企业所得税很难确定。营业税虽然可以估算，由于是单价合同，最终合同价可能变更，投标时所报的营业税也不是最终应该缴纳的营业税。所以一般处理方法是税费不单独列项报价，与承包商利润和管理费一样分摊在各单价和合价中，这时的单价和合价才是真正意义上的综合单价和合价，不含税费的单价和合价都是不完全的综合单价和合价。

③利润和管理费

利润与承包商的成本和管理费密切相关。由于承包商的真实成本是很难说清的数字，利润的准确性也就大打折扣。统计和理论意义上的成本和利润是按照法律法规和约定俗成的方法计算的。利润和管理费在雇主的投资估算和标底中只能按照规定计列，在投标人的报价中是主要竞争的项目。国际惯例的处理是利润和管理费在投标书中都不单独列项报价。

(12) 技术规范编制

由于国家和各行业部门的设计、施工和验收规程规范对技术和工艺的要求和说明很多、很详细和全面，招标文件中的技术规范的重点是在计量与支付，即根据本合同的特点详细说明工程量清单中支付项目包含的内容和如何计量和支付，同时还要说明工程量清单中不单独列项支付的费用如何处理。至于纯粹技术和工艺上的要求，可以直接引用有关规程规范的条文，甚至只需要注明规程规范和条款的编号。

招标文件技术规范的编制一定要结合本合同的工程量清单和图纸，有的放矢。如果套用标准技术规范和其他类似合同的技术规范，一定要将与本合同无关的内容全部删除，做到简单、直接、明了，不模棱两可、不重复。一件事情说一次即可，重复说可能不一致甚至互相矛盾。技术规范编制完成后还要结合工程量清单和图纸通读多遍，删除和修改不一致和重复的内容。

好的技术规范是充分竞争和招标成功的起点，不好的规范限制竞争、导致高价、引起误解和争执，不利于评标，采购不到要求的队伍或产品。

①技术规范的种类

技术规范可以大致分为直接规范、详细规范和功能性规范三类。

直接规范(Direct Specifications)直接引用制造厂的牌号、目录号，适用于无竞争的专利产品采购。

详细规范(Design Specifications)详细说明主要项目的材料、尺寸、外观、强度等物理性能和相关计量支付。由于过分详细,可能与实际情况有出入,或者在实际情况有变化时,都会产生变更。土建工程单价承包合同采用的是详细规范。

功能性规范(Performance Specifications)规定产品必须满足的使用功能,如输出功率或效率、输入功率和原材料消耗定额等。由承包商或供应商设计详细的技术和工艺来满足功能要求。适用于最终产品功能容易客观定义、计量和测试的合同。由承包商设计的合同可以采用功能性规范,包括交钥匙合同。

②技术规范选择常见问题

技术规范选择常见的问题有:

a. 过于详细。由于没有经验,只好罗列一堆认为是可能有用的东西。

b. 不适用于施工或制造。由于规范编制人员没有施工和制造经历,编制的技术规范不适合施工和制造。

c. 不能满足最新要求。编制人员没有掌握最新信息和动向。

d. 与招标文件的其他章节不一致。编制技术规范是没有经常对照工程量清单、图纸和招标文件的其他部分。

e. 过剩、多余、冗长。在拷贝其他规范和国家标准时保留了不适用的内容,混淆视听。

f. 重复。一件事情说多遍,可能不一致和矛盾。

g. 含混不清。采用了杂乱无序的语言、缩写和编号,避免的方法是采用简单和直截了当的语言。

h. 插入和引用在不适当的位置。在技术规范中插入投标人资格、工期、履约担保等商务内容,造成重复和不一致。

i. 错误引用标准。应用标准不恰当。

j. 责任定义不明确和充分。对监理工程师、雇主、招标人、招标代理、技术规范编制咨询单位、工程量清单编制造价咨询单位、政府监管部门的定义、责任不清晰、有交叉。

k. 遗漏。工程或工程量遗漏。

l. 分项和编号不一致。分项、顺序和编号与工程量清单不一致。

③如何编好技术规范

除了编制时经常对照工程量清单和图纸之外,好的技术规范必须注意做到:

a. 简洁、准确:使用尽可能简短精练的语言,说清楚即可,不说多余的话。

b. 使用标准的技术术语,第一次使用缩写和简称时要注明全称,引用时要注明来源。

c. 避免泛泛地说明需要满足国家和行业标准、合同条款和技术规范的规定,必须指明相应的标准、合同条款和技术规范的条款号。

d. 避免交叉引用(Cross Reference)其他章节的条款号或页码,以免在文件修改时出现不一致的情况。

e. 尽可能采用表格的形式说明序列有关的数据和事实,必要时可以插图。

2. 货物合同招标文件的编制

货物招标文件技术部分准备相对简单,其技术指标(Technical Specifications)应在在确保所采购货物的关键性能或其他要求在情况下,招标文件所引用的标准和技术规格应促进最广泛的可能的竞争。借款人应尽最大可能规定国际上认可的标准,比如国际标准组织所发布的那些标准,设备或材料或工艺应该符合这些标准。如果没有这些国际标准或者这些标准不适用,那么,可以规定使用本国的标准。在任何情况下,招标文件都应说明符合其他标准的设备、材料或工艺,只要保证至少实质上相同,也是可以接受的。

(1) 设计、供货、安装、调试和性能保证

世界银行一般货物招标文件适用于不是为用户专门设计定制的普通货物,如材料、普通车辆、计算机等,世界银行称为货架交货 ON Shelf 或 Off The Shelf。

世界银行成套设备设计、供货、安装招标文件,适用于为用户设计定制的设备采购,需要设计联络、驻厂监造、安装、调试(Pre-commissioning)、试生产(Commissioning)、性能保证(Performance Guarantee)、培训、验收等等。如果供应商不负责成套设备的工艺设计,不能要求供应商承担成套设备的性能保证。

有的成套设备工程还包括土建工程。由于目前土建工程的招标文件适用于单价合同,设备招标文件属于总价合同,在合并使用设备招标文件和土建工程招标文件时需要对合同条款中的支付条款进行修改。

(2) 技术规格

技术规格应以相关的特性和/或性能要求为依据。应避免引用品牌名称、产品目录号或类似分类。如果必须引用具体制造商的品牌或产品目录号以澄清在其他方面不完整的技术规格,必须加上"等同或优于所述品牌的其他产品也可以接受"的字样。技术规格应允许接受特征相似的和提供的性能至少与规定的指标在实质上相同的货物。

详细技术规格的指标不能太狭窄,可以在数字前添加大于(>)、小于(<)或不大于、不小于等。

世行不支持在重要的技术参数前添加星号,不满足则废标的做法。

(3) 评标优惠

在国际竞争性招标(ICB)的评标过程中,当提供借款国国内制造货物的投标与提供他国制造货物的投标进行比较时,借款人可向其提供15% 的优惠。

为便于比较，应将具有响应性的投标分类归入下列三组标中的任何一组：

A组：投标提供的完全是借款国国内制造的货物，而且投标人已向借款人和世行满意地证明：①来自借款国国内的劳务、原材料和部件将占该产品出厂价的30%以上，以及②将要制造或组装该货物的生产设施至少从提交投标书之日起已开始制造或组装该类货物。

B组：提供借款国国内制造货物的所有其他投标。

C组：提供国外制造的并且已经进口或将要直接进口的货物的投标。

第一步，应在本组内对组内所有经评审的投标进行比较，以确定本组内最低评标价的投标。每组内的最低评标价再进行相互比较，如果比较的结果是A组或B组中投标的评标价最低，则应选择该最低评标价的投标授予合同。

如果第一步比较的结果，最低评标价的投标出自C组，为了做进一步的比较，应在C组每个投标提供的将要尽快或已经进口的货物的评标价上加上15%的该种货物的运费及保险费付至(目的地)价(CIP)，然后将C组中的所有投标再与A组中的最低评标价投标进行比较。两组价格都应该包括无条件折扣并应进行计算错误的修正。如果A组中的投标评标价最低，就应该中选被授予合同。反之，则C组的最低评标价投标。

(4) 代理投标和制造厂授权

设备和货物招标有制造厂投标，也有贸易商或代理商投标。贸易商或代理商投标必须有制造厂授权，已保证投标价格、备品备件和售后服务的可靠性。

(5) 强制性备件和选择性备件

备品备件分为强制性备件和选择性备件。招标方必须列出强制性备件的详细清单，包括品目和数量、强制性备件的价格进入投标价，参与竞争。选择性备件可以由投标人提出数量和价格，不进入投标价竞争。买方在于中标的供应商进行合同谈判是可以在投标价的基础上增加选择性备件。

(6) 培训和售后服务

培训和售后服务的价格可以在报价表中单独列项。招标方必须列出培训人员的人次数，培训地点和培训费用分担，便于投标人报价。

3. 土建工程、货物和非咨询服务评标

世行货物、土建工程和非咨询服务采购指南规定，评标要授予有资格的提交了最低评标价的实质上响应了招标文件的投标书的投标人。即投标人中标的三原则：①有资格和能力实施合同，②提交了最低评标价，和③实质上响应了招标文件的要求。有资格的和提交了执行响应的投标书的投标人，可能不止一家，但最低评标价的投标人只有一家，所以评标不需要打分，也不需要表决。最低投标价并不一定是最低评标价，评标价根据招标文件规定的折算办法将不满足招标文件规定的非实质性偏差折算为金额,加在投标价上计算,如果招标文件没有规定折算办法,最低投标价即为最低评标价。这里所说的最低投标价指计算错误改正后的投标价。超过招标文件要求,比招标文件要求更好的投标书不减价,不加分(因为不用打分法评标)。所以,中标的投标人不一定是资格最高的投标人或能力最强的供应商/承包商,中标的产品不一定是质量最好的产品。

先评标再对最低评标价的投标人进行资格后审,后审合格,即中标;不合格,则对提交了次低评标价的投标人进行资格后审。以此类推,不需要对全部投标人进行资格后审。

评标委员会不需要指定中标候选人顺序,最低评标价的顺序即为中标候选人的顺序。

对于只收到2家投标书甚至1家投标书,按照国内的招标法是要进行重新招标的,但按照世行采购指南的规定,只要刊登了采购公告,留够了规定的投标人响应和投标报价的时间(国内招标至少4周或30天,国际招标最少6周或45天等),即使只收到一份投标文件评标也照样进行,不需要重新招标。

评标报告要按照世行的评标报告样本编制,先初步审核,确定投标书的响应性,不响应的投标书被拒绝进入下一步的详细评审。再对响应的投标书进行详细评审和技术评审,确定最低评标价的投标人。

评标委员会由有关的技术和财物人员组成,3～5人左右,因为不需要表决,双数也可以。成员来源的单位不限制,不要求来自评标专家库。最好由行业专家和参与编制招标文件的专家组成。

迟递交的投标书不开启,原封退回,但要在评标报告中记录。

评标报告要说明招标过程,包括发布采购总通告,本次招标的招标公告,招标文件及其补遗/澄清和投标截止/开标的日期,开标时要公布投标人名称、投标价、是否有招标文件要求的投标保证金/招标安全声明。

评标报告要说明合同估算价,即标底。如中标价与估算价差别大,需要说明原因。标底在招标过程中保密,开标前和开标时不公开不公布标底。

全部评标方法和标准都要在招标文件中说明。

按照投标人须知第二十七条规定:评标过程中业主可以自行决定,要求投标人对其投标文件进行澄清。其目的在于"协助对投标文件进行审查、评审和比较以及进行资格审查",评标价不一定等于投标价,更不等于授标价,评标价仅可用于评标。

对于工程项目工程量清单/报价单中"漏报单价和复价"——评标时可用所有投标人相应单价的平均值代入计算。如该报价依然是最低价时,应对该单价项予以澄清,且不得改变该单价/复价。

4. 合同谈判和签订合同

世行货物、土建工程和非咨询服务合同谈判相对简单，只是对合同中不清楚的事项进行进一步的澄清，谈判中不得就合同价进行谈判或修改评标价，除非货物采购中中标货物的数量有15%以内的变更。

合同谈判完成后由招标代理按照招标文件/建议书征询文件所发布的合同格式准备项目采购合同，签订合同时要注意要求咨询人按照招标文件/建议书征询文件要求提交履约保函。

5. 评标结果公示

世行要求所有的评标结果和授标情况都要进行公示，公式的网站一般为发布招标公告的网站，公示期一般为5个工作日。对于国际招标的工程、货物项目，评标结果和授标情况除了在上述网站公示外，还要在世行网站上同时公示。

4.3.5 咨询服务合同采购

1. 咨询服务采购方式

世行贷款项目咨询服务采购有和国内完全不同的采购方式，共有7种采购方式，即基于质量和费用的选择QCBS，基于质量的选择QBS，基于资格的选择CQS，单一来源选择SSS，单个专家选择IC，在预算固定情况下的选择FBS和最低费用选择LCS。单个专家的选择有单一来源选择和比较专家简历选择两种情况。世行主要推荐基于质量和费用的选择，FBS和LCS两种方式使用较少，可以认为是QCBS或QBS的变种。

(1) 基于质量和费用的选择(Quality and Cost Based Selection—QCBS)

即选择咨询人时考虑质量/技术和报价的选择方式。咨询人同时递交分开密封的技术建议书和财务建议书，雇主先打开和评审技术建议书，然后再打开和评审技术分合格的咨询人的财务建议书，技术分(80%)加财务分(20%)最高的咨询人中标。预算固定情况下的选择与QCBS类似，不同之处只是雇主在建议书征求文件中公布预算，即最高可以接收的报价，在评审财务建议书时，报价高于预算的咨询人的建议书无效。最低费用选择是从技术分合格的咨询人中选择报价最低的咨询人中标。

(2) 基于质量的选择(Quality Based Selection—QBS)

即选择咨询人时只考虑质量/技术的选择方式。开始咨询人可以只递交技术建议书，或同时递交分开密封的技术建议书和财务建议书，雇主先打开和评审技术建议书，技术最高的咨询人即中标，然后再递交或打开技术分最高的咨询人的财务建议书，进行合同谈判。

(3) 基于资格选择(Consultant Qualification Selection—CQS)

即选择咨询人时只考虑资格的选择方式。咨询人只需要响应雇主的感兴趣函(Express of Interest—EOI)、征求函(Request for EOI—REOI),递交自己的资格和经验,雇主根据咨询人的资格即可选定咨询人,选中的咨询人再根据雇主的工作大纲(TOR),递交合并的技术和财务建议书。这种方式只适用于 30 万美元以下的小合同。

(4) 单一来源选择(Single Source Selection—SSS)

即无竞争的选择方式。单一来源的选择只可在世行批准的特殊例外的情况下使用。这些情况可能是:①任务为该公司以前承担的工作的自然连续;②处理意外情况,例如救灾、借款人宣布和世行接受的紧急情况;③很小的任务;或④对该任务而言,只有一家公司是合格的或具有特殊价值的经验。

一般采用单一来源选择采购方式,世行批准的难度会比较大。

(5) 单个专家选择(Individual Consultant—IC)

即咨询任务由单个咨询人完成,适用于:①不需要一组或几组咨询专家;②不需要外部(公司总部)额外的专业支持;③个人的经验和资历是最主要的要求。单个咨询人合同一般都很小。单个专家的选择也有单一来源选择和比较专家简历选择两种情况。单一来源选择没有竞争性,一般都要经过世行事前审查。

(6) 预算固定选择(FBS)和最低费用选择(LCS)

这两种办法用得较少,具体内容可参见世行采购指南。

2. 咨询服务选择程序

咨询服务不同的采购方式,采购程序也略有不同,具体步骤如下:

(1) 咨询服务 QCBS 的选择程序,预算固定选择(FBS)程序和最低费用选择(LCS)程序包括以下步骤(双信封程序):

①准备任务大纲(TOR)。

②准备费用估算及预算、短名单选择标准。

③登广告。

④准备咨询人短名单。

⑤准备并发出建议书征询文件(RFP),包括邀请信(LOI)、咨询人须知(ITC)、任务大纲(TOR)、建议的合同草案。

⑥收到建议书。

⑦评审技术建议书:考虑质量。

⑧公开开启财务建议书。

⑨评审财务建议书(预算固定选择时,高于预算的建议书被拒绝;最低费用选择时,最低费用的建议书被选中授予合同)。

⑩最终评审质量和价格(最低费用选择不需要综合评审质量和价格)。

⑪谈判并对选定的公司授予合同。

(2) QBS选择程序(单信封或双信封)

①准备任务大纲(TOR)。

②准备费用估算及预算、短名单选择标准。

③登广告。

④准备咨询人短名单。

⑤准备并发出建议书征询文件(RFP),包括邀请信(LOI)、咨询人须知(ITC)、任务大纲(TOR)、建议的合同草案。

⑥收到建议书(双信封程序收到技术建议书和财务建议书,单信封程序只收到技术建议书)。

⑦评审技术建议书:考虑质量,技术分最高的咨询人被选中授予合同。

⑧双信封程序时公开开启技术分最高的咨询人的财务建议书(其他财物建议书原封退回不开启)。单信封程序时邀请技术分最高的咨询人递交财务建议书。

⑨评审财务建议书。

⑩谈判并与选定的公司签订合同。

(3) CQS选择程序

①准备任务大纲(TOR)。

②准备费用估算及预算、咨询人选择标准。

③如不知是否有3家以上的有资格的咨询人,登意向书征求通告的REOI的广告,包括TOR。

④如已知有3家以上的有资格的咨询人,可以直接向咨询人发邀请函REOI,包括TOR。

⑤收到意向书或感兴趣函(EOI)。

⑥评审EOI,选择资格最高的咨询人发CQS建议书征求文件。

⑦准备并发出CQS建议书征询文件(RFP),包括邀请信(LOI)、任务大纲(TOR)、建议的合同草案。

⑧收到建议书。

⑨评审建议书。

⑩谈判并与选定的公司签订合同。

(4) 单个咨询人选择程序

①准备任务大纲(TOR)。

②准备费用估算及预算、咨询人选择标准。

③如不知是否有3个以上的有资格的咨询人,登意向书征求通告的REOI的广告,包括TOR。

④如已知有 3 个以上的有资格的咨询人，可以直接向咨询人发邀请函 REOI，包括 TOR。

⑤收到意向书或感兴趣函（EOI）和个人简历。

⑥评审个人简历，选择资格最高的咨询人谈判合同。如资格最高的咨询人未报价，可邀请该咨询人报价。

⑦谈判并与选定的个人签订合同。

3. 咨询服务工作任务大纲（Term of Reference—TOR）

咨询服务的工作任务大纲（TOR）在某种程度上就相当于土建工程和货物招标中的技术规范，在咨询人选择中起着非常重要的作用。世行贷款项目咨询服务的工作任务大纲（TOR），通常情况下由项目管理/实施机构准备，有些项目世行专家也会在评估阶段为项目管理/实施机构准备一个工作任务大纲（TOR）（初稿），世行咨询服务项目工作任务大纲（TOR）通常包括以下几个部分：

（1）项目概述：通常情况下咨询服务项目的任务可能是某一个世行贷款项目的一个活动内容，也有些世行贷款（赠款）项目纯粹就是一个大的咨询服务项目，不论哪种情况，项目概述部分一般都是简要介绍一下整个项目的背景、目标、融资情况、项目活动内容等，这部分内容一般不要超过两个 A4 页面。

（2）咨询服务的目的：说明本咨询服务的目的，一般不超过半个 A4 页面。

（3）咨询服务的范围：这部分就相当于货物招标中的技术规格，需要逐个描述咨询服务的工作任务，越具体越好，篇幅根据咨询服务的工作内容而定。

（4）咨询人资质要求：本部分主要说明对咨询人（公司）和所设定的专家资格的要求，对咨询人的要求主要是要求具有独立的法人地位，对所设定的咨询专家的要求包括学历、专业、工作经验、语言方面等。

（5）产出/报告（Delivers）及提交日期：这一部分可参见下例（表 4－6）。

表 4－6

报　告	提交日期（从咨询服务启动明日起）
启动报告	咨询服务开始后 1 个月内
半年度项目工作报告	每年 1 月及 7 月底
×××区替代生计及生态旅游调查报告	咨询服务开始后 6 个月内
宣传推广手册	咨询服务开始后 18 个月内
咨询服务总结报告	项目实施完成后 1 个月内

（6）专家投入：这一部分通过表的形式说明每一个所计划的计划专家投入的人月数。

（7）业主提供的资料、配套设施和人员：说明业主所能提供的主要资料、配套设施

(办公场所、车辆、办公设备等)和人员。

4. 感兴趣函(EOI)和感兴趣函征求广告(REOI)

为获得有兴趣者的意向表示(EOI),世行项目借款人应在采购总公告(GPN)中包括一份预期咨询任务的清单。借款人还应将具体合同的广告(REOI)刊登在至少一份国内广泛发行的报纸或杂志上,或者在能够从国际和国内用英语、法语或西班牙语(世行项目)自由免费进入的网站上刊登。此外,合同价在30万美元以上的合同,还要在联合国发展商业报(UNDB)的电子版上刊登广告。

5. 长名单和短名单

世行贷款项目借款人负责从响应REOI的咨询人的长名单中选择5~7家咨询人进入短名单。借款人应首先考虑那些表示感兴趣而又有相应资格的公司。短名单应包括地理分布广泛的六家公司,即来自任一国家的公司不得超过两家,除非:①没有其他合格的公司能够满足这一要求;②并且至少有一家公司来自发展中国家,除非在发展中国家中找不到有资格的公司。如果收到的EOI不能满足上述要求,借款人可以根据自己的经验或者要求世行帮助,直接从有资格的公司中寻求感兴趣的公司。如果某一咨询任务只有较少的合格的咨询人表示感兴趣,或者合同的规模和性质不能得到广泛的竞争,世行可以同意较少的公司列入短名单。

6. 建议书征求文件(RFP)

建议书征询文件应包括:①邀请信(LOI);②咨询人须知(ITC)及其资料表(Data Sheet);③任务大纲(TOR);④合同草案。借款人应尽可能使用世行发布的标准建议书征询文件,为了反映项目的特定情况,具体合同的建议书征询文件可以修改咨询人须知的资料表,但修改应该尽可能少,并征得世行的同意。任何修改都应该放在咨询人须知的资料表中。

7. 双信封:技术建议书和财务建议书

世行咨询服务主要采用技术建议书和财务建议书分开的双信封方式选择咨询人,目的是为了不让财务报价影响技术评审的公平性。咨询人编制建议书的时间一般不应少于四周或超过三个月。

(1) 递交和开启建议书

为了保证程序的公正性,技术和财务建议书应分别装在密封的信封中提交。世行借款人从相应部门(技术、财务、法律)抽取的官员组成评审委员会。无论在截止日期前收到多少建议书,都应该在建议书征求文件(RFP)中规定的地点开启收到的全部技术建议书。咨询人可以根据自己的愿望参加技术建议书开启仪式。在技术建议书开启仪式上,借款人不应该拒绝任何建议书,也不应该讨论任何建议书的优缺点。任何在提交建议书截止时间后收到的建议书都应宣布迟到并立即原封退回。委员会应该大声宣读递交了建议书的咨询人的名称，是否递交了密封的财务建议书及其他适当的信息。财务建议书则应在公开启封前保持密封并保存在声誉良好的公共审计师或独立机构处。

(2) 评审建议书

建议书征求文件应该说明评审技术建议书的标准和子标准，以及这些标准的最高分和最低及格技术分，低于最低及格技术分的建议书将被认为是不响应而被拒绝。最低及格技术分的范围是满分 100 分制的 70～85 分。这些标准的最高分和最低及格技术分应该根据咨询任务的性质和复杂性确定。

评审标准包括：①咨询人与该工作任务相关的经验；②建议的工作方法的质量；③建议的关键专家的资历；④知识转让，如果任务大纲要求时；⑤在执行任务所需关键专家中本国专家的参与程度。具体的权重必须在下面指示的范围内：

咨询人的专门经验	0～10 分
工作方法	20～50 分
关键专家	30～60 分
知识转让	0～10 分
本国专家的参与	0～10 分
总　分	100 分

财务建议书的评审很简单，即报价最低的财务建议书 100 分，其他建议书的财务得分按其报价成反比递减。技术分的 80％加财务分的 20％即为咨询人的总分。

世行要求全部咨询人选择的结果，包括通过基于质量和价格的选择(QCBS)、基于质量的选择、基于资格的选择(QBS)、单一来源选择和单个专家的选择的结果都要在世行的外部网站上公布。

8. 总价包干合同(Lump Sum Contract)和以时间为基础合同(Time Based Contract)

世行咨询服务的合同有总价包干合同和以时间为基础合同。总价包干合同主要用于那些服务的范围和期限以及要求咨询人提交的产品都很明确的任务。这类合同被广泛应用于简单的规划和可行性研究、环境研究、标准或普通建筑物的详细设计等等。付款与产品(可交付物)挂钩，如报告、图表、工程量清单、招标文件及软件程序等。总价包干合同管理起来较容易，因为合同实施的原则是固定价格和固定范围，只在提交了明确规定的产出和满足里程碑后才付款。

以时间为基础合同适用于难于定义或固定服务的范围和时间长短的合同。这种难于确定是因为该服务与其他人的活动完成时间相关联，或因为咨询人完成任务目标所需的投入很难估计。这类合同广泛使用于复杂的研究、施工监理、顾问性服务以及绝大多数的培训任务。付款是基于双方同意的专家(一般在合同中列出名单)按小时、日、周或月计算的费率，以及使用实际支出和/或双方同意的单价计算的可报销项目费用。以时间为基础的合同需要由雇主严密监督和管理以确保该任务各项工作取得令人满意的进展。

4.3.6 世界银行采购中需要特别注意的几个问题

1. 利益冲突

《世界银行采购指南》(2012年1月版)4.3条明确将下述情况定义为利益冲突,存在利益冲突的投标人不能成为合格投标人。

(1) 投标人和业主拥有一个共同控制人或共同控股股东。

(2) 投标人和业主之间存在着直接的或间接的补贴关系。

(3) 投标人和业主在本次招标中拥有同一个法定代表人。

(4) 投标人和业主之间存在着某种联系,使他们能够直接地或通过第三方在本次招标中获得其他投标人的信息或影响其他投标人;或影响买方关于本次招标的决定。

(5) 投标人参与了本次招标中一个以上的投标。参与一个以上的投标将导致其所参与的所有投标都将作为废标处理。但是,该情形并不包括分包商参与一个以上的投标,只要他不作为投标人参与投标。

(6) 投标人作为咨询机构参与了本招标文件的编写。

(7) 投标人或其附属机构已受聘于买方或将受聘于买方对本次招标合同的履行进行监督。

2. 腐败行为

世行采购指南定义的腐败行为为:"直接或间接的提供、给予、收受或要求任何有价财物来不适当地影响另一方的行为。"腐败行为在采购中通常包括以下几种情况:

(1) 承包人/咨询公司/供货商为项目管理相关的官员或亲属提供度假、旅游服务。

(2) 承包人为项目管理相关的官员或亲属提供购物支付。

(3) 提出、给予、收到、要求"信封""礼物""娱乐""照顾"、佣金回扣、贿赂等。

(4) 滥用职权为个人或其他人谋利益。

3. 欺诈行为

世行采购指南定义的欺诈行为为:"指任何行为或隐瞒,包括歪曲事实,任何有意或不计后果的误导,或企图误导一方以获得财物或其他方面的利益或为了逃避一方的义务。"欺诈行为在采购中通常包括以下几种情况:

(1) 虚假投标保证金和履约保证金。

(2) 篡改以前合同履约合同金额和时间。

(3) 夸大已完成工程的规格。

(4) 使用其他公司合同的业绩。

(5) 整个采购过程是个谜。供货和工程已完成,但篡改的文件给出的印象还在进行。

(6) 对不同的公司对待欺诈不一致,对倾向的公司未提及。

(7) 在工程量清单和中期支付证书中夸大数量。

(8) 支付未做的工程,监理、业主、财政部门证明已完成并包括在支付申请中。

(9) 业主保留合同价的30%(而不是合同和中期支付证书规定的5%),财政部门在申请支付中没有发现。

(10) 低质量的货物、工程、服务,但还是通过认证。

(11) 不合理的变更令或变更。

4. 串通行为

世行采购指南定义的串通行为为:"由双方或多方设计的一种为达到不当目的的安排,包括不适当地影响另一方的行为。"串通行为在采购中通常包括以下几种情况:

(1) 多个合同投标都为3个同样的投标人。

(2) 轮流中标。

(3) 投标类似性,同样的拼写错误。

(4) 同一个投标代理为3个投标人编投标文件。

(5) 围标的投标人未交投标保证金或递交不响应的投标。

5. 施压行为

世行采购指南定义的施压行为为:"直接或间接地伤害或威胁任何一方或其财物,以不正当地影响一方的行为。"

6. 阻碍行为

世行采购指南定义的阻碍行为为:"(1) 故意破坏、伪造、修改或隐瞒调查所需的证据或向调查人员提供虚假材料,以便严重妨碍世行对被指控的腐败、欺诈、施加压力或串通行为进行调查,和/或威胁、骚扰或胁迫任何一方,使其不得透露与调查相关的所知信息或不得参与调查,或(2) 企图严重妨碍世行进行调查和行使根据采购指南第1.16(e)段条款所赋予世行的审计权利的行为。"

阻碍行为在采购中通常表现为:项目办人员阻碍世行调查:篡改、删除证据文件,或掩饰投标人腐败与欺诈的行为等。

7. 世界银行对上述行为制裁

世界银行对于上述行为的任何一种情况一经发现将采取:(1) 拒绝授予合同;(2) 取消贷款部分;(3) 法律文件中的其他制裁;(4) 宣布投标人一定时期或无限期无资格参与世行项目(进入黑名单)。

8. 错误采购

在下列情况下世行将不支付采购货物、工程或非咨询服务所发生的费用：

(1) 未按贷款协议中所约定的条款和世行批准的采购计划进一步明确的程序授标。

(2) 由于借款人的故意拖延或其他行为造成的不合理延误，从而使符合条件且提供了最低响应标的投标人未能中标或者其投标有效期失效，或借款人不合理废掉某个投标。

(3) 借款人的代表或贷款资金的受益人参与了欺诈和腐败行为。

在以上情况下，无论是前审还是后审合同，世行将宣布错误采购，而且世行的政策要求取消分配给发生错误采购的货物、工程或非咨询服务的贷款额度。此外，世行还可能采取贷款协定中规定的其他补救措施。即使合同已经获得世行的"不反对"意见并已签订，如果"不反对"意见是在借款人提供不完整、不准确和误导性信息的情况下做出的，或者合同的条款和条件在世行未表示不反对的情况下被实质性修改，无论贷款是否已经关闭，世行仍可以宣布其为错误采购，并采取其政策和贷款协议中规定的补救措施。

需要注意的是，一旦某一项采购被世行确认为是错误采购，其该采购项下的世行贷款金额将被收回，项目总贷款金额会相应减少。

4.3.7 采购管理案例分析

案例 1：错误采购

某世行贷款高速公路项目土建国际招标共有 10 多个标段同时开标，每个标段均有 10 几家投标人投标。招标人在开标前一两天发补遗公布标底和评标方法和标准，即最接近标底和投标人投标价的平均价这两个价格(标底和投标平均价)的二次平均价的投标价得分最高，超过二次平均价的＋5％和－10％ 为废标。结果全部投标人的报价均在低于二次平均价的 0.001％～0.5％ 之间，大部分 2 亿～3 亿元的投标价的差别只在几千元或几百元之间，只有个别超过万元，投标价的差别有明显的人为操纵的痕迹。报送世行审查的评标报告并没有披露在开标前一两天发布的补遗的情况。世行项目检查团在审查投标书时看到了这一补遗，结果该合同采购被宣布为错误采购，不能获得贷款。

案例 2：前审合同在尚未获得世行不反对意见就开工的行为

某高速公路项目国际招标的评标报告报送世界银行审查。世界银行对某些合同段发出了不反对意见函，某些合同段的评标报告还在审查和澄清过程中，由于工期紧，项目业主在没有获得世行不反对意见函的情况下，授标开始施工。世行项目检查团在现场检查过程中发现，没有下发不反对意见函的合同段已经开工，施工的承包商不是最低评标价的投标人。世界银行最后宣布该合同采购为错误采购，不能获得世行贷款。另外一个世行贷款城市供水项目也是在世行没有发出不反对意见函的情况下先开工，被世行确定为错误采购。

案例3：物资挪用造成的错误采购

某世行贷款农业发展项目采购的钢材没有用于该项目，项目业主把已采购的钢材调换给其他项目，世行项目检查团发现后宣布为错误采购，世行贷款资金被取消，用于其他世行贷款项目。

案例4：招标文件编制问题

某世行贷款项目污水处理厂土建工程"技术规范"和"工程量清单"分别由设计院和造价事务所编制。在技术规范中规定"蓄水构筑物应进行闭水试验，合格后进行支付"，但工程量清单中却没有"闭水试验子项目"。项目实施阶段双方就如何支付"闭水试验费用"产生矛盾。

另外，技术规范中描述："将对主体工程中所使用的材料及设备进行支付"，设计图的"钢筋材料表"中列出了具体的钢筋型号和数量。

然而，"工程量清单"中却没有将钢材单独开列为一个子项目，钢筋混凝土项目的"计量单位"为"立方米"。

在申请工程款支付时，承包人根据合同中"技术规范优先于工程量清单"的条款[NCB第2.3(6)]，要求对所有的钢材（包含马凳钢筋和架立钢筋）进行单独支付，并重新提交了钢材的"单价分析表"。

由于"技术规范"和"工程量清单"的编制单位沟通不够、规定不清晰、计量单位不统一，使得承包人因此而额外获得了近百万元的款项。

经验和教训：技术规范、工程量清单不一一对应、描述矛盾或漏项，项目实施阶段造成合同纠纷。

案例5：招标文件编制问题

某世行贷款项目自来水厂工程，该项目分为土建工程、设备供货安装、电气与自控工程等几个合同包单独招标。由于合同界面不清晰，导致土建工程的工程量清单中遗漏了许多预埋件（水池套管、建筑物消防预埋件等）。

项目施工时，项目业主和项目监理才发现问题，为了保证蓄水建筑物的密闭性，要求土建承包人在混凝土浇筑的同时埋设预埋管件。然而，由于土建合同的工程量清单中没有预埋件的子项目，双方为如何确定预埋件的价格产生分歧，甚至导致停工。

经验及教训：

(1) 当招标文件分别由不同单位编制时，一定要特别加强双方的沟通与合作。

(2) 应避免“技术规范”编制单位不核对“工程量清单”(包括：子项目是否遗漏、计量单位是否矛盾等)、避免量单编制单位不认真阅读技术规范中的规定、子项目的设置与技术规范和设计图纸不符等情况。

(3) “技术规范”和“工程量清单”，必须要做到一一对应。

(4) 当编制单位不同时，应进行相互间的交叉检查。重要的“计量和支付条款”，必须规定得清晰准确、不要矛盾。

(5) 当一个项目包含多个合同、且分别招标时(尤其是包含“土建工程”与“设备供货安装”)，一定要特别注意“合同界面”。

(6) “工程量清单”编制时，应兼顾各个合同的范围及实施顺序，综合考虑个合同量单中的“子项目”的设置，既要方便施工、又不要漏项。

(7) 应注意，世行贷款项目“工程量清单”的编制办法，与国内项目常用的“工程量清单计价规范”的编制办法不同。

(8) 某些子项目不宜设置的过细，在“技术规范”中应尽量将“主要工作内容”描述清楚，为防止漏项和减少合同纠纷，可增加“包括但不限于……”的描述。

4.4 合同管理

4.4.1 世界银行对合同文件的要求

为了保证招标投标的透明和公平公正，世行采购指南要求全部国际招标和咨询人选择的评标和合同授予结果，都要在世行的外部网站和联合国的“业务开发”(United Nation Business Development—UNDB)上刊登。国内招标则可以在国内的有关网站和报纸刊登。国际招标的刊登时间为世行对评标报告发出不反对意见函后的14天，咨询服务的小合同，如通过基于咨询人资格的选择(CQS)、单一来源选择(SSS)和单个咨询人(Individual Consultant—IC)则可以定期，如一季度或半年汇总同时公布。公示的内容为全部投标人的名称、地址(至少要国家和城市名称)，报价、中标的合同价、经评审的评标价，投标书被拒绝的投标人的名称和被拒绝的原因。

世界银行要求全部事前审查的合同(包括全部通过国际招标和全部单一来源的合同)及其合同变更都要在双方签字之后报送世行存档，以便支付。

合同管理的基础文件是合同双方签订的合同文件，主要是合同(合同格式)、合同条款、技术规格/规范、图纸和投标人的投标书，其他文件，如中标通知书、招标文件补遗、投标人的澄清文件和合同谈判记录/备忘录等也是合同文件的一部分。投标人的投标书一般不是全部进入合同文件，主要是报价表/工程量清单和设备的技术文件。投标人投标文件中的资格文件和财务报表不进入合同文件。

合同实施期间的文件，如合同变更文件(投标人的索赔文件、业主的变更令)和支付文件(计量收方记录、承包商的支付申请和发票，合同价格调整依据的物价指数)等也是合同管理的基础文件。

4.4.2 变更管理

1. 变更的内容和原因

变更是合同管理中的一个重要方面，是合同各方在合同实施过程中几乎每天都要碰到和处理的问题。理论上建设工程项目参建各方主体都有可能提出工程变更，包括业主、设计单位、施工单位、监理单位等，但实际工程施工阶段的绝大部分工程变更都是由施工单位提出的，设计单位、业主、监理单位很少提出工程变更，并且都要涉及增加投资、延长工期。合同变更一般包含设计变更和工程签证两大类。

设计变更是指土建工程施工过程中为保证设计和施工质量、完善工程设计、纠正设计错误以及满足现场条件变化而进行的设计修改工作，一般包括由原设计单位出具的设计变更通知单和由施工单位征得由原设计单位同意的设计变更洽商单两种。

土建工程签证是指承包商就施工图纸、设计变更所确定的工程内容以外，由于施工现场的各种原因，出现了与合同规定的情况、条件和事实不符，需要由业主、监理、施工单位负责人共同签署的，用于证实施工活动中某些特殊情况的一种书面手续，如由于施工条件变化或无法预见的情况所引起的工程量变化。

通常人们将土建工程变更统统描述为“设计变更”，但不是说只有设计方能提出土建工程变更，之所以称谓“设计变更”，是因为无论哪一方提出土建工程变更的要求，在技术上、实际中都需要设计单位进行确认，也只有设计进行了确认，各方特别是施工方才能合理地提出增加费用，延长工期。

总体来看，合同发生变更的原因主要有以下几方面：

(1) 勘察设计工作粗糙，以致在施工过程中发现许多合同文件、设计文件中没有考虑或估算不准的工程量，不得不改变施工项目或增减工程量。

(2) 招标所采用的设计图纸、技术规范、招标文件中的合同条款以及工程量清单由不同的机构准备，彼此之间出现矛盾，由于发生不可预见的情况，如恶劣的天气、社会动荡、自然灾害等。

(3) 业主要求对某些工作加速施工或施工单位自身原因造成某些工作工期延误，需加速施工。

(4) 由于设计变更，造成施工顺序的改变与调整。

（5）由于设计变更，造成相关工作施工技术方案的改变；监理工程师指令改变某些工作施工技术方案；承包商原因造成施工技术方案的改变。

（6）由于施工技术的发展，施工工艺改进产生变更，投标时采用的施工工艺、技术、材料等可采用新型节约对应工艺代替。

变更内容、结果、范围、原因不同，对变更的控制要求也不同，同时土建工程变更是进度滞后、投资超标、质量低劣的根源之一。作为土建工程项目的管理者，应将“最小变更控制”作为土建工程管理日常工作的奋斗目标，在施工过程中加以控制，同时以此为目标，制定相应的土建工程变更管理制度、土建工程变更管理措施、土建工程变更管理流程等，其最终目的，都是期望将土建工程变更对建设工程进度、质量、投资的影响减到最低。

2. 主要的管理方法、程序和要求

既然变更不可避免，建立可操作的、分级授权的、职责明确的变更控制系统就非常重要，以便为变更做准备。土建工程变更控制的管理，应该遵循“必要性、可行性、经济性”的原则，对土建工程变更的范围、土建工程变更的内容、土建工程变更的相关责任方，进行必要的界定。

同时，对土建工程变更的目标进行确认，对土建工程变更的技术性进行论证，对土建工程变更的方式进行优化，对土建工程变更的费用进行权衡，对土建工程变更的工期影响进行评估，对土建工程变更所带来的风险进行预测。所以，对土建工程建设相关各方提出工程变更，监理工程师对工程变更的内容、必要性、费用变化、工期影响、工程风险进行全面的论证，报项目业主进行审批，进行费用、工期、风险的最终核算，下发设计变更单，按变更单施工。

在处理土建工程变更时，还应该充分考虑土建工程变更提出方的目的，往往提出土建工程变更的主体不同，其对土建工程变更所要达到目标是不同的，如设计单位是以相关规范及条文为变更底线进行基础性把关，但现在设计人员为了逃避责任往往在满足各种规范条例的前提下，做出非常保守的变更，相应地也增大了费用。而施工单位在提出土建工程变更申请时，往往会无中生有、夸大事实，其最终目标是为了修改合同价格，增加土建工程费用。作为土建工程项目管理的业主代表及监理工程师，应充分考虑到土建工程变更的必要性、可行性及价值性。

合同变更的主要程序和要求如下：

（1）合同调价管理（适用于调价合同）

世行采购指南规定一般工期/合同期长于18个月的合同和市场价格变动大及频繁的短于18个月的合同可以采用调价合同，绝大部分的货物采购合同和合同期短于18个月的土建工程合同一般为固定价合同。

合同调价一般采用依据官方公布的物价指数为基础的调价公式法。调价公式一

般由不调价部分和几项调价部分组成。不调价部分代表承包商的利润和管理费，调价部分代表合同价的主要构成部分，如人工、水泥、钢材、燃料和机械设备。代表各部分的系数的合计为 1。调价部分的分子为调价当期的物价指数，分母为基期的物价指数。如下列调价公式：

$$P_n = P_{n0}\{a + b(L_n/L_0) + c(C_n/C_0) + d(S_n/S_0) + e(F_n/F_0)\}$$

其中：P_n = 调价当期的支付额，P_{n0} = 未调价前的当期支付额；a 为不调价部分的系数，b，c，d，e 为各调价部分的系数，$a+b+c+d+e=1$；L_n，C_n，S_n，F_n 为当期的物价指数；L_0，C_0，S_0，F_0 为基期的物价指数。

也可以采用只有一项的综合物价指数，这时调价公式为：

$$P_n = P_{n0}\{a + b(Z_n/Z_0)\}$$

国际招标合同的官方物价指数的来源一般由投标人选择、业主批准。因为投标人人工、材料和机械设备的来源由投标人选择，物价指数的来源要与相应的人工、材料和机械设备的来源一致。国内招标的物价指数来源经常由业主在招标文件中指定。

(2) 合同工期变更管理

合同工期变更包括业主发布暂停施工、工期变更通知和承包商的工期索赔。任何工期的延长都应该在合同有效期内生效。

(3) 合同价变更管理

合同价变更包括业主发布或批准的价格变更通知和承包商的价格索赔。一般先由承包商提交价格索赔申请，说明索赔的原因和价格并附有关的证明和支持材料，要求业主批准。业主审核后下达变更通知并实施。

价格变更的依据是合同条款和工程量清单。变更项目尽可能采用工程量清单原有的单价和价格计算。对于工程量清单没有综合单价的调价，可以分析工程量清单人工、材料和机械的单价组成新单价。对于工程量清单没有的材料和机械设备单价，可以参考有竞争性的市场价确定，并保持与投标价的水平一致。

如果实际完成的主要工程量与工程量清单中的工程量有较大的差别，也可以根据合同条款的规定，调整单价。如该项的价格占中标合同价的 1%以上，而且变更的工程量超过工程量清单的 25%以上，可以调整单价。

3. 变更内容的世行审查

一般变更的金额如果超过了合同签约金额的 15%，或者有重大的设计变更，都要报世行进行审查。世行对变更内容的审查一般会关注一下几个方面：

(1) 变更内容在技术和经济方面的合理性。

(2) 变更程序的合理性。

(3) 变更项造价的合理性。对于新增项目，一般要求提供价格成本分析。

4. 有关报告格式及要求

NCB方式招标采购的土建工程，目前通常采用GB/T50319—2013《建设工程监理规范》，以下是工程变更单格式，见表4－7。

表4－7　工程变更单

工程名称：　　　　　　　　　　　　　　　　　　　　　　　　　　编号：

<table>
<tr><td colspan="2">致：
由于________________原因兹提出工程变更，请予以审批。
附件：
1. 变更内容
2. 变更设计图
3. 相关会议纪要
4. 其他
变更提出单位(盖章)：
负责人(签字)：
年　　月　　日</td></tr>
<tr><td>工程数量增/减</td><td></td></tr>
<tr><td>费用增/减</td><td></td></tr>
<tr><td>工期变化</td><td></td></tr>
<tr><td>施工项目经理部(盖章)
项目经理(签字)</td><td>设计单位(盖章)
设计负责人(签字)</td></tr>
<tr><td>项目监理机构(盖章)
总监理工程师(签字)</td><td>建设单位(盖章)
负责人(签字)</td></tr>
</table>

备注：①填报说明：本表一式四份，建设单位、项目监理机构、设计单位、施工单位各一份。②本表仅适用于施工单位提出的工程变更。③附件应包括工程变更的详细内容，变更的依据，对工程造价及工期的影响程度，对工程项目功能、安全的影响分析及必要的图示。

5. 变更管理案例分析

案例1：某隧道工程项目变更事件

该项目原合同价为4 986万元，项目执行期间监理工程师共签发了23个变更令，增加金额为2 136万元，合同价增加42.83%。其中涉及“提高围岩支护等级、处理溶洞及塌方”等事件的变更17项，占总变更金额的67.54%。通过详细审查变更事件的所有资料可以发现：

(1)“技术规范”中明确规定：承包人在隧道开挖前，应根据图纸及有关地质资料查明溶洞的分布范围；施工中，应通过仪器探测等手段，进行超前探测，探明开挖工作面前方的围岩工程地质状况，及时提出预报保证工程顺利实施。

(2)“工程量清单”中包含有“地质状况探测”子项目,承包人在投标时就自己所需要的“超前探测”费用进行了报价。

(3)“变更资料”中所涉及的“岩石破碎,溶洞、断层情况与原勘探不符”等描述,没有得到原地质勘探单位的认定;提高围岩支护等级,没有设计单位出具的正式变更通知单。

(4)监理工程师所签发的“变更令”中,没有判断承包人是否按技术规范的要求,进行了“超前探测”、是否履行了合同规定的“地质预报”义务,没有分析出现的塌方事件是否属于“一个有经验的承包人所无法合理预见及有效防范”等问题(现场驻地监理甚至说不清承包人是否进行过“超前探测”以及“地质探测仪”的型号)。

从上述分析可知,现场监理工程师在没有认真进行合同责任分析的情况下,签发变更令、批准增加巨额投资是不恰当的。最终,该类变更所增加资金没有得到世行的支持。

案例2:某房建项目“变更施工方法”

该项目的基础原设计为“机械钻孔桩”,承包人进场后提出改变为独立基础,遭到拒绝后又以“现场条件受限、施工困难”为理由,申请变更桩基础施工方法(改为人工挖孔桩)。

通过分析可看出,承包人申请变化基础或施工方法的意图,是想通过变更达到“重新报价”和弥补部分低报价的目的(原报价中采用了不平衡报价,“机械钻孔桩单价”远低于市场价格)。

项目业主、咨询专家研究后回复承包人:

(1)如现场个别区域确实受限,需要改变桩基础施工方法,可以进行局部调整,但施工方案必须经过专家委员会的评审,必须由设计单位出具正式的“设计变更通知”。

(2)其他区域的施工方法变更,必须在“不增加费用、不延长工期”的前提下才能获得批准。

由于业主和咨询方对“变更理由”进行了认真分析,承包人未能达到“通过改变施工方法重新报价、增加费用”的目的。

4.4.3 质量管理

1. 质量管理的基本要求

质量是工程建设的核心,也是管理的核心工作。世行贷款项目的工程质量管理通常是委托监理工程师来执行的,FIDIC合同条件下的质量监理是对产品的全过程的监理,主要包括两个方面的工作:

(1) 对工程质量进行预控和动态控制，使其达到合同所要求的标准。

(2) 对承包商技术水平的管理，以使合同工程质量标准得到实现。

施工质量监理是建设项目监理的一个重要组成部分，工程师对工程质量的控制，需要建立严格的质量监理程序，并采用有效的监理手段。

质量控制的关键点包括：

(1) 施工组织设计的审查。

(2) 承包商现场管理体系的审核。

(3) 工程材料、构配件、设备的审查。

(4) 分包方审查。

(5) 分项工程验收。

(6) 隐蔽工程的验收。

(7) 中间验收(分部工程、单位工程、交工验收)。

2. 质量管理的一般程序

在 FIDIC 合同条件下，工程施工过程中的质量管理，一般包括施工准备和施工过程两个阶段，对于这两个阶段的质量监理，应按照规定的监理程序进行，对每个单项工程或每道工序都必须经工程师批准后方能进行施工。

工程师按照程序监理，督促承包商按合同要求施工，使工程质量得到保证，这正是应用 FIDIC 合同条件的优越性之一。

对产品生产的全过程进行监理并不仅仅局限于制造产品本身的全过程，还包括产品生产前的准备阶段。

表 4－8 施工过程中质量管理的主要工作内容

阶 段	工作内容	备 注
施工准备	检查现场材料(永久性工程所用的材料，包括构配件)	FIDIC 合同条件第 7.4 条
	检查机械设备	目的在于确认承包商各种设备的规格和工艺是否符合合同、规范的要求以保证工程质量和施工进度
	审查承包商开工申请报告	承包商对合同清单中的项目，在开工前必须向工程师提交开工申请报告，得到工程师的批准后，承包商才能进行施工

续表 4-8

阶　段	工作内容	备　　注
施工过程	承包商质量自检系统	FIDIC 合同条件 4.9 条
	跟踪施工过程，监督工程活动	包括施工中材料质量、设备的运行及工艺、人员的组成和操作等每个环节
	成品中间验收	(1) 由承包商将自身检查的各种记录提交给工程师审查 (2) 工程师就外观检查、内在质量、几何尺寸三个方面对产品进行检查验收 (3) 签发中间交工证书

3. 质量管理依据

(1) 合同文件：合同文件是工程师进行质量控制的主要依据，工程师对工程质量的确认与拒绝主要根据合同文件规定的标准，质量达到合同标准的项目或工序，工程师应予以确认，反之就予以拒绝。

(2) 工程师的指示：FIDIC 合同条件规定，工程师的指示应视为合同文件的一部分。在涉及工程方面的任何事项上，不管合同中是否有说明，承包商都要严格履行工程师的指示，因此工程师的指示也是质量监理的依据。

4. 质量缺陷的处理

任何土建工程在施工过程中，都有可能出现程度不同的质量缺陷，工程师在质量监理过程中，经常遇到并要处理工程质量的缺陷，这也是质量监理的重要内容之一。

对施工过程中出现的质量缺陷，工程师应及时下达工程师通知，要求承包商整改，并检查整改结果。

(1) 处理质量缺陷的程序：一旦发现质量缺陷，①工程师以质量通知单的形式通知承包商，并要求承包商停止有质量缺陷的部位的施工；②承包商接到质量通知单后，应向工程师提交工程质量缺陷的报告；③工程师对承包商的报告进行调查和研究，并提出对缺陷的处理决定。

(2) 造成工程质量缺陷的原因：一般有两个方面：一是承包商自身的原因，例如施工管理不当，不按规程施工或设备陈旧，或其他原因；二是承包商自身以外的原因，如承包商按工程师提供的图纸进行施工，由于设计的原因造成了工程缺陷。

不管是何原因造成的缺陷工程，承包商都必须根据工程师的指示对质量缺陷进行修补。

(3) 处理工程质量缺陷的决定：工程师对于质量的缺陷，根据缺陷情况的不同，分别做出以下两种不同的决定，详见表 4-9。

表 4－9　处理工程质量缺陷的决定

缺陷处理	适用条件	举　例
1. 返工处理	凡是工程质量未达到合同规定的标准，有明显而又严重的质量问题，又无法通过修补来纠正所产生的缺陷，在这种情况下，工程师应对其做出返工处理的决定	某工程施工预应力混凝土梁，规范规定张拉系数为 1.3，但实际只张拉了 0.8，这属于严重的质量缺陷，也无法采取修补措施解决，因此需做出返工处理的决定
2. 修补处理	有时工程的某些部分未达到规范规定的标准，存在一定的缺陷，但经过修补后还可以达到规范要求的标准，同时又不影响使用功能和外观，在此情况下工程师可以做出进行修补的决定	某桥的盖梁顶部有麻面的质量缺陷，但工程师现场调查核实出现缺陷的部位经修补后，不影响盖梁的使用和外观，故工程师做出修补处理的决定

工程师对质量缺陷处理的决定是一项复杂而又重要的工作，因为它对工程的质量、工期和费用都有直接的关系。因此工程师在对缺陷工程做出处理决定时，特别是对需返工处理的缺陷工程的决定应当慎重对待。对于一些复杂的土建工程缺陷在做出决定前，可采取实验验证、定期观测、专家论证的方法做进一步的研究。

5. 质量监理手段

按照 FIDIC 合同条件进行质量监理，通常采用以下六种手段进行全面监理（见表 4－10）。

表 4－10　质量监理手段

监理手段	描　述
旁站监理	监理人员在承包商施工期间，在施工现场对承包商的各项工程活动进行跟踪监理，随时检查施工过程中的每个细节，一旦发现问题，便可以及时指令承包商纠正
测量工程	测量贯穿整个施工监理的全过程：开工前工程师要对承包商的施工放线进行核查；在施工过程中也要采用测量手段进行施工控制；对已完工程也需要采取测量手段对各部位的几何尺寸、高程、坡度等方面进行验收
试验	对任何项目或任何部分的质量评价，其唯一的依据就是试验数据；对于已完工项目的验收，工程师只依靠试验数据做出“确认”或“拒绝”的决定
严格执行监理程序	在监理过程中严格执行质量监理程序，能够强化承包商的质量意识，提高工程质量水平
指令性文件	在施工质量监理中工程师应当充分利用指令性文件对承包商进行质量控制
拒绝支付	如果承包商的工程质量没有达到合同规定的标准，工程师有权采取拒绝支付的手段，停止对承包商部分或全部工程款的支付，这对承包商是十分有效的约束，是工程师在质量监理中的有效方法

以上六种手段，在监理过程中是经常采用的，有时单独采用，有时同时采用其中的几种，他们之间是相互联系、相辅相成的。

6. 质量管理案例分析

以下案例出自住建部通报的工程质量违法违规典型案例。

案例 1：工程质量违法违规

河北省某公司施工邯郸市××小区 4 号楼工程。

主要违法违规事实：一是自然人高××存在挂靠行为，其以施工单位名义承揽工程；二是施工单位存在出借资质证书行为，其允许高××以施工单位名义承揽工程；三是 LL15 梁抗扭钢筋不符合设计文件要求；四是约束边缘构件在连梁高度范围未设置箍筋，违反强制性标准。

案例 2：工程质量违法违规

LH 建设集团有限公司施工的山西省临汾市洪洞县 SJ 棚改广泉小区四期 E－1 号楼工程。

主要违法违规事实：一是钢筋焊接无工艺性检测报告，违反强制性标准；二是抽测部分楼板上部钢筋保护层厚度不满足设计要求；三是作业层钢筋连接质量差，电渣压力焊焊包不饱满。

案例 3：工程质量违法违规

山西 HD 公司施工的山西省临汾市某小区工程。

主要违法违规事实：一是施工单位存在违法分包行为，其将桩基工程分包给不具有相应资质的企业施工；二是自然人王××存在挂靠行为，其以山东大汉建筑机械有限公司名义承揽塔吊安装分包工程。

4.4.4 进度管理

工程进度涉及项目业主和承包商的利益。计划是工程进度控制的依据，也是管理工作的重要组成部分，科学合理的工程进度计划是保证施工工期的前提条件。

工程进度的控制主要是审查承包商所制订的施工组织计划的合理性和可行性，并对计划的执行情况进行追踪检查，当发现实际进度与计划不符时，及时提醒承包商，帮助分析查找原因，适时指导承包商调整进度计划，并监督和促进其采取行之有效的补救措施。

1. 主要的管理方法、程序和要求

(1) 建立机构：项目办应建立专门的机构（或指定专人）负责进度计划协调和管理。

(2) 人员要求：进度管理专业性较强，进度管理人员应具较强的沟通和协调能力并熟悉项目进度管理相关软件。

(3) 进度管理软件:采用计算软件进行进度管理是常用的方法。具有进度管理功能的软件很多,通用的项目管理软件(如:MS-Project)和根据客户要求开发的项目管理软件通常都有进度管理功能,大型复杂的项目可以选用功能强大的P3(Primavera Project Planner的简称)软件。

项目管理软件在编制进度计划时可以包括资源与成本报告,进度计划横道图以及时标网络图等,所需任一时段内工程量直方图及其累计曲线,任一作业的开工和完工时间等图表。

为了有效地进行进度管理,达到进度控制的一致性,建议业主、承包商和监理工程师采用同一款计划管理软件。

(4) 制订进度计划基线:一个完善可行的进度计划基线并适时修订是工程进度控制的基础和依据。FIDIC合同条件第8.3款是进度控制的关键条款,计划制订时首先必须保证业主和承包商合同的基本利益,同时要考虑影响进度的因素。

FIDIC合同条件要求承包商递交施工计划进度表报工程师(监理)审批,工程师审定的进度计划将成为承包商履行其合同的进度计划基线,该基线将根据工程进度情况每3个月进行一次修订。

审查进度计划时,充分考虑合同规定的各完工日期、合同谈判及协议书有关内容、承包商投标进度计划、已批复的施工措施等,并结合现场实际情况,对承包商提交的计划进行认真分析、研究,对不符合合同要求和不合理的部分,通知承包商进行修正。

(5) 进度控制:进度工程师以合同目标、基线进度计划为基准,对每道作业的具体内容逐一核查,对所有分项工程进行复核计算。

根据实际施工进度计划,制作进度计划对比横道图,制作任一时段内工程量对比直方图及其累计曲线,比较任一作业的实际开工和完工时间与目标、基线进度计划的差异等,从而达到对总目标进度计划实施有效控制的目的。

(6) 质量控制关键点:

①施工组织设计的审查;

②承包商现场管理体系的审核;

③工程材料、构配件、设备的审查;

④分包方审查;

⑤分项工程验收;

⑥隐蔽工程的验收;

⑦中间验收(分部工程、单位工程、交工验收)。

2. 有关报告格式及要求

(1) 进度报告图表

进度计划的报告可繁可简，多以图表形式。横道（甘特）图和时标网络图是常用的报告格式（示例如图 4－1、图 4－2 所示）。采用关键线路法（CPM）找出时差为零的工期，投入资源确保关键线路上的活动不出现延迟。

有关横道图以及时标网络图的绘制办法请查阅相关书籍。

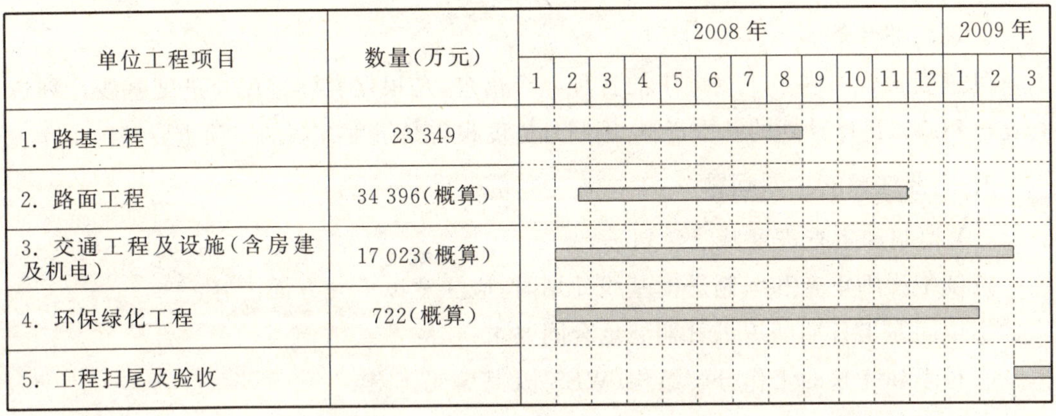

图 4－1　单位工程施工计划横道图

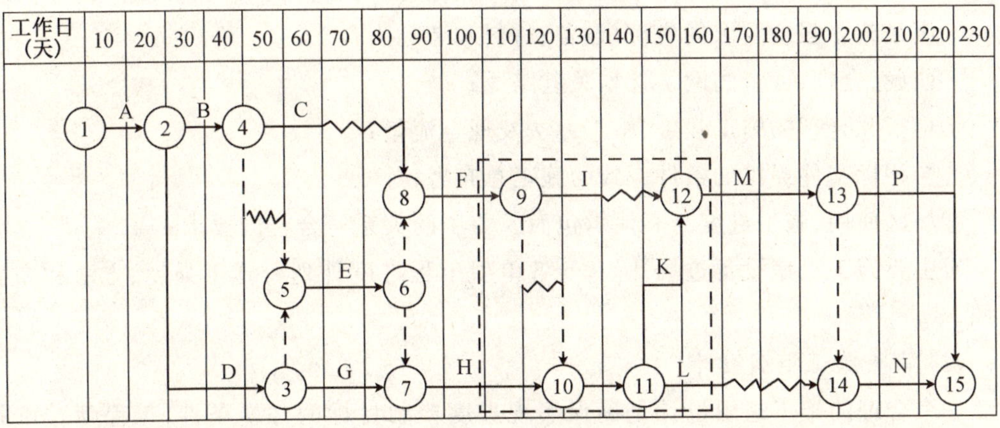

关键线路为：①→②→③→⑤→⑥→⑦→⑩→⑪→⑫→⑬→⑮和①→②→③→⑤→⑥→⑦→⑩→⑪→⑫→⑬→⑭→⑮。总工期为 220 天。

图 4－2　时标网络图

(2) 进度报告

工程师在收集各种信息资料的基础上，进行加工整理，按月编写进度报告，主要内容有：

①工程中的重大事件；

②设计单位图纸的发放情况及新增设计项目；

③工程师组织机构、人员及现场工作；

④成本及预算情况；

⑤工程进度计划的执行及调整；

⑥安全与环保；

⑦质量控制；

⑧进度图表；

⑨气象；

⑩现场照片等。

月进度报告反映了工程施工的各种综合信息，是根据实际进度与进度基线计划进行比较和调整进度计划的基本资料，编制月进度报告是进度控制的一项重要基础工作。

3. 需要注意的主要问题

(1) 编制和审查进度基线计划

进度工程师审查和编制进度基线计划时，应注意以下几方面内容：

①中间完工日期和竣工日期满足合同要求；

②科学和完整的工作分解结构(WBS)及其编码工具；

③完整和齐全工程项目和内容；

④符合技术规范要求的施工工艺、工序及项目间的逻辑关系；

⑤满足施工强度要求的资源(设备、材料和劳动力)；

⑥明确、合理、可行的网络计划关键路线；

⑦可行和合理的施工强度、施工方法及现金流量；

⑧与招标文件提供的条件一致的施工总布置；

⑨场区使用、施工进度与其他承包商及业主的关系符合合同要求；

⑩主要施工机械设备进场计划，与各单项工程进度计划及施工强度、方法和布置对照。

(2) 审查施工组织设计

一个合理的施工组织设计是确保实现进度控制目标的必要条件，工程师在审查施工组织设计时，主要考虑以下因素：

①施工方案、方法与措施的优化；

②机构的设置和人员的配置应充足、简单和高效；

③资源配置和材料采购要满足合同工期要求；

④房建、辅企、加工等临建设施规划的可行性；

⑤安全、环保规划的合理性；

⑥料场、工作场地及土地的使用要规范；

⑦尽量避开或减少当地老乡的干扰；

(3) 设备、材料到场和资源配置审查

设备、材料的进场问题是进度控制的充要条件，进度工程师按照进度计划提醒承包商应该到场的设备和材料，在不同时段检查承包商的设备运行、材料和资源配置情况。对于不能满足进度计划要求的，及时向承包商提出整改意见，确保施工按照进度计划完成。

(4) 进度控制

进度控制应通过以下手段和措施来实现：

①控制进度计划的关键节点，详见表4-11。

表4-11 控制进度计划的关键节点

关键节点	描述
发布开工令	1. 进度工程师通过发布工程开工令，来控制承包商关键项目的开始时间 2. 发布开工令前进度工程师检查应具备的各项条件，主要包括：组织机构建立、设备人员进场、现场各项准备、施工措施提交等情况，保证承包商在资源准备充分的情况下顺利开工，为项目的顺利进展奠定基础
签发进度支付凭证	根据合同，工程师按照工程进度及时签发月支付凭证，通过月支付凭证，实现对承包商完成工程量的控制，避免承包商提前完成非关键线路的工程
对已完工程进行验收、移交	1. 合同条款可以规定各分部工程的中间完工日，在中间完工日到达之前，进度工程师会检查承包商的进度，在剩余的一段时间内，进度工程师将剩余工程量按中间完工日倒排工期，督促承包商在规定的时间内完成各项工作 2. 工程师对承包商完成合同规定的项目后，各分部工程逐项进行验收，验收合格后，移交给业主确认的接收单位

②及时召开各种进度会议。在施工过程中，通过各种进度会议，加强业主、工程师和承包商之间的信息沟通，是保证进度控制的主要手段。会议的频率、参加会议的人员及管理层级视项目的复杂程度而定，详见表4-12。

表4-12 施工过程进度会议

进度会议	描述
日碰头会	由工程师现场代表和承包商现场代表每天定时、定点在施工现场召开，主要内容有当日的施工内容、施工进度和对现场一些问题的协商解决
周进度会议	由工程师代表主持召开周进度会议，承包商负责人汇报上周进度情况及其与计划进度对比情况，安排下周进度计划，会后发备忘录给承包商
双周(或月)进度会	由业主方主持召开双周(月)进度会，重点解决工程的总进度协调和各标段间的施工干扰。施工中出现重大进度问题时，由总监理工程师组织召开专题会议研究解决

③积极处理变更。合同变更在所难免，也是影响施工进度的重要因素，在保证承包商和业主各自的合法权益的基础上，及时处理好合同变更是保证目标进度计划的重要条件。

4. 进度管理案例分析

案例 1：进度基线计划的修订

某世行贷款水利工程四个标段在进度基线计划的实施过程中，均有多次修订，鉴于各标段所承担的工程量、工程性质不同，计划修订的时段在 3～6 个月不等，其中一标修订计划 10 次，二标修订 25 次，三标修订 12 次。进度计划网络的修订使其更符合现场施工条件，便于进度工程师以合同目标进度为基准，查找影响后续作业的工作，及时采取果断措施，确保总目标进度计划的按期实现。

案例 2：利用软件优化网络进度

上述工程中，进度工程师利用计算机软件优化进度网络，确保关键线路工作按期完成。如三标合同中的第一个中间完工是 1998 年 2 月 5 日，承包商完成厂房 5 号、6 号机组混凝土浇筑任务，并将此区域移交给四标承包商。在该工程施工期间，由于承包商自身及设计变更等原因，厂房开挖进度一直滞后。如果按原施工方案从尾闸室进行厂房下部机坑开挖，则第一个中间完工日期不能保证。工程师通过 P3 软件建立的网络图进行分析，改变了厂房开挖的关键线路，在尾水管洞开挖之前进行厂房机坑开挖，采取厂房斜坡道方案开挖 5 号、6 号机坑，工程师果断发出厂房施工变更令，从而保证了第一个中间完工日期的实现。

案例 3：资源配置审查

上述工程中，主坝填筑设备到位充足、资源充分，各个中间完工日期和总工期均按期或提前完工。二标设备配置不足，如进水口高程 171 平台的固结与帷幕灌浆，承担任务的是其分包商，由于设备到位不足，进水口工期一度滞后。工程师在检查发现后，积极督促承包商增加施工设备，加快灌浆进度，挽回延误的工期。

4.4.5 成本管理

本节的成本管理仅讨论工程计量与计价及付款证书。

1. 工程计量

(1) 汇总工程计量的条款：合同签订后，工程师根据合同条款规定的程序、内容按表 4-13 格式整理与工程计量有关的所有条款，在工程实施的工程中对承包商所完成的并符合技术规范(作为合同文件一部分)质量标准的工程量进行单独计量或与承包商一起进行联合计量。这也是工程师向业主证明承包商根据工程量清单(BOQ)注明之费率应得到的金额基本依据。

表 4-13 合同文件中有关工程计量条款汇总表

合同文件	条款编号	内容说明
通用条款		
合同特殊条款		
技术规范		
合同协议书备忘录附件		

合同文件条款对计量从业人员和操作程序都有严格规定。工程量的计量是以工程师为主的生产活动，工程师必须熟悉合同关于计量的条款，工程师具有工程量计量的决定权。

(2) 中间计量：所谓中间计量就是每月工程师将承包商所完成的工作给予承认并计量。应做联合测量的计量项目在每月下旬某日双方在现场做联合测量，承包商向工程师提交的联合测量记录、图纸及与之对应的工程量，经工程师审核、直至无误，工程量方可作为中间计量结果。

(3) 最终计量：所谓最终计量就是整个工程竣工后、在颁发整个工程移交证书之前，双方共同为估价承包商根据合同所完成的所有工作的最终价值而进行的计量。它既是对以前中间计量的复核又是对工程量的最终确认。

2. 支付管理

根据合同条款按表 4-13 整理与支付有关的所有条款，便于将来支付时使用。

合同文件中大量的条款是关于支付内容的，之所以将这些条款规定的严密和详细，就是因为工程的双方（业主和承包商）实际上就是买卖合同双方的关系。在工程开工以前双方所签订的合同，双方都尽可能地将自己在支付方面的风险降至最低。业主公开招标的目的在于：(1) 以较低的价格选择最好的承包商；(2) 建成满足质量要求的工程。而承包商是以获取最大利润为目标，合同双方不可能在合同执行期间因为支付而不发生争议的，介于业主和承包商之间的工程师的任务之一就是如何公正、有效地进行涉及方方面面的支付管理。

(1) 支付管理的范围：FIDIC 合同条件所规定的支付包括两部分：BOQ 费用和 BOQ 以外费用。

(2) BOQ 费用：指在合同中工程量清单明确规定的项目、费率的费用，内容主要包括：土建工作费用、暂定金额、计日工和不可预见费用。

(3) BOQ 以外费用：指那些未包括在工程量清单中所有与本工程实施有关的费用，内容主要包括：价格调整、预付款、保留金、索赔和关税等。

3. 付款证书

(1) 中期付款证书：按月向承包商支付已经完成工程量的支付证书，即根据工程师代表和承包商双方同意已经测量的工程量签发支付证书。业主必须在工程师收到承包商的付款请求后的56天内支付承包商。如果支付被延迟，则承包商有权对未支付部分按合同约定的利率计算方式收取利息，若延迟时间超过合同规定的期限，承包商有权提出暂时停工。

(2) 最终付款证书：在出具终验证书后，工程师必须在合同规定的期限内向承包商出具最终支付证书。

4. 有关报告格式及要求

按照FIDIC合同条件的规定，业主对承包商任何款项的支付，都必须由工程师出具证明，工程师出具证明的主要方式：

(1) 在工程施工期间，以表格形式逐月开出月支付证书（也称之为中间付款证书）。

(2) 在颁发整个工程的移交证书之后，以表格形式开出的竣工付款证书。

(3) 在颁发整个工程的缺陷责任证书之后，以表格形式开出的最终付款证书。

综合国内GB/T50319—2013《建设工程监理规范》和世行项目的特点，建议采用以下工程付款支付证书的格式。

工程款支付证书参考格式

第[ ]期计量支付

合同编号：[合同编号] **监理机构：[监理公司名称]**

合同名称：[合同名称] **报告日期：[日期]**

致：[业主名称]（建设单位） 根据施工合同约定，经审核编号为[合同编号]工程款支付报审表，扣除有关款项后，同意支付工程款共计（大写）[本期应付款总金额大写]（小写：[本期应付款总金额小写]）。 其中： 1. 施工单位申报款为：[承包商申请总金额] 2. 经审核施工单位应得款为：[本期总金额小写] 3. 本期应扣款为：[本期扣款总金额] 4. 本期应付款为：[本期应付款总金额小写] 附件：工程款支付报审表及附件 项目监理机构（盖章） 总监理工程师（签字、加盖执业印章） 年 月 日

注：本表一式三份，项目监理机构、建设单位、施工单位各一份。

工程款支付证书参考格式

第[ ]期计量支付

合同编号:[合同编号] **监理机构:[监理公司名称]**

合同名称:[合同名称] **报告日期:[日期]**

<table>
<tr><td rowspan="2">编号</td><td rowspan="2" colspan="2">工程量单项描述</td><td>合同金额</td><td>截至本期累计完成投资</td><td>上期累计完成投资</td><td>本期完成投资</td></tr>
<tr><td>A</td><td>B</td><td>C</td><td>D=B−C</td></tr>
<tr><td></td><td colspan="2"></td><td></td><td></td><td></td><td></td></tr>
<tr><td></td><td colspan="2"></td><td></td><td></td><td></td><td></td></tr>
<tr><td></td><td colspan="2"></td><td></td><td></td><td></td><td></td></tr>
<tr><td></td><td colspan="2"></td><td></td><td></td><td></td><td></td></tr>
<tr><td></td><td colspan="2"></td><td></td><td></td><td></td><td></td></tr>
<tr><td colspan="3">合计</td><td></td><td></td><td></td><td></td></tr>
<tr><td colspan="2" rowspan="4">扣除金额</td><td>工程预付款</td><td></td><td></td><td></td><td></td></tr>
<tr><td>保留金</td><td></td><td></td><td></td><td></td></tr>
<tr><td>违约赔偿</td><td></td><td></td><td></td><td></td></tr>
<tr><td>其他</td><td></td><td></td><td></td><td></td></tr>
<tr><td colspan="3">扣除金额合计</td><td></td><td></td><td></td><td></td></tr>
<tr><td colspan="7">应支付总金额:[本期应付款总金额大写]</td></tr>
<tr><td colspan="4">监理公司名称(盖章):

监理工程师(签字):

年 月 日</td><td colspan="3">承包商名称(盖章):

项目经理(签字):

年 月 日</td></tr>
<tr><td colspan="7">业主审查意见:

业主单位(盖章):
业主负责人(签字):
年 月 日</td></tr>
</table>

注:本表一式三份,项目监理机构、建设单位、施工单位各一份。

5. 需要注意的主要问题

支付管理的依据:在合同中针对具体项目,支付管理均有规定,支付管理照条款执行便可。

合同中没有规定或不十分明确的项目容易引起双方争议。对这类支付问题处理合适与否,不仅影响到合同双方的经济利益和工程师的威信,也可能影响工程的顺利进展。

工程师在处理支付依据时应做大量细致的工作,非常慎重地把握合同原则,根据实际情况灵活运用已有的 BOQ 规定的费率,以理服人。双方都围绕合同条件思考和处理问题,对支付条件的运用才不会出现重大分歧。

6. 成本管理案例分析

案例 1:支付管理依据

承包商的进出场费用如何支付,某水电项目在合同中规定"总支付按工程进度分 2 期支付如下:①进驻工地完成施工准备,并完成 30 万 m^3 开挖量后,即支付进场和出场总支付额的 60%;②撤离工地后则支付进场和出场总支付额的 40%"。

案例 2:支付管理的依据

某水电项目,在浇筑坝顶防浪墙基础时,要将已填筑并通过检验的大坝利用设备开挖、人工整修出基础形状,合同对此项目没有明确规定如何支付。承包商要求开挖费用参照 BOQ 表中"试坑和仪器槽的开挖"支付。工程师考虑到此项工作的难度和技术要求都比试坑和仪器槽的开挖简单和容易,决定用 BOQ 表中"坝和 15 号公路基础的开挖"支付,前者费率比后者费率高 18.61 元/m^3,在向承包商阐明道理后,承包商接受了工程师的支付意见。

案例 3:支付管理的依据

某水电项目,在招标图纸上大坝下游坡面上的人行步梯是以现浇混凝土修建的,在实际施工中发生了设计变更,将现浇混凝土改为预制混凝土。由于预制工作持续了半年多,每月承包商都按 BOQ 相应费率申请费用,并曾经打算按变更以新费率计算额外费用,向业主索赔。经过论证和现场调查,工程师认为预制混凝土在施工工艺和费用上比现浇混凝土简单、节省费用,以 BOQ 费率支付该工作是合适的。但 BOQ 费率是包括所有费用在内的单价,在预制件尚未安装到位的情况下,还不能按 100% 的费率支付仅预制的工作量,只有待全部预制件安装完毕,步梯形成并经工程师检查满足技术规范要求后,才能支付 100%的费用,所以工程师在每月出具的支付证书上对于那些只是完成了预制而未安装的预制件仅支付 50%的费用,剩下的 50%费用待安装完毕并通过工程师的检查后再支付,双方沟通后,承包商对此支付方式和程序感到合理,整个支付过程无任何争议。

4.5 财务管理与支付

4.5.1 世界银行贷款项目财务管理的基本要求

世界银行在项目的前期准备阶段，会对项目执行单位的财务能力进行评估，要求每个项目执行单位配备专门的财务管理人员。在项目正式启动之前，项目执行单位要建立完整的会计和内部控制系统，以便于记录和报告项目的所有资产、负债和所发生的经济活动。项目执行单位在项目前期准备阶段，需要编制世行贷款项目的《财务管理办法》，明确项目实施期财务管理的机构和人员设置、财务管理制度要求等内容。《财务管理办法》要经过世行财务官员的审查。财务管理办法包括货币资金的管理办法、资金使用审批和支付流程、固定资产管理办法、提款报账的管理办法、会计档案管理办法、车辆使用管理办法、项目管理费使用和管理办法、资金结算管理办法等。

在项目实施管理阶段，每个项目执行单位要按照财政部国际司发布的《世界银行贷款项目会计核算办法》有关规定要求，建立独立的会计核算体系，设置会计科目，编制会计记账凭证，登记账簿，查询账册。世行贷款项目必须单独建账、单独核算，同一个项目，无论是资金来源的性质如何，都必须在同一个账户内核算和管理，包括世行贷款资金和各种来源的国内配套资金。

世界银行要求项目执行单位在每个项目执行年度结束的 6 个月内，向世界银行提交经过世行认可的审计报告。另外，项目执行单位每半年需要向世行提交一次未经审计的财务报表。

4.5.2 会计核算体系的建立

1. 会计核算的基本准则

世行贷款项目的会计核算是以世行贷款项目为会计主体，以项目资金运动为会计核算对象，反映和监督世行贷款项目资金来源和运用以及所形成的资产情况。

按照我国现行的会计法的规定，世行贷款项目按照权责发生制进行会计核算，采用"借贷记账法"进行记账。会计核算编制的基准是财政部颁布的《世界银行贷款项目会计核算办法》(财际字〔2000〕13 号)。

2. 会计核算内容

世行贷款项目的会计核算内容主要是项目的资金来源和资金运用。

（1）项目资金来源

世行贷款项目资金来源并非全部是世行贷款资金，世行贷款资金通常为项目计划总投资的50%左右，其余资金需要国内筹集，即安排国内配套资金。

国内配套资金的筹措来源通常有四个渠道：中央财政预算资金、地方财政预算资金、项目单位自筹或其他银行提供的信贷等。使用财政预算资金的，无论是中央财政预算资金还是地方财政预算资金，还必须同时按照财政系统的预算资金管理办法进行管理。

国内配套资金的安排在项目前期准备阶段就要开始进行筹措，伴随项目可行性研究及其报告的出台，必须对项目所需的配套资金进行安排。对于配套资金筹措计划需要以书面协议形式作出承诺。在项目实施开始之后，国内配套资金必须在年度项目投资计划中做出合理安排，并按时足额到位，做到专款专用。

（2）项目资金运用

世行贷款项目资金运用是指项目资金具体用到哪个方面，主要包括形成项目资产部分的建筑安装工程支出、设备投资、待摊投资、其他投资、固定资产等以及不能形成项目资产部分的待核销项目支出等。

3. 会计科目的设置

项目执行单位应该按照《世界银行贷款项目会计核算办法》的有关规定，设置和使用会计科目，一级科日原则上不能变动，如有特殊需要，在不影响会计核算要求和会计报表指标汇总以及对外提供统一的会计报表的前提下，可以根据实际情况进行自行增设、减少或合并某些会计科目，并报财政部们备案。对于明细科目的设置，项目执行单位可以结合《世界银行贷款项目会计核算办法》的有关原则，在不违反有关财务制度和会计核算要求的前提下，根据需要自行规定。

世行贷款项目是以项目评估报告文件(PAD)中列明的项目建设内容作为成本核算对象，项目建设过程中发生的一切合理费用的支出，都应列入项目建设成本。所有项目成本都需要通过四大投资支出科目进行核算，即101—建安工程投资、102—设备投资、103—待摊投资和104—其他投资。按照会计制度的要求，这四个会计科目需要根据世行项目评估报告文件(PAD)中列明的项目内容设置二级科目，根据支付类别设置三级科目，还可根据核算的需要设置四级或者五级科目。

会计科目设置案例:世界银行贷款淮河流域重点平原洼地治理项目的会计科目设置

资金占用类科目			
一级科目编码	一级科目名称	二级科目编码	二级科目名称
101	建安工程投资	10101	防洪除涝
		10102	减灾支持系统
		10103	机构加强
		10104	移民行动计划
		10105	环境管理
		10106	项目管理
102	设备投资	10201	防洪除涝
		10202	减灾支持系统
		10203	机构加强
		10204	移民行动计划
		10205	环境管理
		10206	项目管理
103	待摊投资	10301	项目单位管理费
		10302	土地征用及迁移补偿费
		10303	勘测设计费
		10304	可行性研究费
		10305	临时设施费
		10306	延期付款利息
		10307	坏账损失
		10308	国内借款利息
		10309	合同公证费及工程质量监测费
		10310	世行贷款利息及先征费
		10311	汇兑损益
		10312	监理费
		10313	项目招投标费
		10314	审计费
104	其他投资	10401	防洪除涝
		10402	减灾支持系统
		10403	机构加强
		10404	移民行动计划

资金占用类科目			
一级科目编码	一级科目名称	二级科目编码	二级科目名称
		10405	环境管理
		10406	项目管理
105	待核销项目支出	10501	防洪除涝
		10502	减灾支持系统
		10503	机构加强
		10504	移民行动计划
		10505	环境管理
		10506	项目管理
106	转出投资	10601	防洪除涝
		10602	减灾支持系统
		10603	机构加强
		10604	移民行动计划
		10605	环境管理
		10606	项目管理
111	交付使用资产	11101	固定资产
		11102	流动资产
201	固定资产		
202	累计折旧		
203	固定资产清理		
232	银行存款		
233	现金		
241	预付备料款		
242	预付工程款		
252	其他应收款	25201	应收世行贷款利息
		25202	应收咨询和培训考察费
		25203	其他应收往来款
262	拨出国外借款	26201	工程
		26202	货物
		26203	咨询服务
		26204	培训考察

资金占用类科目			
一级科目编码	一级科目名称	二级科目编码	二级科目名称
		26205	先征费
263	拨出配套资金	26301	中央补助
		26302	省级配套
		26303	地市级配套
		26304	县级配套
271	待处理财产损失	27101	待处理固定资产损失
		27102	待处理设备损失
资金来源类科目			
一级科目编码	一级科目名称	二级科目编码	二级科目名称
301	项目拨款	30101	中央补助
		30102	省级配套
		30103	地市级配套
		30104	县级配套
304	国外借款	30401	工程
		30402	货物
		30403	咨询服务
		30404	培训考察
		30405	先征费
321	上级拨入资金		
331	应付器材款		
332	应付工程款		
352	其他应付款	35201	应付世行贷款利息
		35202	应付咨询和培训考察费
		35203	应付质保金
		35204	其他应付往来款
364	其他应交款		
401	留成收入		

近年来，因部分世行贷款项目执行单位（项目办）没有注册法人单位，无法在银行设立相应的银行账户，只能使用项目办所属单位的银行账户。因财政配套资金的拨付和使用而引起的会计科目增加的情况比较多。比如“零余额账户用款额度”“财政应返还额度”，按照增加一级科目的做法，需要报财政部备案。一般情况下，也可以将这两个科目，作为二级科目进行处理，比如“银行存款——零余额账户用款额度”“其他应收款——财政应返还额度”。

4.5.3 银行账户的设立

1. 专用账户的设立

在世行项目《贷款协定》签字后，中方应根据世界银行对专用账户的核定额，经外汇管理局批准，开设世界银行贷款外汇专用账户，专用账户一般以美元开设，由财政部或项目省（区、市）财政厅（局）的有关部门（贷款办）进行管理。专用账户主要有两个用途：一是用于接收世界银行支付的预付周转金和中方申请的回补资金，二是用于支付项目执行单位申请的世行贷款资金。专用账户的其他活动还包括未支付余额的利息收入和银行手续费。

专用账户的管理部门（贷款办）在年末需要编制专用账户报表，以反映本年度专用账户的收支及调节情况。一个专用账户只能用于一个项目的支付，专款专用。

2. 项目执行单位银行账户的设立

项目执行单位根据《人民币银行结算账户管理办法》的规定，可以自主选择银行设立基本存款账户、一般存款账户、临时存款账户等。一个项目只可以开立一个基本存款账户，用于世行贷款项目管理的日常结算、现金支取。一般存款账户和临时存款账户均是为了方便业务办理而开立，一般存款账户只能办理转账结算和存入现金，但不能支取现金。一般存款账户和基本存款账户不可以在同一个银行营业机构开立。

世行贷款项目中，有些项目执行单位为了便于贷款资金的管理和统计，需要设立一个贷款资金结算账户，专门用于办理世行贷款资金的结算业务，通常是人民币账户。贷款资金结算账户实际是银行账户中的“一般存款账户”，通常不会将“基本存款账户”设立为贷款资金结算账户。项目执行单位向世行提款报账合格后，由管理专用账户的财政管理部门（贷款办），将贷款资金结汇后划转至项目执行单位“贷款资金结算账户”，项目执行单位（项目办）进行相应的结算业务，也可要求财政管理部门（贷款办）直接支付至供应商单位，不经过该账户。

根据《人民币银行结算账户管理办法》的规定，开立单位银行结算账户的前提必须是法人单位。项目执行单位（项目办）在成立时注册了法人单位就可以申请设立银行账户。但是，很多世行贷款项目中的项目执行单位并没有注册法人单位，导致无法开设银行账户。在这种情况下，只能使用项目管理单位（项目办）所属单位的银行账户进行相应的结算业务。

问题解析：只要是法人单位就可以在银行设立多个银行账户。不能开设的原因是没有注册法人单位。“贷款资金结算账户”实际就是银行账户中的一般存款账户。

3. 零余额账户的设立

资金来源中的财政配套资金部分，需根据财政部门批复的预算单位，按照相应的规定在商业银行设立零余额账户。设立零余额账户的步骤包括：

(1) 项目执行单位根据世行贷款项目管理工作需要成立的有关文件，向省财政厅申请预算单位。

(2) 根据批复的预算单位，填写《银行账户审批表》报省财政厅（如果是基层预算单位，应填写《银行账户审批表》报主管部门，主管部门填写《财政授权支付银行开户情况汇总申请表》，连同基层预算单位的《银行账户审批表》一并报省财政厅）。

(3)《银行账户审批表》经省财政厅审批后报省人民银行，省人民银行按规定核发《开户许可证》。

(4) 预算单位持《开户许可证》，在省财政厅确定的代理银行所属分支机构内，自主选择预算单位零余额账户的开户银行，办理零余额账户开户和印鉴预留手续。

如果设立零余额账户，对应设置的会计科目是“零余额账户用款额度”。但是在《世界银行贷款项目会计核算办法》中的会计科目的一级科目并没有“零余额账户用款额度”，按照办法的规定，如需增设一级科目，需要报财政部备案，手续相对会繁琐些。一般情况下，也可以在“银行存款”科目下设置一个二级科目，如“银行存款——零余额账户用款额度”。

4. 赠款账户

在部分世行贷款项目中，世行除提供贷款资金外，还会提供一定数额的赠款资金。如果存在赠款资金的项目，还需开立一个赠款账户。赠款账户一般是美元账户。美元的结算业务可以直接在该账户中进行结算。人民币结算的业务需要将美元结汇到人民币账户之后，再进行相应的结算。年末该账户需要进行汇兑损益。

【例 4.1】 2月份收到赠款 200 000 美元，存入项目单位银行账户。当日的即期汇率 1 美元＝6.63 人民币。

会计分录如下：

借：银行存款——美元　　　　(200 000×6.63)1 326 000.00

　贷：国外赠款——美元　　　(200 000×6.63)1 326 000.00

4 月份结汇 100 000 美元到人民币账户，结汇汇率 1 美元＝6.67 人民币。

会计分录如下：

借：银行存款——人民币　　　　667 000.00

　贷：银行存款——美元　　　　(100 000×6.67)667 000.00

注：结汇当天可以不做汇兑损益。

12 月 31 日当日即期汇率 1 美元＝6.68 人民币，对美元户进行汇兑损益。

会计分录如下：

借：银行存款——美元　　　　9 000.00

　贷：待摊投资——汇兑损益　　　　9 000.00

计算过程：

100 000×6.68－(1 326 000－667 000)＝9 000

4.5.4 世界银行贷款项目的账务处理

1. 项目成本核算

世行贷款项目是以项目评估报告文件(PAD)中列明的项目内容作为成本核算对象，世行贷款项目的投资概算是核算的重要依据，世行贷款项目建设过程中发生的一切合理费用的支出，都应列入项目建设成本。所有项目成本都需要通过四大投资支出科目进行核算，即 101—建安工程投资、102—设备投资、103—待摊投资和 104—其他投资。

(1) 101—建安工程投资

建安工程是世行贷款项目投资中的主体工程。建筑安装工程投资包括建筑工程和安装工程的实际成本，但不包括设备本身的价值。设备本身的价值在“设备投资”中核算。

①核算内容

建筑工程包括：各种房屋(如厂房、仓库、办公室、住宅、商店、车库等)和建筑物(如烟囱、水塔、水池等)；设备的基础、支柱、工作台、梯子等；为施工而进行的建筑场地布置；钻井开凿工程，露天矿剥离工程，石油、天然气钻井工程等；水利工程；防空、地下建筑等特殊工程。

安装工程包括：各种需要安装设备的装配、装置工程、为测定安装工程质量的无负荷试运工程等，但不包括投料试运。投料试运在“待摊投资”中核算。

②核算的步骤

根据建造合同规定，需要预付备料款或者预付工程款的项目，会计分录如下：

借：预付工程款

　贷：银行存款

根据建造合同规定，完成合同工程量，需要支付工程款。按照监理审核同意，并经合同双方复核过的《中期支付证书》或者《工程价款结算账单》，确定工程投资，并进行账务处理。预付工程款的扣回必须按照合同要求的步骤和条件进行。会计分录如下：

借：建筑安装工程投资

　贷：应付工程款

　　　预付工程款

　　　银行存款

完成支付审批程序，或完成世行贷款资金的提款报账后，支付供应商工程款。会计分录如下：

借：应付工程款

　贷：银行存款（或项目拨款、国外借款）

如果工程款从项目执行单位的银行账户支付，贷记“银行存款”科目。有时工程款会直接从财政部门的相关账户支付给供应商，这种情况下可根据相应的支付凭证，贷记“项目拨款”或“国外借款”科目。

③明细科目设置

根据世行贷款项目评估报告文件（PAD）中列明的项目内容设置二级科目，根据支付类别设置三级科目，还可根据核算的需要设置四级或者五级科目。

（2）102—设备投资

①核算内容

设备投资核算内容为项目执行单位发生的构成项目建设投资支出的各种设备的实际成本，包括交付安装的需要安装的设备、不需要安装的设备和为生产准备的未达到固定资产标准的工具、器具等的实际成本以及将设备运输到指定地点的运输费用和保管费等。

无论是需要安装的设备还是不需要安装的设备，在到达建设仓库（或指定地点）时，均需要经专门人员进行检验，检验合格并办理相关入库手续后方可入库。

②具体核算步骤

在实际工作中，设备通常直接运往使用地点进行安装或者不需要安装。为了简化核算程序，根据设备发票、采购合同和验收合格等相关手续（无论是否入库，必须进行严格验收，并经验收人签字确认），会计分录如下：

借：设备投资

　贷：应付器材款

根据合同条款，支付设备款时，会计分录如下：

借：应付器材款

　贷：银行存款

③明细科目设置

根据世行贷款项目评估报告文件（PAD）中列明的项目内容设置二级科目，根据支付类别设置三级科目，还可根据核算的需要设置四级或者五级科目。

④设备管理事项

“设备投资”一般在设备安装完毕并交付使用单位时，借记“交付使用资产”，贷记“设备投资”。但在实际工作中，往往有些设备在项目结束前已经开始使用，比如环保项目采购的环保设施。项目执行单位为了管理方便，一般不会把“设备投资”结转至“交付使用资产”，仍然在“设备投资”中进行归集，在世行贷款项目整体完工后统一结转。

“设备投资”中的设备无论是单独作为设备使用，还是作为安装设备成为基建工程的组成部分，无论是列账在“设备投资”还是“交付使用资产”中，在日常管理工作中，对于这些设备均应做好台账管理，注明设备的存放（使用）状态、购买（建成）时间、管理人等等，同时做好盘点管理。

（3）103—待摊投资

待摊投资核算的是不能直接计入单项工程价值的各项投资支出，这部分支出先在待摊费用中归集，在整个项目竣工结束后，分配至交付使用的各项资产价值中。该部分内容的核算项目较多，比较繁琐。

①核算内容

项目单位管理费用，指的是单独设置管理机构的项目单位进行管理工作所发生的管理费用，包括管理工作人员的工资、工具器具的使用费、固定资产折旧费、零星的固定资产购置费、低值易耗品的摊销费用、修理费、咨询费、印花税、招投标业务费、车辆牌照使用税、保险费、会议费、劳动保护费、教育经费、劳动保险基金、技术图书资料费、差旅费、办公经费和其他管理费；土地征用及拆迁补偿费；勘测设计费；研究实验费；项目可行性研究费；临时设施费；设备检验费；延期付款利息；负荷联合试车费（无负荷试运计入“建安工程投资”）；包干节余；坏账损失；国内借款利息；合同公证费及工程质量监测费；企业债券利息；土地使用税；汇兑损益；国外贷款利息及承诺费；施工机构转移费；报废工程损失；耕地占用税；土地复耕及补偿费；投资方向调节税；固定资产损失；器材处理亏损；设备盘亏及毁损；调整器材调拨价格折价；企业债券发行费用；其他待摊投资。

待摊投资核算内容繁多，具体核算内容可以参见财政部颁布的《世界银行贷款项目会计核算办法》。在此对几个特殊情况进行说明：

a. 项目执行单位自用的零星的固定资产购置费，借记“待摊投资”科目。在“待摊投资”中设置明细科目，进行固定资产的核算。虽然记入待摊投资，也同样需要进行固定资产的台账管理。

b. 按贷款（借款）协议支付的贷款（借款）利息，借记“待摊投资”科目，但是需要在明细科目中，分别核算国内借款利息和国外贷款利息及承诺费。项目执行单位未按借款合同规定使用借款而承担的加付利息，不能在项目中核算，需要项目执行单位自有资金支付。

c. 按照银行的收费标准支付的银行手续费，借记“待摊投资”科目。

d. 在交工验收以前进行的负荷联合试车费用（全部试车费用减去试车产品销售收入和其他收入后的差额），如果试车收入大于费用，贷记“留成收入”科目；如果试车费用大于收入，借记“待摊投资”科目。无负荷试车所发生的费用，借记“建安工程投资”科目。

e. 项目执行单位使用国外借款，对外币进行期末汇兑损益的核算。汇兑收益，贷记“待摊投资”科目；汇兑损失，借记“待摊投资”科目。

f. 固定资产损失、器材的处理、设备的报废和毁损在“待摊投资”中核算。发生报废或毁损时，如果是国有资产，必须同时按国有资产报废流程，向相应的上级主管部门进行申请，经批准后方可进行账务处理。

g. 有关资金账户的利息收入的核算。《世界银行贷款项目会计核算办法》中并没有特别指出利息收入的核算方式。实际工作中，收到利息收入时，各项目执行单位账务处理也不统一，有的单位贷记“待摊投资—利息费用”，有的单位贷记“待摊投资—利息收入”，有的单位贷记“留成收入”。一般情况下，贷记“待摊投资—利息收入”更为合理。

②明细科目设置

根据世行项目评估报告文件（PAD）中列明的项目内容设置二级科目，根据支付类别设置三级科目，还可根据核算的需要设置四级或者五级科目。

(4) 104—其他投资

①核算内容

其他投资是除建筑安装工程投资、设备投资以外的由项目执行单位发生的构成基本建设实际支出的其他投资成本，包括为建设单位使用的房屋的购置、项目可行性研究用的固定资产的购置、不能分摊进入有关资产成本的咨询服务和培训考察、土壤改造、公共卫生及取得无形资产和递延资产发生的支出。

发生其他投资支出时，会计分录如下：

借：其他投资

　贷：应付工程款（银行存款或现金等）

②明细科目设置

根据世行项目评估报告文件(PAD)中列明的项目内容设置二级科目,根据支付类别设置三级科目,还可根据核算的需要设置四级或者五级科目。

2. 国内配套资金的核算

世行贷款项目的国内无偿配套资金一般通过301—项目拨款科目进行核算,项目执行单位可根据国内配套资金来源设置明细科目。国内配套资金一般包括中央财政资金、省财政资金、地方政府配套资金、自筹资金等来源。

(1) 财政直接支付的财政配套资金的账务处理

以下例题中的"零余额账户用款额度"均作为一级科目进行核算。

财政直接支付是指财政国库将项目资金不通过项目执行单位银行账户,而是直接支付至施工企业或物资供应单位。

【例 4.2】 财政直接向施工企业支付工程款50万元,月末,财政国库支付执行机构委托代理银行转来的《财政直接支付入账通知书》,根据《财政直接支付入账通知书》和发票、合同、中期支付证书等,进行账务处理。

借:建筑安装工程投资—某子项—某工程名称　　500 000.00

　贷:项目拨款—省级配套资金　　500 000.00

(2) 财政授权支付的财政配套资金的账务处理

财政授权支付是指对未纳入直接支付的零星购买支出,由项目执行单位在《财政授权支付额度到账通知书》所确定的支用额度内,开具《财政授权支付凭证》送交代理银行,通过项目执行单位零余额账户进行支付。

【例 4.3】 项目执行单位在年初收到代理银行盖章的《财政授权支付额度到账通知书》,通知书注明本年度授权额度100万。

借:零余额账户用款额度　　1 000 000.00

　贷:项目拨款—省级配套资金　　1 000 000.00

年度终了时,财政授权支付方式下,项目执行单位根据代理银行提供的审核无误的银行对账单,注销零余额账户用款额度。并填报《预算单位年度预算结余资金申报核定表》,报送财政国库管理机构和财政预算管理单位。财政直接支付方式下,项目执行单位根据本年度财政直接支付预算指标数和财政直接支付实际支出数的差额,填报《预算单位年度预算结余资金申报核定表》,报送财政国库管理机构和财政预算管理单位。

【例 4.4】 年末代理银行提供的对账单显示,财政授权支付年终结余资金20万元,财政直接支付年终结余资金10万元,财政批准可结转至下年。

借:其他应收款—财政应返还额度—财政授权支付　　200 000.00

　其他应收款—财政应返还额度—财政直接支付　　100 000.00

贷:零余额账户用款额度　　200 000.00

项目拨款——省级配套资金　　100 000.00

【例 4.5】 下年初,项目执行单位收到"财政直接支付额度恢复到账通知"和代理银行转来的"财政授权支付额度恢复到账通知"。

借:零余额账户用款额度　　200 000.00

贷:其他应收款—财政应返还额度—财政授权支付　200 000.00

财政直接支付额度恢复通知不需要作账务处理。

(3) 项目执行单位自筹资金的账务处理

资金来源的方式在世行贷款项目《贷款协定》《项目协定》和项目评估报告文件(PAD)等立项文件中均已规定清晰,因此,在项目建设期间,对无偿拨付的自筹资金不仅要在年度投资计划中做出安排,还必须在实际项目建设中落实到位。自筹资金支付的方式有两种:一是由资金筹集单位将资金按合同规定时间支付至项目执行单位银行账户,由项目执行单位按照合同规定的支付进度支付至项目施工单位。二是资金筹集单位按照合同规定的支付进度直接支付至项目施工单位。

资金筹集单位将款项支付至项目执行单位银行账户的账务处理如下:

借:银行存款

贷:项目拨款—企业自筹

【例 4.6】 项目执行单位收到监理已审核的中期支付证书,工程量合计 120 万元,其中 30%的工程款由自筹单位筹集,其余工程款由项目单位支付。施工企业已开具发票,并出具自筹单位付款依据。

借:建筑安装工程投资—某子项—某工程名称　　1 200 000.00

贷:应付工程款—某施工企业　　840 000.00

项目拨款—企业自筹　　360 000.00

3. 世行贷款资金的核算

世行贷款资金通过 304—国外借款科目进行核算,项目执行单位需要根据本项目《贷款协议》中规定的支付类别,设置二级科目。"国外借款"科目需要同时采用人民币和美元进行双币核算,核算的依据是财政部门的债务分割单或拨款通知单。本科目在年末需要进行汇兑损益,汇兑损益在"待摊投资——汇兑损益"中核算。汇兑损益一般采用每年 12 月 31 日中国人民银行发布的美元和人民币兑换中间价进行计算。

项目执行单位发生外币交易时,会计核算的基本程序为:

(1) 将外币金额按照交易日的即期汇率折算为人民币金额,按照折算后的人民币登记人民币账户的同时,按照外币金额登记相应的外币账户。

(2) 期末,将所有的外币货币性项目的外币余额,按照期末即期汇率折算为记账本位币金额,并与原记账本位币金额相比较,其差额记入"待摊投资——汇兑损益"。

【例 4.7】 1月3日项目执行单位收到世行贷款资金50万美元。贷款资金管理部门将外币结汇后，存入项目单位银行账户，当日的即期汇率是1∶6.31。9月5日，收到世行贷款资金100万美元，贷款资金管理部门将外币结汇后，存入项目单位银行账户，当日的即期汇率是1∶6.32。

1月3日账务处理：

借：银行存款　　　　　　　　　　　　3 155 000.00

　贷：国外借款—国际复兴开发银行—某子项—美元

　　　　　　　　　　　　　　　　　　(500 000×6.31)3 155 000.00

9月5日账务处理：

借：银行存款　　　　　　　　　　　　6 320 000.00

　贷：国外借款—国际复兴开发银行—某子项—美元

　　　　　　　　　　　　　　　　　　(1 000 000×6.32)6 320 000.00

【例 4.8】 12月31日的即期汇率1∶6∶33，年末，国外借款贷方余额150万美金。

年末，作汇兑损益账务处理：

借：待摊投资—汇兑损益　　　　　　　20 000.00

　贷：国外借款—国际复兴开发银行—某子项　20 000.00

计算过程：1 500 000×6.33－(500 000×6.31＋1 000 000×6.32)＝20 000

4. 固定资产

固定资产核算的是项目执行单位自用的固定资产。在实际工作中，很多单位并不使用“固定资产”这个科目，而是将零星的固定资产直接在“待摊投资”中核算，通过合同采购的固定资产在“设备投资”科目中核算。无论固定资产是在哪个科目核算，都必须进行固定资产台账的记录，同时制定固定资产管理办法，每年至少进行一次固定资产的盘点。

案例：世行贷款江苏省淮河流域重点平原洼地治理项目的有关固定资产的管理办法

(1) 建设局购建自用的单位价值在2 000元以上且使用期限在一年以上，并在使用过程中基本保持原有物质形态的物品按固定资产管理。不符合上述条件的作为低值易耗品管理。

(2) 综合处负责各项资产的购买、验收登记、检查、盘点和管理工作。财务处负责登记固定资产明细账及协助综合处对各项资产进行日常管理。

(3) 经各种渠道购入、调入、捐赠或自制的固定资产，由综合处开具验收交付使用单，验收人、领用人需签字，作为资产登记和财务报销依据。

(4) 凡可固定个人使用的固定资产，应落实个人保管使用，并办理个人借用手续。如有遗失或损坏的，借用人应按所负责任大小赔偿；凡属公共使用的，由综合处负责管理，定期检查核对。

（5）凡购买属政府采购范围的物品，必须按政府采购规定办理相关手续。

5. 交付使用资产

交付使用资产（科目编号：111）这一科目核算项目执行单位完成购置、建造，并已交付生产、使用单位的各项资产，包括固定资产、为生产准备的不够固定资产标准的工具、器具、家具等流动资产、无形资产和递延资产。本科目需要按照“固定资产”“流动资产”“无形资产”和“递延资产”来设置明细账。

工程竣工后，按照规定进行竣工决算，并办理相应的竣工验收和资产交接手续后，方可作为“交付使用资产”入账。项目在办理资产交接工作之前，必须根据“建安工程投资”“设备投资”“其他投资”“待摊投资”等科目进行明细记录。

将资产交付使用单位，根据相应的交接手续和双方签字认可的成本核算资料，进行账务处理：

借：交付使用资产——固定资产——某资产

　贷：建安工程投资

　　待摊投资

期末借方余额反映建设单位已经交付使用单位的各项资产的实际成本的总金额。

本科目在核算中，需要注意几个控制点：

（1）形成资产的成本的核算

房屋、建筑物、线路等固定资产的成本，包括建安工程成本和应分摊的待摊投资。运输设备和其他不需要安装的设备、工具、器具、家具等固定资产和流动资产，按账面价值计算，不需要分摊待摊投资。无形资产和递延资产的成本，按取得或发生的实际成本计算，不分摊待摊投资。

（2）交付使用资产办理交接时的相应手续

①编制资产移交清单，将需要交接的资产进行明细记录。

②资产移交的必备资料。包括相应的批复文件、施工合同、材料采购合同、工程结算造价审计报告、竣工图纸等技术资料和文件。

③现场清点。移交单位和接收单位根据移交清单对资产逐项现场清点，如有必要，移交单位和接受单位的主管部门需要派人参加监交。

④办理移交手续。双方确认无误，由有关当事人在移交清单上签字确认，并加盖公章。移交清单一式三份，移交单位和接受单位各执一份，另一份由接受单位的档案部门保存。

6. 往来款项的账务处理

（1）预付和应收款

预付备料款指项目执行单位按照合同规定，向施工单位预付的备料款以及拨付给施工单位抵作预付备料款的各种材料款项。按期进行工程结算时，按照合同规定，从应付工程款中扣回预付备料款。

预付工程款指项目执行单位按照合同的规定，向施工单位预付的工程进度款。按期进行工程结算时，按照合同规定的进度，从应付工程款中将预付工程款扣回。

预付备料款和预付工程款必须在合同中有明确规定，支付的进度必须严格按合同的进度进行，合同中没有预付款的相关规定的，不可以擅自支付预付款。

其他应收款核算除预付备料款、预付工程款以外的其他各种应收、暂付款项，包括应收世行贷款利息、应收世行贷款承诺费、应收世行贷款资金占用费、各种赔款、罚款、存出的保证金、备用金、应向职工收取的各种垫付款项等。

（2）其他应付款

其他应付款指项目单位应付、暂收其他单位和个人的款项，包括应付世行贷款承诺费、应付世行贷款利息和应付世行贷款资金占用费等。

7. 有关项目管理办公室成立及法人单位确定的说明

为了管理世行贷款项目，在签订《贷款协定》之后，除了成立中央项目办（CPMO）/省级项目办进行世行贷款项目管理之外，往往还会在各项目实施的地（市）及项目县（市、区）成立各级项目办，经项目县（市、区）政府授权成为项目法人单位，具有项目法人地位并行使相应职责。但在实际工作中，部分地（市）和项目县（市、区）世行项目办因无法注册法人单位，导致无法设立独立的银行账户，往往需要借用各级项目办所属单位的银行账户进行相应的银行结算业务。为此项目执行单位在提供银行对账单时，需要在对账单上对属于世行项目的收支做相应标记。

4.5.5 财务报告

根据财政部与世界银行达成的协议，项目执行单位每半年需向财政部和世界银行报送项目财务报表，包括资金平衡表（表 1）、项目进度表（表 2）、《贷款协定》执行情况表（表 3）、专用账户收支表（表 4）。其中，专用账户收支表由各级财政管理部门（贷款办）进行填报，其他报表由项目单位汇总填报。项目执行单位向财政部和世界银行报送的未经审计的半年期财务报表，并于半年结束后的 45 天内进行报送，如有困难则可以延长到 60 天。经审计的年度财务报表，应在次年 6 月 30 日之前报送财政部和世界银行。

项目执行单位需要在规定时间内按要求向财政部门和世行报送以上报表。对于部分世行贷款项目因使用国内财政配套资金，该部分资金除了在世行贷款项目中核算之外，同时需要在国内财政资金账户中进行核算，核算办法按国内财政资金的核算进行。

1. 表1：资金平衡表

资金平衡表是指反映项目执行单位在某一特定日期的资金来源和占用情况的会计报表。

资金平衡表年初余额栏的填列方法。"期初数"栏内的各项数字，应根据上年末资金平衡表"期末数"栏内所列数字填列。如果上年度审计对报表进行了调整，应按审计调整后的数字填列。

资金平衡表期末余额栏的填列方法。"期末余额"栏内的各项数字，一般应根据资金来源类和资金占用类科目的期末余额填列。主要包括以下方式：

(1) 根据总账科目期末借方余额填列

资金平衡表中的有些项目，可直接根据有关总账科目的借方余额直接填列。如："交付使用资产""待核销项目支出""转出投资""应收生产单位投资借款""拨付所属投资借款""现金""有价证券""固定资产"等项目。

(2) 根据总账科目期末贷方余额填列

资金平衡表中的有些项目，可直接根据有关总账科目的贷方余额直接填列。如："累计折旧""项目拨款""上级拨入投资借款""企业债券资金""待冲项目支出""上级拨入资金""留成收入"等科目。

(3) 根据几个总账科目的期末借方余额加总填列

资金平衡表中的有些项目，需要根据几个总账科目的期末借方余额加总填列。如："在建工程"项目，需根据"建安工程投资""设备投资""待摊投资"和"其他投资"的期末余额的合计数填列。"预付及应收款"项目，需根据"预付备料款""预付工程款""应收票据"和"其他应收款"的期末余额的合计数填列。

(4) 根据几个总账科目的期末贷方余额加总填列

资金平衡表中的有些项目，需要根据几个总账科目的期末贷方余额加总填列。如："项目资本与项目资本公积"项目，需根据"项目资本"和"项目资本公积"期末余额的合计数填列。"项目借款"项目，需根据"国内借款""国外借款"和"其他借款"的期末余额的合计数填列。"应付款合计"项目，需根据"应付器材款""应付工程款""应付工资""应付福利费""其他应付款""应付票据"的期末余额的合计数填列。"未交款合计"项目，需根据"应交税金""应交基建包干节余""应交基建收入""其他应交款"的期末余额的合计数填列。

2. 表2：项目进度表

项目进度表包括两个部分，第一部分是反映本期和累计的资金来源和资金占用情况，第二部分反映自项目开始建设起到本年年末累计拨入、自筹和借入的项目资金的使用情况。

(1) 报表项目的填列

项目进度表第一部分按资金来源、资金运用及其之间的差异分别反映本期和累计的情况。资金来源应按不同渠道反映。资金运用按项目评估文件中所列内容填列。差异栏目用来解释资金运用和资金来源之间的差额，包括应收款、应付款、货币资金及其他科目变化，金额应与资金平衡表中相应项目的期初期末的增减额一致。项目总计划额按照项目评估文件中的项目总投资计划填列，该部分固定不变。

项目进度的第二部分分项目内容和项目支出两个栏目，是项目进度表第一部分资金运用的详尽列示。项目内容按项目评估文件所列内容填列。项目支出包括累计支出、已交付资产、在建工程、待核销项目支出和转出投资。其中，在建工程的合计数与资金平衡表中的在建工程金额一致。已交付资金、转出投资、待核销项目支出与资金平衡表中相应项目金额一致。

(2) 报表之间的勾稽关系

资金平衡表中"项目支出合计"期末金额和项目进度表第一部分"资金运用合计"累计完成额一致；资金平衡表中"项目支出合计"期末期初差额与项目进度表第一部分"资金运用合计"本期发生额一致。

资金平衡表中"项目拨款"期末金额和项目进度表第一部分"配套资金合计"累计完成额一致；资金平衡表中"项目拨款"期末期初差额与项目进度表第一部分"配套资金合计"本期发生额一致。

资金平衡表中"项目借款"期末金额和项目进度表第一部分"世行贷款"累计完成额一致；资金平衡表中"项目借款"期末期初差额与项目进度表第一部分"世行贷款"本期发生额一致。

项目进度表第一部分中的本期发生额"应收款变化"与资金平衡表"预付及应收合计"期末期初差额一致；本期发生额"应付款变化"与资金平衡表"应付款合计"期初期末差额一致；本期发生额"货币资金变化"与资金平衡表"货币资金合计"期末期初差额一致；本期发生额"其他变化"与资金平衡表其他资产类项目期末期初差额和其他负债类项目期初期末差额的合计数一致。

项目进度表第二部分中的"项目支出"各项的合计数与资金平衡表"项目支出"各项的期末数一致。

项目进度表第一部分"国际金融组织贷款"(IBRD)和"国际开发协会贷款"(IDA)累计完成额与表 1 资金平衡表中的"国外借款"项下的 IBRD 和 IDA 的期末余额相等，与表 3 贷款协定执行情况表中的累计提款总数相等。

资金平衡表中"银行存款"期末余额是各级项目办的"银行存款"期末余额和贷款

专用账户报表(由管理专用账户的财政部门填报)的期末余额(美元)根据期末汇率折算的人民币金额的合计。

资金平衡表中"国外借款"期末金额是各级项目办汇总抵消之后的"国外借款"和贷款专用账户期末余额去除利息收入部分的金额(美元)根据期末汇率折算的人民币金额的合计。

贷款专用账户期末余额的利息收入部分(美元)根据期末汇率折算成人民币金额合并入利息收入的记录。

3. 表 3:《贷款协定》执行情况表

《贷款协定》执行情况表包括类别、核定贷款金额、本年提取数和累计提款数四项。核定贷款金额根据"贷款协定"填列,该部分固定不变。本年提款数是本年度使用世行贷款资金的情况,按照本年度国外借款科目的相关明细科目的贷方发生额填列。"累计提款数"栏是项目执行单位自开始建设起到本期期末累计使用世行贷款情况。按照国外借款科目的相关明细科目的期末贷方余额进行填列。"累计提款额"与表 1 资金平衡表中"国外借款"项下的 IBRD 期末余额一致,与表 2 项目进度表中"国际金融组织贷款"项下的 IBRD 的累计完成额相等。

类别反映贷款提取内容,一般包括土建工程、货物、咨询服务和培训、待分配和专用账户。专用账户只填写累计提款金额一栏,并按照专用账户核定额填列(而不是专用账户的年末余额)。

4. 表 4:专用账户报表

专用账户报表由管理专用账户的财政部门(贷款办)进行填报,并将报表抄送项目执行单位(项目办),以便项目执行单位保存一套完整的项目会计核算资料。

5. 编制汇总报表需要抵消的科目

项目执行单位拨付给下级项目执行单位的国外借款或者配套资金。账务处理如下:

借:拨出国外借款或拨出配套资金

  贷:银行存款

下级项目执行单位收到上级单位拨付的国外借款或者配套资金。账务处理如下:

借:银行存款

  贷:国外借款或项目拨款

汇总报表时,项目执行单位的"拨出国外借款"与下级项目执行单位的"国外借款"科目抵消。项目管理单位的"拨出配套资金"与下级项目管理单位的"项目拨款"科目抵消。抵消分录如下:

借:国外借款或项目拨款

贷:拨出国外借款或拨出配套资金

4.5.6 世界银行贷款资金的支付

1. 支付要求

世行贷款项目的资金来源一般都包括世行贷款资金和国内配套资金两部分,而世行贷款资金的支付流程和国内配套资金有很大不同。

按照世行贷款项目的管理办法和财政部的有关规定,世行贷款资金的支付一般分为两个环节:一个环节是由项目执行单位根据财政部的《国际金融组织贷款项目提款报账管理办法》(2007年58号文),向省财政厅或财政部等财政主管部门申请提款报账;另一个环节是财政主管部门向世界银行申请贷款资金的支付。

关于财政主管部门向世界银行申请贷款资金的支付这个环节,世界银行在财务支付手册、项目的《贷款协议》和《支付信》中都会有明确的要求。世行贷款资金的支付分为回补专用账户、偿还支付、直接支付和特别承诺申请四种方式。所谓直接支付,就是指项目执行单位向世界银行申请,将款项直接支付给承包商或供应商的支付方式。偿还支付是指项目单位先用自己的资金垫付,然后要求世行将资金回补到其账户。特别承诺方式是指世界银行对商业银行开具的信用证,进行特别承诺的一种支付方式。目前在国内世行贷款项目中,回补专用账户的提款申请方式应用的比较广泛。

2. 提款报账需要提交的表格和证明文件

根据世界银行提款报账的要求和财政部有关规定,项目执行单位在向省财政厅或财政部申请支付时,至少需要提供以下材料:

(1) 提款申请书,是每次报账的汇总信息,包含申请支付类别、付款指令和各部门审批意见等,需要按照《国际金融组织贷款项目提款报账管理办法》中的格式要求进行填报。

(2) 前审合同费用支出表,世行前审的合同填写此表,表中需要填写每个申请报账合同的详细情况。填写此表的合同在提款申请时,还应附上相关的证明文件。按照不同的费用类别,一般需要提交的证明文件如下:

土建合同:合同、发票、进度支付证书,如果是预付款申请,一般还要提供预付款保函。

货物合同:合同、发票、货物验收单。

咨询合同:合同、费用单据。

(3) 费用报表,所有世行后审的合同和费用填写此表,费用报表中需要列明每个合同或费用支出的详细情况。世界银行要求费用报表中的相关费用的合同、采购文件、支付证明等基础文件保存在项目执行单位,以备独立的审计单位和世行检查团的审查和审计。但在项目执行单位按照国内程序向财政部门申请费用报表支付时,是否需要提交证明文件需要以当地财政部门的要求为准。

3. 需要注意的问题

项目执行单位在向世界银行申请提款报账时,要特别注意满足以下几方面要求:

(1) 合格费用的要求

世界银行要求申请报账的所有费用都必须是合格费用,所谓合格费用指的是:货物和咨询服务是由世界银行的会员国提供的,是用于项目的费用,同时要遵循世界银行的采购指南的要求。按照采购指南的要求,所有申请使用世行贷款进行支付的合同,都必须编制采购计划报世界银行审查,收到世行的不反对意见函,严格按照世行规定的采购程序进行采购。国内外培训考察活动需要事先编制国内外培训考察计划,并同时报送世行项目经理审查和批准。

(2) 追溯报账

世界银行允许在项目生效日期之前一年内项目中所发生的合格费用申请追溯报账,但所有追溯报账的费用也必须要满足世界银行的采购要求。

(3) 质保金的支付

项目执行单位在申请进度款的提款报账时,应该是扣除质保金之后的费用。原则上质保金需要在质保期结束后申请提款报账,如果遇到在项目关账日之前还没有到期的质保金,可以在项目关账日之前把未到期的质保金一次性申请报账。但提回的质保金不能滞留在项目单位的账户,而应将质保金拨付合同商,并要求其提供银行保函。

4.6 项目资金审计

4.6.1 世界银行贷款项目审计工作的特点

世行贷款项目资金审计是作为项目运行管理的监督保障系统,是通过依法对项目的财务收支的真实、合法、效益进行客观、公正的审查和评价,而实现其职能作用。世行贷款项目审计工作的主要特点包括以下几个方面:

1. 审计遵循的原则和审计主体

对世界银行贷款项目进行审计,既要符合中国政府的审计规范,又要遵循国际审计准则。

世行贷款项目的审计主体是政府审计机关。对世行贷款项目的审计,是国家法律赋予审计机关的职责和任务。从世界银行方面来看,世界银行为了确认项目执行过程是否符合《贷款协议》,项目执行单位是否恰当地使用和管理其资金,是否具有偿还资金的能力,采用的方法之一就是审阅项目执行单位的财务报表。为了证实所审阅的财务报告是公正、公允、真实的,目前,世界银行认可对世行项目进行审计的审计机关为国家审计署及其下属机构以及省级审计机构。

2. 审计任务的安排

根据世行贷款项目协议的财务条款规定,项目执行单位应向世界银行报送经政府审计机关审计的年度项目财务报表。国家审计署获得财政部转来的《贷款协定》等材料后,根据项目贷款的转贷方式、项目执行单位的财政财务隶属关系和所属的地域作出审计安排。

世行贷款项目在北京的,由国家审计署审计;世行贷款项目在北京而项目执行单位在京外的,根据所属地域,安排有关审计署驻地方特派员办事处或者授权地方省(市、区)审计厅(局)审计;属于省级(包括计划单列市)项目的,授权省级审计厅(局)审计。将世行贷款项目授权省级审计厅(局)审计,国家审计署需要下发授权通知书。一次授权安排,长期有效,直到世行贷款项目提款报账支付结束的次年止。

3. 审计报告的报送时间的规定

经审计过的财务报告,必须在次年的 6 月 30 日之前报送世界银行。项目执行单位应与相对应的审计机关协商每年的审计时间,以确保在 6 月 30 日前上报。

若审计报告晚于规定申报时间 4 个月,世界银行有权停止费用报表的报账和停止对专用账户的回补。若审计报告晚于规定申报时间 9 个月,世界银行有权停止贷款的支付。

4. 审计内容

审计内容包括对项目立项及工程建设,土地征用及拆迁情况,招投标、设备等物资采购和使用情况,项目的提款报账、资金收支情况,贷款资金的偿还等方面。

同时,为了和国内一般政府项目审计工作的特点进行比较,表 4 - 14 中列出了一些世行贷款项目审计和国内政府项目审计的不同点,以供参考。

4.6.2 审计中常见的问题

1. 项目立项及工程建设方面

建设项目边设计边施工的现象;超概算的现象;可研报告、设计任务书等变更无依据;工程建设无施工许可证;工程重大变更无依据;工程计量无依据;工程提前计量;工程非法转包;工程监理资质不符合规定;监理人员不到场;监理操作不规范等。

表4-14 世界银行贷款项目审计和国内政府项目审计的对比

项目内容	世界银行贷款项目	国内一般政府项目
审计的依据	世行贷款项目审计除了依据国内的法规、规章和制度外，还需要遵循国际审计准则，并符合我国政府与世界银行签订的《贷款协定》《项目协定》、世行的各项规定和指南	国内政府项目审计的依据主要是国内的法规、规章和制度
审计的强制性	世行项目《贷款协议》的财务条款中明确，世行贷款项目必须每年都接受政府审计机关的审计，且从《贷款协定》生效的财务年度起，至最后一笔提款的财务年度止。世行贷款项目审计的强制性主要来自于世界银行	国内政府项目审计是按照宏观政策的需求和年度审计计划进行安排和调整，并非每年都进行审计，审计的强制性来自有国家审计机关
审计的侧重面	世行贷款项目审计侧重于公正性的全面审计，包括内部控制制度是否健全，项目执行是否按照贷款协议进行，项目的进展是否按照计划如期完成，贷款的提取是否按照相应的支付类别，资金使用的合法性和准确性、财务报表是否准确地反映审计期内的经营活动和资金运用等	国内政府项目审计侧重于合法性审计
报告格式	世行贷款项目审计报告采用的是符合国际惯例的标准审计报告。文字要有中文文本和英文文本，审计报告既要送交被审计单位，又要报送审计署和世行	国内政府项目审计报告格式多数采用的是非标准的审计报告

2. 土地征用和拆迁补偿方面

项目超规模用地或未办理征地手续；滞留或挪用征地拆迁补偿款；发放征地拆迁款的资料不齐全；超概算支付征地拆迁款等。

3. 招投标方面

未按规定履行招投标程序；未按规定履行国际竞标；招标代理机构不具备相应资质；招标通告不符合世行采购指南的规定；未及时退还未中标单位的投标保证金等。

4. 设备等物资采购和使用方面

采购的设备与中标文件不符；购买不适用的设备；低价变卖设备；设备管理不当造成毁损；设备挪用至项目之外的单位等。

5. 提款报账方面

重复报账的问题；报账的单据不合格；费用报表填列的内容和发票内容不符；报

账工程量与实际工程量不符等。

6. 资金收支方面

私设“小金库”;截留项目资金;配套资金不到位;改变资金使用范围;擅自挪用或出借项目资金等。

7. 贷款资金偿还方面

拖欠贷款还本付息,此情况主要出现在将资金转贷到企业的项目中。

4.6.3 项目执行单位应注意的审计事项

1. 内部控制制度的配合

在审计准备阶段,审计人员会进行各种调查,尤其是内部控制的调查。内部控制的调查并不是每年都必须做,对于新项目,调查会比较全面;对于连续审计的项目,审计人员认为内部控制情况变化不大的,当年可能不做,而是隔年再做,或者每年轮流做一部分。无论审计人员的调查是否详细,项目单位必须建立科学的、行之有效的内部控制制度,并在审计人员开展相关调查时如实填报。对于确实发生改变或者已经无效的内部控制制度,必须向审计人员及时反映。

对于财务管理来说,建立严格的内部会计控制制度尤为重要。比如,不相容的岗位分离制度、授权批准制度、定期轮岗制度、询价制度、合同管理制度、请购制度、付款审批制度、验收制度、发货控制制度、退货制度和固定资产管理制度等等。

世行贷款项目的业务循环分为五类:报账提款业务循环、采购与付款业务循环、存货业务循环、项目工程建设业务循环和项目资金收支业务循环。内部控制制度的建立还包括设计科学合理的业务流程,并强化关键控制点。对于内部控制制度还必须要加强内部审计工作,以确保内部控制制度落到实处。

表 4－15 内部控制的关键控制点

序号	循环分类	关键控制点
1	报账提款业务循环	提款报账资料的真实、合法、完整
2	采购与付款业务循环	货物价格和质量的控制以及货款支付的控制
3	存货业务循环	货物的验收入库和货物的安全保管
4	项目工程建设业务循环	中期支付证书中工程量的真实准确计量、工程进度的安排和按计划实施
5	项目资金收支业务循环	资金使用的合理性以及支付的审批权控制

2. 财务工作的配合

核对每个科目的年初余额是否与上年度经审计的财务报表相一致，年末余额是否与总账、明细账和财务报表的数额相一致。

年末，项目执行单位必须将记账凭证装订，准备好总账、明细账和财务报表。对于上年度审计发现的问题，根据审计要求进行相应的更正，需要调整报表的，必须准确地进行调整。因特殊原因无法进行更正的，必须进行详细的书面说明。对于支持记账凭证的资料，比如招投标文件、合同、通知等，应在平时工作中做好相应的档案管理。

3. 内部审计工作的配合

项目单位应在审计前针对每个项目开展检查核对工作，该工作可以在日常工作中进行，并非一定要集中到年末进行检查。项目单位财务人员或者内审人员进行的检查工作包括：

第一，对科目设置进行审核，建安工程投资、设备投资、待摊投资、其他投资、待核销项目支出、交付使用资产和转出投资的科目设置原则为：二级科目按照评估文件列明的项目内容设置，三级科目按照支付类别设置，可以按照具体工程设置四级科目。

第二，进行余额测试，测试内容包括：上年度要求调整的数额是否已进行调整，并与本年度年初余额一致；本年度期末余额是否与总账、明细账和财务报表的数额相一致。

第三，针对具体的科目进行核查。

4. 对会计科目核算准确性的复核工作

（1）建安工程投资科目

①结合项目概算书、年度投资计划、招投标文件、建造合同，检查建造工程是否在概算范围之内，支付的预付款是否按照建造合同规定执行，招投标程序是否合法。

②检查“中期支付证书”的正确性。建安工程投资中的重要结算依据是《中期支付证书》或《工程价款结算账单》，财务人员应对工程计量的单价是否与合同一致进行核对，若发生工程的变更，财务人员应检查是否有相应的变更依据，是否按规定进行了相应的变更手续。

③对各标段的投资进行合理归集，检查凭证上的记录和《中期支付证书》的结算金额是否一致，是否按合同的规定进度进行支付。

④收款单位、开具发票单位和建造合同施工方是否一致。

⑤检查工程建设的合法性，关注是否存在非法转包现象。

⑥检查合同的执行情况，特别是合同的变更情况，包括变更是否合理、是否进行了相应的变更批复、变更金额是否超概算等。

⑦实地检查项目的工程进度，并与账务处理进行核对，确定账务处理和工程进度是否一致。

⑧如有必要，项目单位需要聘请有资质的造价师对工程量进行核对。

案例分析：某省世行贷款项目在审计中，聘用了注册造价师进行了“中期支付证书”工程量的审核，注册造价师根据施工日志、施工图纸等，对工程量进行了审核，发现以下问题：

①提前计量工程：某合同段第 9 次提前计量支付预制 D2600 钢筋混凝土防护涵管 70 米 323 210 元，顶进 D2600 钢筋混凝管 70 米 2 249 190 元(施工日记记录截至年××××年××月××日此项目未施工)，合计提前计量支付 2 572 400 元。

②重复计量工程：某合同第 12 次重复计量支付 2－10 项“换填碎石砂”378.59 m^3×47.2 元/m^3＝17 869.45 元。

③错误计量工程：某合同包第 20 次累计计量支付挖填方宽度计算错误，多计量支付 2－9 项“沟槽挖土方”4 815.85 m^3×29.49＝142 019.42 元。

④虚报工程量：某合同包第 13 次计量支付变更 D1000 钢筋混凝土“F”顶管变更为 D1200 钢筋混凝土顶管 94.8 米，未扣减合同已支付 D1000 钢筋混凝土顶管 96 米，多计量支付 921 776.64 元。

(2) 设备投资科目

①设备投资是否经过验收

在设备投资的核算中，验收是必需的流程，一般需要有相应的质检人员进行验收并签字确认。验收表格和入库单可以自行制定，专业的设备还需聘请相关专业的专家进行验收。

②当年减少或转出的设备是检查的重点

有减少的设备时，需要确认减少的原因，检查原始凭证是否齐全。属于国有资产的设备，必须经国资委批准方可减少。有转出的设备时，需要核对竣工决算清单，核实转出金额的准确性。

案例分析：某项目审计中，在检查减少设备的原始凭证中，发现项目执行单位在没有上级主管部门审批和世行不反对意见函的情况下，擅自将暂时不用的设备进行了折价处理，且折价的金额没有任何依据。

③设备的盘点工作

每年至少对设备盘点一次，盘点时需要有财务人员监盘，对项目中设备的使用状况、存放状态进行盘点，并签字确认。

案例分析：某项目的设备投资的审计中，审计人员在现场对设备进行抽盘，发现实际设备的数量和型号均与账册中记载的设备不一致。后经查验采购合同发现，项目执行单位在原有的采购合同之外另行签订了补充合同，擅自将采购合同中的一台设备更换为其他用途的两台设备。

④设备的列账工作

在库不需要安装的设备必须在“设备投资”中列账，不可以在“存货”中列账。已领用出库进行安装的设备必须在“设备投资”中列账，不可以在“存货”中列账。

(3) 待摊投资科目

待摊投资是所有科目中核算项目最多、最为繁琐的一个科目。

①费用的支出是否合理

检查费用支出的原始依据，核对支出依据的单据是否充分以及依据的合法性、合理性和真实性。比如，会议费是否将会议通知、会议签到表、会议发票等依据进行整理并作为原始凭证。管理费的支出中，工作人员工资是否真实性，是否存在非本项目单位人员领取工资的现象，各种补贴的发放是否有依据，并经授权批准人审批通过。

②土地拆迁补偿费发放是否及时合理，发放资料是否齐全

拆迁费的发放是一个非常繁琐和容易出现错误的工作，发放过程最容易出现舞弊现象。因此，项目单位必须把相关拆迁的资料，包括拆迁协议、发放明细表，人员的联系方式、身份证等信息以及发放的过程资料，整理成档案备查。

③利息的计入是否准确

对于统借统还的贷款利息，项目执行单位必须严格按照协议中规定的利息分摊方式进行利息支出的记录，尤其要对利息分摊的准确性进行核查。

④损失的确认是否真实准确

凡是有关损失的记录均是核查的重点，如工程报废的损失、固定资产的损失、器材和设备的亏损、设备的盘亏等。核查的重点是损失发生的真实性、合理性以及金额的准确性。

⑤记录是否及时恰当

核查重点包括：记录在待摊投资中的固定资产是否及时进行相应的台账登记，盘点工作是否进行，相应的记录是否整理档案备查等。

(4) 其他投资科目

①培训考察的支出是否真实

培训考察是其他投资中最常见的支出项目。培训考察分国内培训和国外培训考察，项目单位应对相关资料归档备查。其中，国外培训考察的归档资料包括：出国考察的文件批复、费用支出明细、人员名单和考察项目内容等，国内培训的归档资料包括：国内培训的相关通知、参会人员的签到名单、培训内容和培训现场的照片等。

②无形资产和递延资产核算是否准确

对无形资产和递延资产发生的费用支出进行核实，并将形成的文件依据、费用支出明细表和人员成本资料进行归档备查。

(5) 待核销项目支出

本科目相关工程的审计与建安工程投资的审计要求基本一致。

(6) 转出资产

①转出资产的产权确认

核查转出资产的产权,确定转出资产不属于项目单位。

②转出资产的数额确认

核对转出资产与建安工程投资的有关记录,确认转出资产的金额是否准确。

(7) 交付使用资产

核对与之对应的建安工程投资、设备投资、待摊投资和其他投资,确定交付使用资产的实际成本。

(8) 货币资金

现金收支业务最容易出现舞弊现象,因此是核查的重点关注领域。

①核对现金和银行存款的日记账

检查日记账,核查是否存在故意颠倒日期记账的情况,现金或银行存款的收支账务处理是否正确,对于大额的取现业务需要特别核查,确认是否存在舞弊现象。

②外来凭证的检查

检查现金支出的外来凭证,重点检查凭证上的单位图章、税务图章是否清晰,凭证内容(包括数量、单价、金额)是否清楚,字迹是否涂改,确定现金支出的真实性和合法性。

③自制凭证的检查

检查自制凭证存根是否连续编号,作废单据是否加盖“作废”戳记,是否有涂改等,确定自制凭证的真实性。

④现金盘点

监督盘点现金实存数,并根据现金日记账核对现金余额的准确性。

⑤现金支出的审批手续

检查现金支出的审核手续,经办人、复核人和审批人是否齐全,确定审批流程的合理性。

⑥银行对账单的核对

检查银行日记账,并与银行对账单核对,检查两者是否一致。在不一致的情况下,对银行余额调节表进行核查,确定银行存款余额的准确性。

(9) 拨出国外借款和拨出配套资金

在编制汇总报表时,上级项目单位拨付给下级项目单位的国外借款或配套资金应与下级项目单位的相应的“国外借款”或“项目拨款”等相互抵消。

(10) 预付及应收款

预付及应收款包括预付款、应收利费、应收有偿调出器材及工程款和其他应收款。

①关注重点

重点关注长期挂账项目和出现贷方余额的项目,查明长期挂账的原因。

②预付款扣回的核查

核实预付款(预付工程款和预付备料款)是否按照合同规定支付、是否按合同规定进度逐步扣回。

(11) 项目拨款

①核对资金到位情况

根据贷款协定、项目评估报告等立项文件,对照项目拨款的记账情况,检查各级政府拨款、项目自筹资金和劳务集资的到位情况,确定是否及时足额到账。对于未及时到账的情况,进行书面说明。

②关注重点

自筹资金是重点的关注项目,对自筹资金投入的原始凭证进行核对,并与相应的工程单位进行对账,确定自筹资金投入的真实、完整性。

(12) 借款

根据《贷款协定》核对国外借款的双币记账以及人民币汇率折算是否准确。根据借款合同和授权批准,核对国内借款。核对借款数额、借款条件、借款日期、还款期限和借款利率。检查利息支付的单据,对照借款合同的条款,复核利息计算的准确性。

(13) 应付款

①关注大额应付款和长期挂账的项目

重点关注长期挂账的项目、大额的账户、有借方余额的账户、债权人为重要供应商的项目以及业务内容出现异常的项目等。

②确定业务的真实性

核对购销合同、订货单、验收单和入库单等资料,确定业务发生的真实性。

(14) 留成收入

留成收入列账内容比较特殊,需要明确列账内容的准确性。

4.6.4 项目执行情况和计划完成情况的核查

世行贷款项目对于项目的执行情况和计划的完成情况尤为关注,世界银行会定期派出督查团对项目的进展情况进行检查,以确保世行贷款资金的使用效率。项目执行单位在制订计划时,必须进行细致和深入的了解,根据项目可行性研究报告,制订科学的年度投资计划,并组织充足的人员进行项目管理,确保计划的切实可行。无法完成年度投资计划的,必须做出详细的书面说明。因特殊原因导致项目进度缓慢的,需要及时向世界银行和财政管理部门进行书面汇报。如有必要,需制订更为科学合理的中期调整计划,以确保项目可以顺利地完成。

4.7 环境管理

4.7.1 世界银行贷款项目环境管理的要求

(1) 在项目的立项和前期准备阶段,必须充分考虑环境问题;环境问题可能因此造成项目被取消。

(2) 对所有项目都要进行环境筛选,确定环境影响评价类别(A, B, C)。

(3) 环境评价过程中/项目实施过程中应开展公众协商和信息公开。

(4) 环境影响评价必须包括减轻或消除不利环境影响的环保措施,措施落实后项目的最终不利环境影响应是可接受的。

(5) 环境影响评价必须包括落实环保措施的环境管理计划;环境管理计划应得到世界银行认可。

(6) 将实施环境管理计划列为项目的组成部分,实施费用列入工程总费用计划中。

(7) 实施环境管理计划构成《贷款协定》的条件之一。

(8) 项目实施过程中世界银行要定期检查(一般每年两次)环境管理计划落实情况。环境管理计划不能有效实施,可能成为世界银行将项目列为“不满意项目”甚至停止、取消支付、终止项目的原因。

(9) “竣工报告”要根据“项目评估报告文件(PAD)”要求,逐项进行环境管理计划实施和环境目标实现情况评价。

(10) 项目实施后,世界银行随机抽取部分项目进行后评估,包括环境评估。

4.7.2 环境管理计划

1. 法律地位

世行贷款项目所制订的项目环境管理计划,是世界银行与中国政府签署的世行贷款项目《贷款协定》的组成部分,具有法律强制性。在《贷款协定》正式生效前,项目执行机构已向世界银行出具了环境管理计划执行承诺函。项目的环境管理计划及修订,是世界银行项目检查和评价的依据。

2. 环境管理计划的作用

世界银行的环境管理计划全面反映了项目环评报告书中提出的环保措施和建

议，各相关机构在项目实施过程中的环境保护的责任，因此，落实项目环境管理计划能确保：①施工现场环境监理、环保设施试运行、环境影响监测“三同时”进行；②有关措施纳入项目招标文件及施工合同条款；③建设单位、施工单位、监理单位拥有项目环保工作实施计划手册，及时落实相关环境保护活动；④确保常态化的公众协商和参与。

3. 环境管理计划内容

世界银行的环境管理计划一般包括以下主要内容：

(1) 建议的缓解措施。

(2) 环境监测和报告要求。

(3) 紧急的应变程序。

(4) 相关的机构或组织安排。

(5) 能力建设和培训措施。

(6) 实施进度。

(7) 成本估计和业绩指标。

4. 环境管理计划实施

世界银行的环境管理计划明确规定了项目相关机构的环境保护责任，这些机构和责任具体如下：

(1) 项目管理/实施单位

①全面负责，综合协调环境管理计划的实施；

②确保相关的环境保护要求纳入项目设计(这是根本)，招标文件以及施工和监理合同；

③组织项目实施期间环境监测计划的实施；

④组织环保培训，包括对承包商的培训；

⑤聘请外部环境监测单位；

⑥监督检查下一级项目管理部门及施工商环境管理计划的实施；

⑦按照世行要求的格式向世界银行提交半年项目环境进度报告(每半年一次)；

⑧在项目发生变化时，协助世行完成环境管理计划相关内容的修改。

(2) 设计单位

①明确知晓国家对环境保护的要求，尤其是对环卫设施的环保要求，排放标准，管理规程等；

②在初步设计和详细设计时要把有关的环保设施一并考虑，如废水收集，臭气收集和控制等；

③成本估算并列入总预算。

(3) 施工单位

①施工单位配备专职环境管理人员；

②制订施工环境保护计划，落实合同和环境管理计划中的要求措施；

③与当地居民经常沟通，及时解决环境问题；

④在施工中发现文物，要按文物法和环境管理计划中的要求及时报告相关部门。

(4) 监理单位

①设置环保监理工程师；

②监督施工单位落实施工期各项环境保护措施；

③对未落实环保措施的行为提出整改要求；

④将环保措施实施情况作为纳入支付批准程序；

⑤向业主报告环境管理计划实施情况（月报、季报）。

(5) 世行的职责

①项目启动阶段世行项目团队进行专题讨论和培训；

②项目实施过程中进行常规的项目实施支持和检查（通常每年两次）；

③项目中期计划调整；

④世界银行组织的环保专项检查。

表 4－16 概括了世行贷款项目中环境保护工作涉及的有关单位及职责，在实际工作中可以予以参考。

表 4－16　世界银行贷款项目环境保护工作所涉及的各相关机构及工作责任

项目阶段	涉及的机构	环境责任
准备阶段	设计单位	审查设计项目方案
	环评单位	编写项目环评报告、环境管理计划及公众磋商计划
	国家/省环保厅(局)	审查批准项目环评报告、环境管理计划及公众磋商计划
	技术援助专家团	准备世行审查的项目环评报告、环境管理计划及公众磋商计划
	项目管理部门（项目办）	协调项目环评报告、环境管理计划及公众磋商计划编写
		审查确认项目环评报告、环境管理计划并在世行网站公示
设计阶段	设计单位	和环评单位合作对环境管理计划进行更新，将环境管理计划中的相关环保措施纳入工程设计及合同内容
	项目管理部门（项目办）	审查确认相关环保措施
招标与合同签订阶段	项目管理部门（项目办）及采购代理	将环境管理计划相关条款写入招标文件及施工合同

续表 4-16

项目阶段	涉及的机构	环境责任
建设施工阶段	项目管理部门（项目办）	确保环境措施及公众磋商计划的落实
	工程承包商	落实相关环保措施
	项目管理部门（项目办）、地方环保局	监督指导环境措施的落实
	环境专家	开始进行环境监督检查
	项目办聘请的外部环境专家	开展独立监测、定期准备环境报告
	环境监测机构	按要求开展相关环境监测
试运行阶段	项目管理部门（项目办）	开展项目完工环境审计（包括取样及实验室测试）、准备项目完工环境审计报告
	地方环保局	审查项目完工环境及报告，必要时责令其采取完善措施
	环境专家、项目办聘请的外部环境专家	协助实施办开展项目完工环境审查、准备环境进度报告
运行阶段	项目管理部门（项目办）	确保项目设施按照设计标准运行、落实环境管理计划中的环保措施、开展公众磋商
	项目管理部门（项目办）、环境专家	开展内部环境监测及检查，监督环境管理计划的落实、开展公众磋商
	项目办聘请的外部环境专家	开展独立监测（包括公众磋商）、定期准备监测报告
	授权的环境监测机构	开展定期、非定期环境监测检查
投诉机制	工程承包商、项目经理	在工程建设期间努力解决好直接影响人群的思想顾虑
	居/村民委员会	对于提交村委会的相关投诉，要在两周之内予以答复
	区镇政府	对于提交区镇政府的相关投诉，要在两周之内予以答复
	项目管理部门（项目办）	对于提交实施办的相关投诉，要在 30 天之内予以答复
	项目管理部门（项目办）	项目办收到的相关投诉要进行妥善处理

5. 环境管理计划执行过程中要注意的问题

世行贷款项目在执行过程中可能会遇到这样和那样的问题，为了使项目的环境管理计划能够得到顺利实施，各级项目办需要做到：

（1）配备一名熟悉环境保护工作的项目官员。

（2）按照项目环境管理计划的要求定期开展技术培训，以提高项目工程承包商、监理机构及项目利益相关者的环境保护意识。

（3）按照环境管理计划的相关要求，在招标文件及合同中写入相关的环境保护内容，并将环境管理计划发送给施工商。

（4）项目建设活动内容变化时，如增加新的建设内容，要及时完善国内的环境保护相关手续，并对项目的环境管理计划进行适当修改。

（5）有针对性地开展环境影响监测。

（6）按时提交项目环境进度报告。

在工程施工期间，要特别注意：

（1）项目施工对交通的影响，技术疏通因建设影响行程的交通拥堵问题。

（2）注意施工中的扬尘问题，开挖出及临时堆土场要采取适当的防尘措施（防尘网及喷雾）。

（3）夜间施工一定要注意噪声对居民的影响。

（4）施工中发现文物要及时报告有关部门，等文物部门现场勘察处置后再行施工。

4.7.3 在项目实施期环境管理的主要工作内容

1. 成立环境管理办公室，建立环境管理系统

根据项目环境管理计划的要求，按照相关规定和实际工程的需要，在项目执行之前，项目执行单位中应该设置专门的环境管理机构，负责工程环境管理、环境监测和环境监理等工作。

（1）环境管理办公室的职责

环境管理办公室对项目的环境保护工作负全责，是项目环境管理的核心机构，其主要任务是保障由环境影响评价确定的环境管理计划在工程的实施和运行期间切实得到有效实施，使工程对环境的不利影响降低到最低或可接受的程度，同时使工程的环境效益得到充分发挥。环境管理办公室应该由环境管理专家和项目执行单位的主要负责人共同组成，其主要工作任务包括：

①编制、监督实施有关环境管理规章制度；

②督促、保证环评要求的环保设计措施落实，工程设计满足环评要求；

③督促、保证工程施工承包合同中包含环境管理计划(EA)提出的环保措施;

④聘请、监督、协调环境监理(资格、职责、管理);

⑤聘请、监督、协调环境监测(资格、职责、结果分析、管理);

⑥组织、实施环境管理培训计划;

⑦聘请、组织、安排、协助环境专家组及其他咨询;

⑧环境专项工作(取弃土场治理等);

⑨组织专题研究或调查工作(底泥调查、水文影响研究等);

⑩负责工程施工及运行过程中投诉内容的记录、整理,向项目办汇报,并向公众解答处理结果,解决公众抱怨问题;

⑪审查环境监理、环境监测以及环境咨询报告;

⑫编制环境管理阶段或专题报告;

⑬接待、接受环境工作检查(包括世界银行项目检查);

⑭其他(文档管理、部门协调、宣传、报道等)。

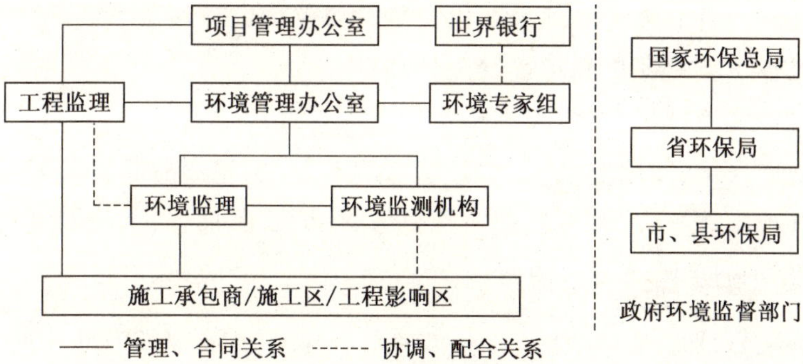

图4-3 环境管理体系图

表4-17 环境管理体系各组成机构

机构性质	机构名称	机构任务
管理机构	项目管理办公室	进行项目管理
	环境管理办公室	进行项目环境管理
监督机构	世界银行	监督、检查环境管理计划实施
	省、市、县环保局	进行行政监督管理
实施机构	承包商	落实施工期环境保护措施
咨询服务机构	环境专家组	受项目环境管理机构委托,实施环境审查、咨询、技术支持
	环境监理	受项目环境管理机构委托,对承包商进行环境监督管理
	工程监理	环境监理与承包商之间正式函件往来签收、签发通道
	环境监测机构	受项目环境管理机构委托,承担专业环境监测任务

2. 开展环境管理培训

(1) 培训目的

环境管理培训的目的是为了保证环境管理工作的顺利、有效开展,使相关人员熟悉环境管理的内容和程序,提高环境管理人员的环境管理能力,确保各项环境保护措施的有效落实。环境能力建设的主要对象是环境管理者和环境监理,他们的培训是项目的技术支持组成部分之一。培训课程在项目的实施过程中也培训建设方和工人。在项目施工开始前,所有的施工单位和运营单位和建筑监理员要求参加强制的环境、健康、安全培训。

(2) 培训对象

培训对象为:环境管理办公室全体人员、环境监理全体人员、环境监测机构代表、项目管理办公室代表、主要承包商代表等人员。

(3) 培训内容

①世行环境政策和国内环境保护法律法规、环境标准的掌握和运用;

②世行贷款项目的环境管理模式以及贷款协议中的环境条款;

③本项目环境影响评价和环境管理计划;

④本项目环境管理规定(重点为施工期环境管理规定);

⑤环境管理人员、环境监理人员、环境监测人员、承包商的职责及相互关系;

⑥环境管理工作报告、环境监理工作报告、环境监测报告、承包商月报的编写。

3. 招标文件中明确环境管理要求

在项目环境管理计划中,会明确列出项目在施工过程中需要采取的一些环境影响减缓措施,这些措施和要求都要在相应的工程招标文件中进行明确的说明,并在合同中注明,作为承包商必须遵守和落实的工作内容。

工程承包合同中环境保护条款示例

环境保护

1. 遵守《××项目施工期环境管理规定》

为了在项目施工期间有效地保护环境,××项目管理办公室(简称项目办)专门编制了《××项目施工期环境管理规定》。该规定已由项目办于××××年××月××日正式公布生效,并已作为招标文件的组成部分发给各投标人。本承包合同的附件3为该规定全文。

承包人承诺:在承包项目施工期间遵守《××项目施工期环境管理规定》的各项要求,接受环境监理工程师的现场监督管理,落实该规定要求的各项环境管理和环境保护措施。

2. 费用支付

承包人为执行上述规定所需费用已分摊到各项目的单价中,不再另外要求费用支付。

4. 选择环境监理单位，进行工程施工现场环境监理

为了监督承包商对环境管理措施的落实情况，世行贷款项目中要求聘请专门的环境监理单位，每个工程现场要配置专门的环境监理工程师。

环境监理工程师受项目环境管理工作办公室的委托，在施工承包商的施工区域和生活营地对承包商进行现场监督管理，确保承包商在施工过程中遵守中国有关环境保护的法律法规、落实环境评价报告确定的各项环保措施。其主要职责包括：

（1）监督检查施工区生活污水处理、生产废水处理、水土流失防护措施、废气、粉尘、噪声控制措施、生产、生活垃圾和底泥处理，卫生防疫等；此外，环境监理工程师还负责对移民安置区的环境保护工作进行监督检查。

（2）对承包商在施工活动中遇到有关环保问题提出解决方案。

（3）确保承包商编制和提交环境月报。

（4）检查环境月报，就工作中遇到各种问题提出正式或非正式的处理意见，必要时，可通过工程监理工程师沟通、协调与承包商之间的意见。

（5）观察施工活动对施工区周围人群的影响，确定承包商是否需要采取额外的保护措施；如果承包商采取措施不利，对承包商处以罚款。

由于环境监理工作是一项新兴的职业，目前在国内专门从事环境监理的单位还不多。目前国内对于一些环境影响比较小的项目，会委托工程监理公司配置专门的环境监理工程师负责环境监理工作。

环境监理报告的模板如下：

×××工程环境监理工作报告

环境监理工程师：

监理日期：

1 项目简介

1.1 工程概况

1.2 施工进展情况

1.3 本工程所涉及的环境管理措施

2 环境管理体系

2.1 环境管理人员配置

2.2 工作内容

2.3 培训

3 本期环境管理任务及落实情况

4 重大环境问题及对策

5 总结

5.1 环境监理工作总结

5.2 下阶段环境监理工作要点

6 环境措施现场照片

5. 选择环境监测单位，进行环境监测

按照环境管理计划的要求，工程项目在施工过程中，项目实施单位要委托第三方的监测单位，定期或不定期对工程施工区和影响区的重要参数进行监测。对发现的重要环境影响问题，提出纠正措施建议。环境监测单位要根据监测的情况定期向项目实施单位提交环境监测报告。

6. 提交年度环境管理报告

项目实施单位每年要针对当年环境工作的情况编写环境管理报告，并报世行审查。环境管理报告要包括当年对环境管理计划的执行情况进行综合描述。

项目年度环境管理报告模板如下：

×××项目年度环境管理报告

1 引言

1.1 报告目的

1.2 背景

1.3 报告编写所用报告、文献等

2 环境管理体系

2.1 ×××项目环境管理办公室

2.2 市环境管理办公室

2.3 环境管理体系

2.4 环境管理工作情况

2.5 环境管理培训

3 现阶段各施工包的环境管理情况

3.1 各施工包环境保护措施的落实情况

3.2 环境监理工作的落实情况

4 环境监测情况

5 对世界银行备忘录的响应

6 总结

附件 1：环境监理半年报告

附件 2：半年环境监测报告

附件 3：半年度水土保持报告

4.8 管理信息系统

4.8.1 管理信息系统的作用和意义

随着我国信息技术的高速发展和网络的普及，信息技术在项目管理中也得到了极大的推广和应用。近些年来，管理信息系统（MIS）在很多世行贷款项目中都得到了成功的应用。管理信息系统作为一种先进的管理工具，不仅可以提高项目中各级项目实施单位的工作效率，同时可以起到规范管理流程、提高管理水平的作用。世界银行贷款项目在合同管理、招标采购、财务管理、提款报账、绩效评价等方面都有着严格的规定和要求，这些都为管理信息系统的应用提供了很好的基础条件。

综合来讲，项目实施单位在项目管理中引入管理信息系统的意义主要包括：

（1）提供工作效率，保证监测数据的即时性和准确性

各级项目办管理工作人员可以按照原始单据录入数据，通过管理信息系统自动生成各种进度报告、财务报表。将项目管理人员从繁重的数据处理统计工作中解放出来，同时也保证了数据的真实有效性。

（2）规范项目管理流程

管理信息系统以合同管理为基础，按照世行贷款项目的管理流程进行设计，不同单位的工作人员根据自身的工作职责进行操作，不仅可以将项目管理知识和要求通过系统进行传达和落实，也是规范项目管理工作的一个有效的手段。

（3）保证形象进度和财务数据的一致性

确保项目投资进度数据、财务进度数据、提款报账数据的一致性和准确性。

（4）规范承包商、监理公司监理报告、支付证书的上报程序

承包商和监理公司通过专门的承包商/监理客户端，录入工程进度报告，并上报统一格式的支付申请书和支付证书，提高了工程进度数据的准确性，加强了对承包商和监理公司的管理。

（5）加强内部控制机制

由于 PROMIS 系统采用工程管理和财务管理的统一管理，数据相互审核和共享，加强了项目实施单位的内部控制机制。

4.8.2 管理信息系统的主要功能

PROMIS 管理信息系统是目前应用最广泛的一种管理信息系统，它是由北京海立信信息咨询有限公司开发，从 2000 年初开始在一些项目中开始使用，可以同时应用于各级项目实施单位、承包商和监理单位，主要实现投资计划管理、合同管理、项目进

度监测、提款报账、财务管理、承包商和监理公司支付申请书、支付证书的上报等功能，实现工程、采购和财务的综合管理，分单位分部门分别进行操作，数据通过网络共享。

PROMIS管理信息系统主要由四个子系统组成，分别是由承包商和监理公司使用的工程进度申报系统、由各级项目办工程和采购管理人员使用的项目管理系统、由各级项目办财务管理人员使用的财务管理系统和由省财政厅使用的专用账户管理系统。

1. 工程进度申报系统

工程进度申报系统分别由项目中的承包商和监理公司操作和使用，承包商和监理公司根据合同中规定的工程量清单定期录入和上报工程进度，并可生成统一格式的工程进度申请书和监理报告，上报到区县项目办工程管理人员，并可及时接收到项目办的审查意见和进度款支付信息。工程进度申报系统的使用，可以很好地规范承包商和监理公司的工程计量和申报程序，提高监理报告的质量。

2. 项目管理系统

项目管理系统由各级项目办的工程和采购管理人员进行操作和使用，对项目中的土建、货物、咨询服务等所有合同进行管理，包括合同的采购计划录入、采购过程管理、工程进度审批、世行贷款资金提款报账申请，同时可以生成各种项目投资进度监测报表。工程人员可以通过系统及时查看到承包商和监理公司上报的工程进度，并对工程支付申请书进行审批，审批结果不仅反馈到工程进度申报系统，同时也会传输到财务系统中，供财务管理人员进行账务处理和审查。项目管理系统除了对项目的土建合同、货物合同、咨询服务合同进行管理之外，也对项目中开展的所有培训考察信息进行录入和管理。

3. 财务管理系统

财务管理系统由各级项目办的财务管理人员进行操作和使用，主要实现项目的资金管理和会计核算。同时，财务管理人员一方面要对工程和采购人员录入的工程进度报告和货物验收单进行审查记账，同时财务人员录入的合同支付信息会通过系统传输到项目管理系统和工程进度申报系统，使项目办的工程和采购管理人员、承包商和监理公司的负责人都能够马上获悉支付进度信息。财务系统最终也会生成世行和审计单位所要求的各种财务报表。

4. 专用账户管理系统

专用账户管理系统由世行贷款资金专用账户的管理单位（一般为省财政厅）进行操作和使用。省财政厅通过系统进行专用账户的资金拨付和资金回补管理，一方面可以查看和审查项目办提交的提款申请书、前审表和费用报表，并通过专用账户进行贷款资金的支付;另一方面可通过系统自动汇总生成向世界银行申请资金回补的前审表和费用报表。

为了提高世界银行贷款资金的管理效率,省财政厅还可以通过专用账户管理系统自动生成各项目办的债务分割单,并通过网络传输到各级项目办财务管理系统中,使项目办的管理人员可以马上查看到省财政厅的贷款支付信息,并能够及时记账。

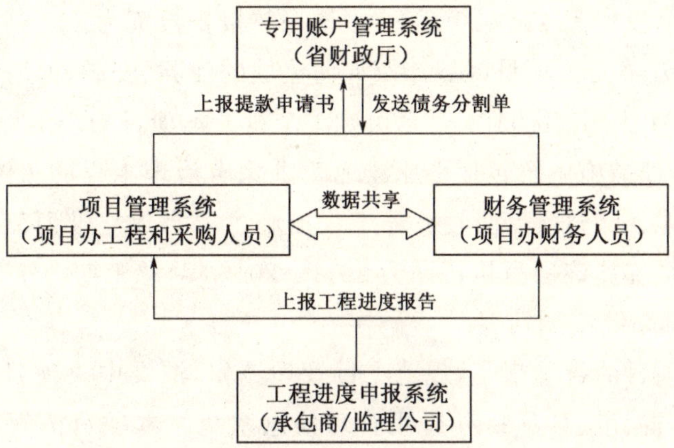

图 4-4 PROMIS 管理信息系统功能示意图

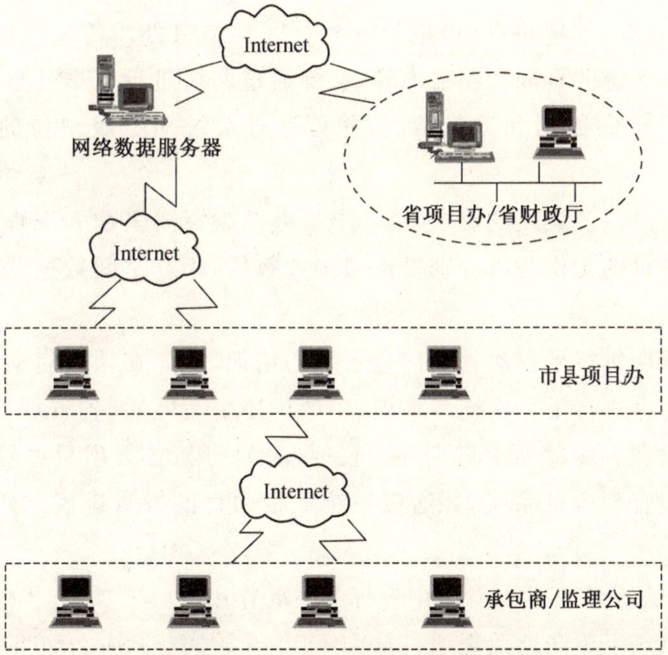

图 4-5 管理信息系统网络结构示意图

4.8.3 管理信息系统应用案例

案例：淮河流域重点平原洼地治理项目管理信息系统

(1) 项目简介

世界银行贷款淮河流域重点平原洼地治理工程项目评估总投资407 848万元，初设批复项目计划总投资为414 410万元，中期调整报告投资为417 667万元，其中利用世行贷款20 000万美元。项目区域涉及淮河流域的江苏、安徽、河南和山东4省的19个地(市)56个项目县(市、区)165个乡镇681个村。本项目采用工程措施与非工程措施相结合，其中工程措施主要包括平原洼地防洪除涝治理工程的疏浚河道、加固堤防和新建、重建、扩建、维修加固建筑物，非工程措施主要为建立淮河流域洪涝灾情评估及减灾决策支持系统。该项目执行期为2011—2016年，总工期5年。

(2) 管理信息系统应用情况

为了提高本项目的管理水平，规范项目管理流程，淮委中央项目办在项目启动之前，牵头组织在各省、市、县项目办应用管理信息系统。本项目的管理信息系统是在PROMIS系统的基础上，根据淮河项目的特点进行了二次开发和定制。

根据本项目的管理机构设置情况，本项目管理信息系统按照四级管理体系进行设置，即中央项目办、省项目办、市项目办和县区县项目办。各级项目办负责录入和管理本单位负责实施的合同和项目内容，系统通过网络进行数据共享，上级单位可随时查看到下级单位的数据和进行情况，并可通过系统对下级单位的数据进行自动汇总。

根据管理信息系统应用的要求，每个项目办至少需要采购和工程管理人员、财务管理人员按照各自的工作职责分别操作和录入数据，相互之间数据共享，并互相进行数据审核和校正。

本项目在前期进行了多次管理信息系统的培训，首先在项目启动之前，中央项目办组织所有项目办进行了一次统一培训，在项目还是实施后，各省项目办又分别组织进行了一两次培训。通过几次培训和一段时间的使用，各级项目办管理人员基本上都能够熟练使用管理信息系统，并通过系统上报项目的投资进度、财务进度、提款报账申请等数据。

(3) 管理信息系统在项目管理中发挥的主要作用

淮河流域重点平原洼地治理项目从2011年开始实施，到2016年底竣工，在项目实施的几年中，管理信息系统在项目管理工作中发挥了非常重要的作用。对各级项目办来说，管理信息系统的应用是一种全新的项目管理模式，项目管理人员从最开始的不熟悉、怀疑，到逐渐的接受和依赖。管理信息系统不仅提高了各级项目办的管理效率，更重要的是规范了项目的合同管理、支付和财务管理流程，也保证了项目资料的完成。同时,在多年的项目执行过程中难免会出现人员更迭的情况,但由于有管理信息系统的帮助,工作交接也非常顺利。新接手的管理人员在经过简单的培训后,通过阅读管理信息系统的历史数据,借助系统规范的工作流程,

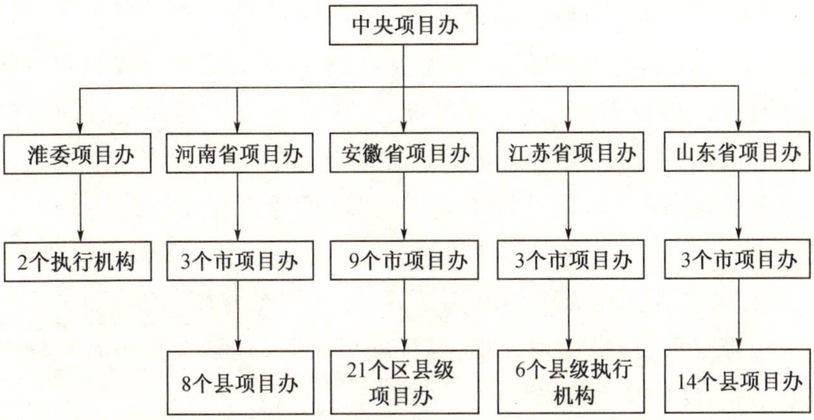

图 4-6 淮河流域重点平原洼地治理项目管理信息系统应用单位示意图

4.9 档案管理

项目档案是项目准备、建设、管理过程中形成的具有保存价值的各种形式的历史记录。项目档案管理是指对项目从开始准备到竣工验收这一阶段纸质和电子档案的收集、整理、签订、保管、统计和提供利用的活动。

档案收集就是把分散在各级项目办、贷款办等管理机构内部各职能部门和个人手中的文件材料,按照规定集中保存起来;档案整理就是把收集来的零散的不系统的文件材料进行分类、组合、排列和编目,使整理出的档案能够反映历史活动的真实面貌,便于保管和利用;档案鉴定就是根据档案对今后各方面可能起的作用,通过甄别档案的价值,确定期保管期限,把已失去价值的档案剔除销毁;档案保管就是克服与限制损毁档案的各种因素,努力延长档案的寿命,维护档案的完整与安全;档案的统计就是通过以表册、数字的形式,揭示档案和档案工作的有关情况;档案的编目和利用就是为了满足特定的各种利用要求,对档案进行编目,以方便查阅。

4.9.1 项目档案管理的基本要求

项目档案管理必须做到:①有活动必有文档;②有文档必入档案;③档案真实、完整;④有专人管理;⑤有借阅制度。

4.9.2 项目档案的内容

项目档案的内容包括:(1) 立项记录;(2) 评估记录;(3) 实施记录;(4) 采购记录;(5) 施工及监理记录;(6) 财务记录;(7) 考察培训记录;(8) 会议记录;(9) 其他记录。

(1) 立项记录包括:①立项报告、立项批复(发改委);②项目建议书,建议书批复(发改委);③可行性研究报告、可研报告批复(发改委);④环评报告、环评报告批复(环保局);⑤水土保持方案、水土保持方案批复(水利厅,有些项目没有);⑥土地征用申请、征地批复(国土局);⑦项目初步设计、初步设计批复(发改委);⑧项目详细设计、详细设计批复(发改委,有些项目没有)。

(2) 评估记录包括:①世行识别团备忘录、预评估图案及评估团备忘录、项目评估报告;②安全保障报告(环境管理计划、移民安置报告、性别发展报告);③贷款/赠款协议;④项目协议;⑤转贷协议。

(3) 项目实施记录包括:①项目实施计划;②项目采购计划;③项目中期调整计划/报告;④项目微调计划;⑤监测报告(环境、移民安置、绩效监测);⑥项目季度进度/半年度/年度进度报告;⑦项目完工报告。

(4) 采购记录包括:

①询价采购方式采购记录包括:询价单、报价响应单(三家以上)、询价评审报告、合同、发票、货物初验收单及货物入库单、分发领用单、货物终验单、工程验收报告和决算报告。

②竞争招标方式采购记录包括:招标通告、招标文件及世行对招标文件的不反对函(仅限国际招标和需要前审的国内招标)、投标文件、评标报告及世行对评标报告的不反对函(仅限国际招标和需要前审的国内招标)、评标结果公示、中标通知书、合同及世行对合同的不反对函(仅限国际招标和需要前审的国内招标)、合同公示、工程设计和预算书、决算报告和发票。

③咨询服务的采购记录包括:任务大纲及咨询服务预算、世行对对任务大纲及预算的不反对函(仅限世行明确要求提交世行审查的咨询服务)、征询感兴趣函、咨询人提交的感兴趣函、短名单及世行对短名单的不反对函(仅限 QCBS)、建议书征询文件及世行对建议书征询文件的不反对函(仅限 QCBS)、技术建议书及财务建议书、咨询人响应信及资历表(仅限单个咨询人,三个以上咨询人的简历)、技术建议书及综合评审报告以及世行对评审报告的不反对函(QCBS 及世行明确要求提交世行审查的咨询服务)、合同授予公示、合同及世行对合同的不反对函(QCBS 及世行明确要求提交世行审查的咨询服务)、咨询服务报告(启动、中期、终期或半年/对年度工作报告、咨询服务总结报告)、支付凭证、发票。

(5) 施工记录包括:①工程采购材料记录;②工程承包合同;③工程设计及其变更

材料；④工程施工记录；⑤工程物资入出库记录；⑥工程监理记录；⑦工程事故与投诉记录；⑧工程竣工与决算材料；⑨工程初步验收材料；⑩工程项目验收材料；⑪工程移交材料。

（6）财务记录包括：①世行支付函；②提款签字人签字备案样本；③提款申请书；④记账凭证、原始凭证、银行对账单；⑤财务报表；⑥审计报告。

（7）考察培训记录包括：①考察培训计划；②预算；③通知；④签到册；⑤考察培训总结报告；⑥发票。

（8）会议记录包括：①会议计划；②预算；③通知；④报到册；⑤会议资料；⑥会议内容记录；⑦发票。

（9）其他记录包括：①上报下发文件；②检查团备忘录；③来函；④重要电子邮件；⑤临时会议记录；⑥项目管理办法；⑦图片、影像资料等。

4.9.3 档案管理案例

项目档案管理办法

第一章 总 则

第一条 为了加强项目档案的收集、整理工作，有效地管理、保护和利用档案，根据项目管理要求和以往外资项目的管理经验，制定本办法。

第二条 本法所称的档案，是指项目各级项目部门从项目准备、实施、评估全过程中直接形成的对项目活动有保存价值的各种文字、图表、声像等不同形式的历史记录。主要包括项目管理活动记录、项目实施活动记录、项目资金运作与财务会计资料以及项目管理单位运行等综合性档案资料。

第三条 世行×××贷款项目档案按照项目活动由各级项目管理机构分级收集管理，在项目准备个实施的各个环节的各项活动都要完成详细的记录资料，项目档案必须全面、翔实反映各项项目活动过程。

第四条 档案应当按分类、分项目、分年度进行整理和分册装订。要配置专门的管理人员和必要的管理设备，使项目档案得到妥善保管与利用。

第二章 档案管理人员职责

第五条 各级项目办要指定专人收集管理档案，档案管理人员需加强业务知识学习，认真执行党的扶贫工作方针、政策和法规及档案管理制度，必须坚持原则，实事求是地做好档案资料管理、统计工作。

第六条 项目管理人员必须妥善收集、保管本级档案，健全借阅制度，严禁将档案带出使用范围；做好档案利用效益的信息咨询与反馈工作；移交档案时手续要齐全，不得遗失档案。

第三章 项目执行类档案

第七条 农户增收和能力建设项目

（1）农业项目准备材料：①项目实施计划；②到户进度表；③验收单；④进度汇总表；⑤结算表。

（2）技术性服务：年度计划、验收报告、结算表。

(3) 农业技术培训:培训计划、通知、教材、花名册、验收单、验收汇总表、结算单。

(4) 农业技术推广:项目计划花名册、验收单、汇总表、结算单。

(5) 兽医服务:计划、花名册、验收单、汇总表、结算单。

(6) 乡村项目管理:验收报告、结算单。

第八条　社区基础设施和公共服务项目:①立项手续;②到户进度表(人饮);③项目计划;④资金来源的合同或文件;⑤土地征用及补偿;⑥项目执行合同、施工合同;⑦支出凭证;⑧施工报告、质检报告、竣工报告、决算报告;⑨验收单及验收报告;⑩设计文件。

第九条　机构建设项目

(1) 办公用房租赁合同等有关手续。

(2) 办公设备:县级询价采购的按询价采购要求准备。

(3) 培训:社区动员与项目管理培训,财务、监测、采购、协助员等培训的有关资料。

(4) 考察:计划、通知、考察报告。

(5) 会议:计划、通知、报到册、会议资料、会议记录。

(6) 图书杂志:计划、支出凭证、购置清单、出库单(领用清单)、验收单。

第十条　土地可持续利用项目

(1) 立项手续,可研报告。

(2) 项目计划。

(3) 土地征用及补偿。

(4) 设计文件。

(5) 采购手续。

(6) 竣工报告。

(7) 决算报告。

(8) 验收单、验收报告。

第十一条　工程档案按单项工程整理归档。主要内容包括:

(1) 项目立项及批复材料。

(2) 项目设计及期变更材料。

(3) 项目承包合同。

(4) 项目采购材料。

(5) 项目施工记录。

(6) 项目物资入出库记录。

(7) 项目监理(或监督)记录。

(8) 工程事故与项目投诉记录。

(9) 工程竣工与决算材料。

(10) 工程初步验收材料。

(11) 工程项目验收材料。

(12) 工程移交材料。

第十二条　社区发展基金项目

(1) 社区互助社应按照“有活动必有档案，有档案必保存”的原则，积累产生并妥善保管各类档案。互助社档案应按时段、分类别进行归集整理，排序编目，安全存放，方便使用。

(2) 互助社社务档案包括：社员花名册、社员大会记录、章程、制度、注册证、理事会报告、监督报告、财务报告、发展规划、项目建议书、评估报告、赠款申请、赠款批复、项目赠款协议、使用管理协议、赠款拨付通知、理事会会议记录、配套服务活动记录、培训记录、借款资金使用费分配方案、风险基金使用方案、监测报告等。

(3) 互助社社员档案包括：社员档案卡、社员入社申请、入社资金登记表、社员证编号登记表、特困社员资格记录、借款逾期记录、处罚记录、不诚信记录、取消社员资格记录、退社记录等。

(4) 互助社运行管理档案包括：各批次借款申请表、各批次借款申请审批表、各批次各联保小组成员登记表、联保协议、各小组成员借款合同、借款发放单、还款单等。

(5) 互助社财务档案包括：年度财务报表、季度财务报表、总账、明细账、日记账、记账凭证、原始凭证、银行对账单等。

第四章　采购类档案

第十三条　从采购计划、采购方案及期审批件起，至采购验收报告和商业发票止，采购过程的所有原始记录、往来函件、报告及批复、公告、公示、投诉处理等原件或复印件，均应归档为采购档案，按采购合同分卷保管。在采购档案基础上，整理成报账支撑材料。

第十四条　自营工程方式报账支撑材料包括：项目实施方案、工程预算、工程决算、资金发放单、相关货物采购资料及支付凭证工程验收报告。

第十五条　询价采购方式报账材料包括：询价单、报价响应单（三家以上）、询价评审报告、合同、发票、货物初验收单及货物入库单、分发领用单、货物终验单、工程验收报告和决算报告。

第十六条　本地竞争招标方式报账支撑材料包括：招标通告招标文件、投标函（三家以上）、评标报告、中标通知书、合同、工程设计和预算书、决算报告和发票、验收报告。

第十七条　社区直接采购方式的报账支撑材料包括：直采购文件（含货物需求一览表或工程设计、工程量清单和预算书）、供货或施工方的响应单（含货物技术规格及报价或工程施工方案和工程量报价）、直采购评审报告、合同、发票或郊外发放单、货物验收单或工程决算报告及验收报告。

第十八条　个人咨询服务的报账支撑材料包括：咨询服务征询文件，包括邀请信、咨询顾须知、任务大纲、咨询顾问响应信及资历表、评审报告、合同、支付凭证及发票咨询服务验收报告。

第五章　财务类档案

第十九条　申请世行贷款/赠款报账除按上述要求向财政部门提交相关资料外，不同的项目或不同采购方式还需要具备以下报账支持性材料，以备检查。

第二十条　项目得到项目资金支持的有关证明材料；有关项目验收单、结算单及项目进度表；社区基础设施和公共服务项目活动清单；4. 社区发展资金项目申请世行报账额度内的农户借款花名册。

第二十一条　报标采购项目：招标及报批文件、刊登的招标通告、投票文件、澄清函、开标评标材料及报批、中标通知、合同、发票物资验收（领用）单等。

第二十二条　询价采购（包括工程和货物）项目：询价单、三家以上的报价函、报价评审表、合同、发票、工程验收单、物资验收（领用）单等。

第二十三条　咨询服务:包括任务书、三家以上咨询公司方案或被选专家简历及评比,咨询合同等。

第二十四条　其他有关项目及项目管理发生各种费用支出凭证等。

财务档案明细表

序号		档案名称	
1	会计凭证类	原始凭证、记账凭证、汇总凭证、其他凭证	
2	会计账簿类	总账	
		日记账	现金日记账和银行存款日记账
		明细账	凡会计科目表中的明细科目都应设置明细账
		辅助及备查账簿	项目完成及验收登记簿(或称项目账)、公物财产登记簿、其他备查账簿
3	财务报告类	月、季、年度财务报表 财务报告、财务情况说明书	
4	报账类	省世行办确认的项目进度、提款报账表;其他报账有关材料	
5	电子数据	财会电算化的数据存储媒介等	
6	其他类	会计移交清册、会计档案保管清册、会计档案销毁清册、银行余额调节表、银行对账单、其他财务资料	
7	审计	审计结论报告	

第六章　项目管理类档案

第二十五条　项目前期准备资料,主要是村级规划和其他调查摸底资料(社区基本材料、项目信息扩散、组织机构形成等材料)。

第二十六条　可行性研究报告:综合可行性研究报告,分项目可行性研究报告,子项目可行性研究报告。

第二十七条　项目立项报告、批复、承诺函、评估报告、技术标准、投资概算。

第二十八条　项目管理制度:各级项目办出台的计划管理办法、实施管理办法、验收管理办法、协助员管理办法、采购管理办法、监测管理办法、财务管理制度等。

第二十九条　目标、计划、进度:省办下达的中调前、后项目目标、县办分解下达的目标;县级上报的年度计划草案,省办下达的年度计划、县办下达的年度计划;省办确认的进度;各级项目办上报的进度。

第三十条　监测资料:乡级上报的监测报表、监测报告,县级的监测报表、监测报告,最贫困户跟踪年度调查表。

第三十一条　中期评价报告及调整报告、子项目验收材料。

第三十二条　各级项目办机构、编制、岗位、人员情况、岗位职责、考核制度、考勤制度、机关管理制度等。

第三十三条　中、省、市、县各级项目办印发的文件、资料等。

第三十四条　各级来文来函、电子邮件、图片影像资料等。

第三十五条　党委政府领导就×××项目方面的会议接待讲话材料及报纸杂志文章等。

第三十六条　项目投诉及其处理过程与结果的记录材料。

第七章　附　则

第三十七条　本管理办法自颁布之日起执行。

第三十八条　本管理办法由×××项目办负责解释或修改。

4.10　参与式管理

4.10.1　参与式管理的特点

参与式管理是近年来各有关国际组织在中国开展援助项目所采取的主要理论、方法和工具。所谓参与式管理，就是对项目区社区的赋权，即项目区主要利益相关群体能够影响和共同控制他们的发展方向和资源利用、共同进行决策的过程。

参与式管理理念鼓励项目区当地人自主参与项目的决策、设计、实施、利益分配和监测评估。通过建立项目区当地群众的决策能力、管理能力和发展能力，自己帮助自己，实现项目区社区自主可持续发展。

参与式管理一般分为以下四种类型：

(1)“零”参与：项目服务主体对象或受影响群体不参与项目的任何活动，坐等项目的给予援助(物质的、服务性的)，本身有能力(劳力、时间、资源等)。例如，国内目前实施的大部分农村道路照明工程。

(2) 被动参与：项目服务主体对象或受影响群体不参与项目计划及活动的制订，只是完成上面或外面计划好的任务(出工、参加培训等)，例如目前实施的大部分农村道路修建工程。

(3) 部分参与：项目服务主体对象或受影响群体向项目设计者反映自己的问题和需求，不参与项目具体活动。例如城镇和农村的移民安置工程、环境影响评价的公众参与。

(4) 全过程参与、自主决策：项目服务主体对象或受影响群体参与项目的计划制订、实施、验收、监测评估的全部过程。例如，目前农村的社区主导型发展(CDD)项目。

4.10.2　参与式管理的内容

一个完全意义上的参与式项目管理是指项目服务主体对象或受影响群体全过程

的参与项目规划、项目实施、项目监测、评价。世界银行过去或者现在在中国实施的相关农村发展项目都涉及此方面的内容。例如，项目中相关的农民用水者协会(WUA)、农民排灌协会、农民专业合作社、社区主导型发展(CDD)等内容，都是采用完全意义上的参与式项目管理方式。

1. 参与式规划

参与式规划(社区主导型发展、小流域管理、扶贫开发、节水灌溉和用水管理等)，是以参与式管理理念为主线、参与式方法为工具，在项目服务主体对象或受影响群体广泛参与的基础上，全面了解项目区社区基本情况、发展状况、存在问题和原因，并形成符合项目区社区实际的和国家相关政策的项目活动内容和行动方案的过程。

2. 参与式管理项目实施

参与式管理项目实施，是指采用参与式管理的方法和原则，成立项目组织机构，针对不同项目活动采取不同的组织方式，制定相应的管理办法和管理制度，对规划实施的全过程进行参与式的、全方位的、有效的管理，以充分利用有限的人力、财力、物力资源，通过项目的成功建设，实现规划目标，加快项目区社区的全面发展进程。与此同时，不断强化项目区参与者(村民)对规划及项目的"拥有"意识，从而促进以项目区参与者(村民)为主体的社区管理机制。

参与式管理主要包括组织管理、计划管理、项目实施管理、资金管理、物资管理、技术培训管理、验收管理和后续管理。

3. 参与式管理项目监测与评价

(1) 参与式管理项目监测

参与式管理项目监测是指通过对规划实施过程和项目实施的主要环节，采用参与式的方法与原则，以项目区村民为主体，进行连续的、定期的监测，向村级规划实施管理小组和上级管理部门，及时提供规划实施情况、建成项目的效果、影响等方面信息，以便对项目实施有效管理和监控。参与式管理监测通常包括以下步骤和过程：

第一步：讨论为什么要进行监测。明确监测的好处和目的，以便项目区社区内成员(或目标评价)能够自己确定监测是否对他们有好处，从而使他们具有了主动参与的动力。

第二步：回顾项目目的和活动。

第三步：准备用于监测的问题。在回顾了项目目的和活动之后，讨论我们需要哪些信息才能了解项目进展。把重点放在"我们想知道什么?"和"如果想知道这些我们需要监测什么?"等。主持人可以在一张大纸上，也可以在黑板或 ZOPP 板上列出(或画出)每个项目目标或活动及监测的问题，当然最好是以大家都同意的方式。如果问题太多，可根据重要性排序。

第四步:建立直接和间接的指标。对每一个监测的问题,都需要确定一些指标来予以回答。如对一个脐橙园的建立来讲,可用幼苗成活率、从第三年开始的挂果产量等来监测。

第五步:确定合适的信息资料收集方式和工具。对每一个重要指标或监测问题,必须选择合适的信息资料收集工具。必须记住,有时一种方式收集的信息能回答许多监测问题,如社区环境评价、存活率调查、农民自己的记录、苗圃记录本、社区/村庄财务账户等。

第六步:确定谁来做监测。监测有时候要求其工作人员具有特别技能如记录或数学能力。它也需要一定的人力和时间投入。拥有特别技能的人和时间都需确定。接着就是要确定对进行监测工作的人进行适当的补偿。比如说,若要求苗圃管理人员做,则可以多付一点工资;而要村干部做,则可以免费提供一些树苗。

第七步:分析和展示结果。及时地对收集的有关所有项目活动的监测信息进行分析是十分重要的。分析可以在社区会议上讨论,也可以张贴出来发送信件供大家讨论。社区成员就会知道项目活动是否按原计划进展顺利或需要进行调整。

(2) 参与式管理项目评价

认真仔细地准备和规划参与式管理评价同样是十分必要的。它能帮助项目区每个社区成员理解为什么要进行参与式管理评价和怎样进行。第一次准备和规划评价的会议,应对所有对项目感兴趣的各方开放。参加者可以包括项目区社区内的受益者和其他成员,也可以包括来自该项目区社区以外对项目感兴趣的人。如果感兴趣的人太多,可以将一部分工作及相应的权利和责任交给一个社区评价小组。但在第一次会议上,必须一起讨论为什么要进行评价,评价什么和怎样评价,以便为社区评价小组提供一个指南。在一个社区发展项目中,参与式管理评价的步骤主要包括:

第一步:对项目目标和活动进行回顾。项目的长期目的和近期目的以及所选择的活动是否能实现这些目的,在大会上予以回顾和检查。这样也能帮助确定评价的必要性。

第二步:明确为什么要进行评价和评价什么。如根据计划,项目实施遇到了困难或危机,有问题要解决,甚至是仅为了介绍参与式方法等等。评价内容则决定于评价者想知道什么。

第三步:准备评价问题。主持人可以将问题写在或画在大纸或黑板上。如果某一个目的或活动问题太多,则可以根据问题的重要性进行排序。每个问题都应得到小组的同意。

第四步:确定谁进行评价。在社区成员数目很大的时候,为了提高工作效率,也许需要在不同类型的人群中选出代表来组成一个评价小组。代表人选举可以根据年龄、性别、家庭经济状况、地理分布、利益分属及投入多少等情况来进行。尤其要注意少数人和弱势群体的代表。主持人应注意鼓励他们的参与和选出他们的代言人。

第五步:确定直接和间接指标。针对每一个评价问题选择合适的指标。

第六步:确定回答评价问题的信息资料来源。需要注意的是,有些资料信息能从现有档案材料中查到,有些则需要重新调查。经常用的方法包括案例研究、半结构性访谈、排序、打分、生计调查、农户家庭经济活动记录和社区财务账户等等。

第七步:确定进行评价和获取信息所需具备的技能和人力、物力的投入。

第八步:确定信息收集和进行分析的时间。时间的确定既要能满足项目和做决策的需求,又要考虑到当地实际情况,如农时和季节(收获和播种季节一般很忙)、假日和赶集、田间劳动和劳力需求等。

第九步:确定谁负责收集何种信息。

第十步:分析和展示结果。对项目有关的不同的对象应使用不同的汇报和展示评价结果的方法。例如,对援助组织和上级管理部门需要书面的评价报告。而对社区成员(如村民)或在讨论会上展示,最好用各种各样的图表使之更具体、形象化和便于理解。最后项目参加者需要讨论和决定怎样使用评价结果和怎样让评价结果帮助改进项目的活动和效率。这部分地体现了项目评价的最终目的。

只有当监测与评价结果转变成具体的行动的时候,它才是有用的。尽管采取的行动并不总能使项目有关各方满意,但结果必须由那些能使用它的人来分享。大多数情况下会涉及几个种类型的人,每一个类型都有它自己的特定需求和期盼。但一般来讲,评价结果应用于:①改进项目组织管理;②改进项目计划过程;③帮助改善项目决策。

4. 参与式项目管理案例

以下是世界银行淮河治理项目关于实施参与式项目管理,成立农民排灌协会相关要求的案例,可供其他具有类似实施内容的项目参考。

案例 1:江苏省农民排灌协会参与式组建与运行情况介绍

根据世行要求,江苏省需组建一个农民排灌协会,来建立排灌示范区。省项目办选定在东台市双超南圩建立示范型农民排灌协会。该示范区位于江苏省东台市溱东镇中北部,东临丰收河,南以汪北河和罗村北圩分界,西邻泰东河,北隔双超河与双超北圩相望,市级弶溱公路南北走向 1.1 km 过境于示范区。示范区总面积 3.6 km^2,耕地面积 1 267.4 亩,围田提水养殖面积 1 003.6 亩,示范区涉及草舍、罗二、开一 3 个行政村,涉及农户 433 户,人口 1 362 人。现将协会参与式组建和运行情况介绍如下:

1. 农民排灌协会的筹建情况

(1) 宣传发动,统一农民思想

农民排灌协会是在改革开放以来涌现出的新生事物,农民对其概念、目的、意义和作用需要有一个认知的过程,必须进行广泛宣传发动。为此,东台市水务局和溱东镇政府采用参与式的理念，来组织指导当地受益农民学习相关的水利法规和政策，调查总结当地历史上农民参与灌溉管理的实践活动，消除了农民怕改革、怕管不好的思想顾虑，统一了镇、村、组干部和农民代表的思想认识；同时采取走访、讲座、开会、印发宣传资料等多种形式进行广泛宣传，达成共识，正确引导农民申请入会。多次召开村组干部、农民代表、妇女、贫困户座谈会、讨论会，走访农户，印发大量的宣传资料，为协会的组建奠定了思想基础。

(2) 学习培训，提高农民素质

分批组织村干部和农民代表进行参与式培训与宣传；学习先进地区的经验，邀请有关水利技术员到协会讲课。通过学习培训，农民对协会的性质和作用、会员的权利与义务及协会组建程序与要求等有了一定的认识，为推动用水户主动参与协会建设管理发挥了积极作用。

(3) 规范程序，有序组建协会

在东台市水务局和镇政府的具体指导下，当地严格规范协会组建程序：一是成立协会筹备组，其成员包括镇村组干部、水务站负责人、农户代表，确定了协会地域范围；二是开展协会基本情况调查，根据协会划定的地域范围，进行社会经济、农业生产情况、水利工程设施和排灌管理现状调查；三是选举用水户代表，根据协会内部水系的分布情况，将拟入协会的会员组织划分多个用水小组，选举用水组代表，推荐协会执委会成员候选人；四是拟定协会章程草案，落实协会办公场所；五是召开用水户代表大会，审议批准协会筹备组工作报告的和协会章程，选举协会执委会成员，明确执委会成员分工；六是协会注册登记与资产评估，并将排灌工程设施等资产的管理权、使用权移交给协会；七是培训协会执委会成员和用水户代表。

(4) 开拓创新成立农民排灌协会

2007 年 3 月初，东台市溱东镇向东台市民政局申报成立“东台市双超南圩农民排灌协会筹备组”，同时，制定了“东台市溱东镇双超南圩农民排灌协会筹建方案”，东台市民政局以东民营〔2007〕13 号文件下达《关于同意成立“东台市溱东镇双超南于农民排灌协会”筹备组的复函》，为方便农民排灌协会有个办公活动场所，溱东镇草舍村将村办公室大楼二楼西侧南边第二间办公室，长期借给农民排灌协会使用。在 2007 年 3 月 18 日召开了“东台市溱东镇双超南圩农民排灌协会”成立大会。

为使农民排灌协会的各项工作有序进行，协会采用参与式方法，分别制定出了《东台市双超南圩农民排灌协会章程》《执委会主席职责》《执委会副主席职责》《排灌管理制度》《工程管理制度》和《财务管理制度》等规章制度，并放大张贴上墙。

2. 工程措施

为促进农民排灌协会的组建和运行，在本项目在 2011 年年度计划中，安排专项资金，用于改善示范区的水利工程状况。主要工程内容包括：①排涝站改造工程；②机耕桥梁工程;③砼道路工程;④固定机口工程;⑤防渗渠道工程;⑥穿路过水涵洞工程;⑦跨渠便桥工程。

表:土建工程主要建设内容

序号	项目名称	单位	工程量
1	排涝站改造	座	1
2	机耕桥	座	3
3	砼道路	m	2 394
4	固定机口	座	5
5	防渗渠道	m	1 889
6	穿路过水涵洞	座	1
7	跨渠便桥	座	70

东台市溱东镇双超南圩农民排灌协会工程项目,合同估算金额为174万元,经省项目办咨询部采购专家审查,10月22日发布公告,11月22日开标,东台市水利建设有限公司中标,中标价为229万元。

3. 农民排灌协会发挥的作用

(1) 规范了工程参与式建设与管理

过去,排灌区水系工程管理不善,用水混乱,水到渠下,谁想灌水谁开口。上游争水,大水漫灌,下游无水,毁渠弃灌,田间工程逐年损毁,灌溉面积逐年减少。协会成立后,实行灌溉工程分三级管理,即协会8个执委会成员负责5条斗渠的管理;3个行政村的村主任与联片组长负责15条农渠的管理;29个村民小组负责59条毛渠的管理。并建立工程设施"三包"管理责任制,即包常年清淤排障保畅通,包安全度汛无隐患,包维修管理无破坏。通过分级与责任制管理,排灌工程变成了农民自己的工程,农民的责任心增强了,把搞好排灌管理当成自己的事,增强了对工程的维护和爱护程度。

(2) 规范了收费管理

排灌协会成立前,一般农民交纳的水费在75～85元/亩,有时交了水费,得不到灌溉,造成严重减产,农民群众意见很大。协会成立后,由原来机打水改为电打水,减小成本,水费计收标准降至60元/亩,减少了水费收缴的中间环节,并杜绝了搭车收费现象。农民用的是放心水,交的是明白钱,提高了水是商品的认识和交纳水费的自觉性。

(3) 降低了农民生产成本

协会成立前,由各村承担管水工作,当时有在岗管理人员9人,这些管理人员工作没有压力,缺乏活力,工程老化缺乏维修,群众负担重,供水不及时,农民怨声大。排灌协会成立后，每年比建协会前节省开支1万多元，用水户年亩平均减负3元左右。

（4）提高了灌溉用水效率

协会成立后，打破行政建制界限，用水户节水意识明显提高。协会加强水资源的合理调度。协会执委会成员对本协会管理范围内的水文和水资源状况了如指掌，对用水调度更具有合理性，办法更合实际。在灌溉时，本着“先远田后近田、先干田后湿田”的原则，推广节水控灌技术，减少用水成本，科学控制排涝水位和灌溉水深。协会范围内排供水设施实行协调管理，提高排灌能力，保证排灌需要，减少或消除卡水、排灌水过多或过少、弃水等水权不均等现象，提高了水的利用率，缩短了排放水流程和周期，节省了排灌用工，降低了排灌成本。

4.11 项目中期调整

世行贷款项目由于项目前期准备工作的时间比较长，实施期也比较长（一般5年时间），实施管理过程中，很多原因都有可能导致有些项目活动无法继续实施。例如，近些年比较普遍的情况，一些项目的部分土建工程建设项目由国内其他渠道资金提前建设实施了；或者由于相关政策的变化，已不具备实施的条件；项目设计的某种物资价格大幅变动也会对项目实施产生一定的影响。另外，由于世行贷款是以美元为核算货币的，汇率的变化，可能使得项目的实际可得到的人民币资金量发生了变化。鉴于以上问题，世行贷款项目在项目实施的中期（一般第三年），都会对项目进行一次中期调整。

所谓项目中期调整，更准确地讲是对项目进行中期评估，对项目前面两年多的实施情况、项目发展目标、绩效框架、遇到的问题等进行总结，并根据评估情况决定项目是否需要作出调整，以保证项目目标的顺利实现。

4.11.1 中期计划调整的基本原则

对于一般的世界银行贷款项目，中期计划调整有两条最基本的原则是必须遵守的：第一，项目的总体目标不能改变；第二，世界银行贷款的总规模不能改变。根据每个项目的具体情况，还需要确定一些有针对性的中调原则。制定中调原则的目的，就是指导各项目实施机构进行正确的项目实施中期计划调整。

4.11.2 项目中期绩效评价

根据财政部“关于印发《国际金融组织贷款赠款项目绩效评价管理办法》的通知”（财际〔2013〕5号）有关规定要求，对于世行贷款在建项目，应当于项目实施期内开展一次在建项目绩效评价,并可与项目中期调整检查工作相结合进行。为此,在进行世行贷款项目中期调整工作之前,中央项目办或省(区、市)世行项目办应委托项目咨询单位并会同地方各级项目办,首先认真做好本项目的中期绩效评价工作,并根据项目绩效评价情况,提出绩效评价结果应用建议,同时针对项目绩效评价中发现的问题,督促落实整改措施,并且在项目中调报告中应充分考虑项目中期绩效评价的结果和有关建议。

对于世行贷款在建项目,在进行项目中期绩效评价工作中,应当重点评价项目的相关性、效率和效果。其中:

(1) 相关性,是指项目目标与国家、行业和所在区域的发展战略、政策重点以及需求的相符程度。

(2) 效率,是指项目投入和产出的对比关系,即能否以更低的成本或者更快的速度取得预计产出。

(3) 效果,是指项目目标的实现程度以及实际产生的效果和相关目标群体的获益程度。

世行贷款项目中期绩效评价完成后,应当形成项目中期绩效评价报告。世行贷款在建项目中期绩效评价等级包括:实施顺利、实施比较顺利、实施不太顺利、难以继续实施。财政部在收到中央项目办或省级项目办报送的项目中期绩效评价报告后,抓紧进行审阅并及时向项目实施机构及其主管部门反馈项目绩效评价结果,并督促其落实整改措施,改善项目管理,或调整项目内容。

同时,为了搞好世行贷款项目中期绩效评价工作,中央部门和地方财政部门应当为绩效评价工作提供必要的经费保障和人员保障,确保该项工作的正常开展。

4.11.3 中期计划调整方案的编制

中期计划调整方案一般采用“自上而下”布置和“自下而上”编制方式。最高一级项目管理机构(中央项目办(CPMO)/省级项目办),先和世界银行确定项目中期计划调整的基本原则和要求,然后逐级下发到各项目实施机构,各个项目实施机构根据目前项目实施情况,来研究编制本实施机构的中期计划调整方案,然后逐级上报、修改、汇总,形成整个项目中期计划调整方案,再报送财政部和世界银行审批。

中期计划调整方案一般包括两个部分:第一部分为项目实施回顾评价,第二部分为项目中期计划调整方案。为了更好地指导项目管理及实施机构编制好项目中期计划调整方案,下面提供了世界银行贷款淮河流域重点平原洼地治理项目的中期计划调整方案提纲作为样例在中期计划调整方案编制过程中,可根据不同项目的特点进行适当调整。

世界银行贷款淮河流域重点平原洼地治理项目
中期计划调整方案

1　项目中期计划调整编制简述

1.1　项目的基本概况

1.2　项目中期计划调整缘由

1.3　项目中期计划调编制过程

1.4　项目中期计划调编制原则

2　项目中期计划调整报告的依据和工作重点

2.1　中期计划调整编制依据

2.2　工作重点

3　评估报告工程内容概述

3.1　分项 1:防洪除涝治理

3.1.1　子项目:堤防加固

3.1.2　子项目:河道整治工

3.1.3　子项目:建筑物工程

3.1.4　子项目:农民排涝协会

3.2　分项 2:灾情评估与决策支持系统

3.3　分项 3:机构加强

3.4　分项 4:移民行动计划实施

3.5　分项 5:项目管理

4　中期计划调整的主要内容

4.1　防洪除涝工程

4.1.1　调整内容概述

4.1.2　调减项目

4.1.3　调增项目

4.1.4　设计方案调整项目

4.1.5　调整原则

4.1.6　调整依据

4.2　灾情评估与决策支持系统

4.3　机构加强

4.3.1　培训考察

4.3.2　管理房建筑工程

4.4　移民行动

4.5　项目管理

5 中期计划调整投资 5.1 投资概况 5.2 编制依据 5.3 调整主要内容 5.3.1 防洪工程 5.3.2 灾情评估与决策支持系统 5.3.3 机构加强 5.3.4 移民行动计划实施 5.3.5 项目管理 5.3.6 不可预见费 5.3.7 建设期还贷利息 5.3.8 先征费 5.4 中期计划调整投资 **6 中期计划调整后项目目标值对比**

4.11.4 项目法律文件的修改

世行贷款项目的法律文件,指的是在项目谈判时,中国政府和世界银行签订的世行贷款项目《贷款协定》和《项目协定》。项目中期调整时,如果涉及相关法律文件中一些条款的修改(如世行贷款支付比例调整等),需要项目实施单位提出修改内容,报省(区、市)财政厅(局)或财政部审查,然后由财政部报世界银行申请修改。

4.11.5 项目中期调整中需要注意的主要问题

由于世行项目的中期调整为了保证项目在后面剩下的几年中能够的都顺利的实施,项目目标能够顺利实现,项目中期调整时需要特别注意以下几个问题:

1. 重视新增项目的评估工作

在项目中期调整过程中,经常需要增加一些新的项目,已替代原评估内容中因某些原因无法实施的项目。项目实施单位除了需要对新增项目的可行性进行评估之外,根据世行的安保政策要求,还需要针对新增项目的影响情况更新项目的《移民行动计划》《环境管理计划》等文件,并根据变化情况进行公示。

2. 评估世行贷款资金的使用情况

项目中期调整中很重要的一项工作,就是根据项目的变化情况,根据原《贷款协议》的支付条款重新评估世行贷款资金的使用情况。近年来一个比较普遍的现象,由于人民币和美元的汇率变化或者招标结余等原因,造成世行贷款资金一定的结余。为了保证世行贷款资金得到充分的使用,有时可能需要调整贷款资金的支付比例,或者调整不同支付类别之间的使用额度。由于对支付比例和额度的调整会涉及《贷款协议》等法律文件的修改，因此需要在调整过程及时向主管财政部门进行汇报和沟通，并通过财政部门报世行批准。世界银行在通过项目中调报告的审批后，将会规定一个新的世行贷款支付比例的生效日期，在该日期以后发生的合格费用，才可以采用新的世行贷款支付比例进行财务报账。在该日期后已经按原支付比例支付的费用，也可以按照新的比例将增加的差额部分通过追溯报账报回。

3. 评估项目绩效监测指标

中期调整是对项目的绩效监测指标进行重新评估的一次非常重要的机会。由于绩效监测指标在世行项目评价体系中的重要地位，项目实施单位要根据项目实施两年多以来的实际情况，认真评估每个绩效指标的发展目标，如果由于项目变化造成某些指标需要调整，在中期调整报告中需要详细论证指标调整的内容、原因、依据，并报世行中调评估团批准。在调整过程中项目实施单位要特别注意绩效监测指标的务实性和可得性。

4. 中期调整资金规模

根据国内项目申报和验收的有关规定，项目的中期调整应该在总的投资规模基本不变的原则下进行，项目实施单位可根据取消项目和新增项目的建设内容合理进行调配，保证项目资金的足额使用。

4.11.6 项目微调

除了中期调整外，项目实施过程中可以随时对项目进行微调，微调一般仅限于由于项目设计变更而导致的项目活动预算的调整，不涉及增加新的项目活动。微调的范围一般规定为单个项目活动预算调整幅度在15%以内，由中央项目办(CPMO)/省级项目办自行审查批准，超过15%要报世界银行进行审批。

4.12 项目检查监督

世行贷款项目检查督促，可以分为外部检查督促和内部检查指导，外部检查督促通常指世界银行对项目的检查督促，内部检查指导通常指项目管理机构及专家组，对各项目实施机构项目实施情况的检查指导。

世界银行对世行贷款项目的检查一般每年两次，上半年一次、下半年一次，具体时间由各世行项目管理团队确定。世行项目检查团一般由项目经理带队，由采购专家、财务专家、环境专家、社会专家等相关专业的专家共同组成。世行检查团主要检查督促项目的实施情况，包括：项目发展目标进度、实施进度、财务管理、项目管理、配套资金、土地征用、采购、监测评价、非自愿移民、环境管理等方面的进度情况。世行检查团期间，世行采购专家会对已采购的合同进行后审，世行财务专家会对项目单位的账务信息、提款报账资料进行审查。每次世行检查团结束后，世界银行都会形成一个检查备忘录发给项目实施机构，世行检查团备忘录一般包括世行对当前项目实施与管理情况的评价以及对项目实施与管理中发现问题的有关意见和建议。另外，世界银行可能根据项目实施中出现的问题进行某一个专项检查，例如，世行如果认为某一个项目在移民安置方面存在的问题比较大，世行也可能派专门的移民安置专家，来项目实施机构进行移民安置方面的专项检查。专项检查通常也会形成一个检查备忘录，发给项目管理机构参照执行。

内部检查指导由中央项目办或省级项目办组织进行，可以根据项目实施与管理情况，采取定期和不定期检查的方式，定期的检查一般是一个全面的检查，不定期的检查也可以是全面的项目实施情况检查，也可以是专项的项目情况检查。不管是什么样的检查，每次检查要有一个明确的目的，配置合理的参与项目检查指导的管理人员和专家。每次项目检查指导完成以后，一般要形成一个类似于世行检查团备忘录一样的项目实施与管理情况通报，及时下发给各项目执行机构进行整改。对于项目检查中发现的重大问题与事项，需要向项目领导小组反映结合研究解决的，中央项目办或省级项目办要及时向项目领导小组负责人和有关部门提交专项报告，提请地方政府或有关部门尽快研究解决世行贷款项目执行中所存在的有关重要问题，有力地推进项目进展。

4.13 项目进度报告

在世行贷款项目实施与管理过程中，项目进度报告是供有关主管部门掌握和监测项目实施情况的重要文件，同时项目进度报告的编制过程，也是项目实施机构进行自我检查、自我评估的过程。项目进度报告包括季报、半年报和年报。在项目进度报告的编制过程中，应该首先由最高一级的项目办制定一个固定的提纲，项目中各实施机构按照统一的要求分别编写，由下至上逐级上报汇总。

一般在项目《贷款协定》中，世行也会要求项目实施单位在没半年结束的45天内，向世行提交项目的进展情况报告，每次世行检查团检查期间，项目实施单位也要提交最新的进度报告。对于已开发应用了项目管理信息系统(MIS)的项目管理机构，应充分利用MIS系统进行项目进度报告的编制，通过MIS系统报表反映本项目的投资计划完成情况、采购计划进行情况，世行贷款报账支付和项目资金到位完成情况等相关信息。

×××项目进度报告

(报告期:从　　年　　月　　日—　　年　　月　　日)

1. 项目概况

项目名称:×××项目		
贷款编号		
赠款编号		
借款人		
执行机构		
实施机构		
项目编号		
项目总投资		
资金来源		
贷款批准日期		
协定签署日期		
生效日期		
项目实施期限		
世行检查日期		
本报告覆盖期		

2. 项目投资计划

3. 项目执行情况

3.1 项目投资完成情况

3.2 工程进度

3.3 采购进展情况

4. 财务管理

4.1 财务管理基本情况

4.2 配套资金到位情况

4.3 世行贷款提款报账情况

5. 项目管理

5.1 组织机构及相关制度建设

5.2 技术援助

5.3 项目培训及考察

5.4 MIS 系统运行情况

6. 移民安置
7. 环境管理
8. 监测评价
9. 对世行检查团备忘录提出有关建议的整改措施
10. 目前项目中存在的主要问题

第 5 章　世界银行安全保障政策

5.1　世界银行安保政策简介

世界银行的宗旨是扶贫减贫，目前世行的所有项目活动都是围绕它新近提出的 2030 年消除绝对贫困和促进分享繁荣而进行的。一方面，应发展中国家的要求，世界银行在落后地区投资基础设施建设和文教卫生事业，帮助当地发展经济并使贫困人口增加分享的机会和能力。同时，世界银行要求所有投资项目在执行过程中必须充分保护当地易受伤害的绝对贫困人口和弱势群体，保护生态和环境免受伤害。对此，世界银行在过去的 20 多年中特别制定和发展了安全保障条例，作为项目的执行政策，以帮助尽早识别和尽量避免项目对当地社会和环境可能产生的负面影响，在不可避免时要将这种影响降到最低程度。贷款方和项目业主必须同意和执行世行规定的安全保障政策，才能参与和从事世行的贷款项目业务。

目前，世界银行的安全保障政策主要包括 11 项条款，其涉及环境、社会、国际法等方面，具体内容如下所列：

1. OP 4.01 Environmental Assessment　环境评价
2. OP 4.04 Natural Habitats　自然栖息地
3. OP 4.09 Pest Management　病虫害管理
4. OP 4.10 Indigenous Peoples　土著民族
5. OP 4.11 Physical Cultural Resources　物质文化资源
6. OP 4.12 Involuntary Resettlement　非自愿移民
7. OP 4.36 Forestry　林业
8. OP 4.37 Safety of Dams　大坝安全
9. OP 7.50 Projects on International Waterways　国际水道
10. OP 7.60 Projects in Disputed Areas　有争议地区
11. BP 17.50 Public Disclosure　信息公开

在这 11 项世行安保政策中，第 1、2、3、7 和 8 项（即环境评价、自然栖息地、病虫害管理、林业和大坝安全）主要关注环境方面；第 4、5 和 6 项（即土著民族、物质文化资源和非自愿移民）主要针对社会方面，但其中物质文化资源也包括对自然遗产和环境的保护。第 9 和 10 项(国际水道和有争议地区)涉及与项目相关的国际关系和法律事宜。第 11 项是世行贷款项目执行过程中所要求的信息公开程序,既对地方社会和当事人而言,也对国际社会而言。从投资贷款的宏观层面上讲,这些世行安保政策主要强调贷款国和项目执行机构要对项目计划和行动负责,首先要做及时的环境和社会影响评价,识别潜在的风险,提出应对的措施以避免或减小负面影响。同时,要将环评、社评的情况告知并咨询项目地区社区和受影响人群,使他们知情参与。当然,世行安保政策的通用原则应与地方情况相结合实施。

自从 20 世纪 80 年代以来,基于以往世界银行投资的发展项目在世界各地的经验教训,世行开始陆续建立和发展这些安全保障政策。在世行贷款项目实施的范围内,这些政策对保护环境和弱势人群发挥了很大的作用,并使得投资项目能更好地为贷款人和当地社会服务。贷款国和项目执行机构也越来越多地认同这些安全保障政策,并同世行一起在政策的执行和落实的过程中不断地提高这方面的管理能力和合作共识。与此同时,整个世界也在不断地发展,新的多样性的变化和挑战不断出现,贷款国所面临的问题也千变万化,甚至与以往大不相同。此时的世行则必须与时俱进,适应新的需要,加强自身的服务水平,强化所有执行政策并提高它们的适应性。

近几年,世界银行开始新的改革,以求自身运作的高效性和现代化,这样的改革必然也要求其安保政策有所跟进。从 2012 年起,世界银行开始对它现行的安保政策进行审核、修订并加强它们与时俱进的功能,提出了一个《环境与社会框架》的总体方案。该方案在 2016 年 8 月 4 日获得批准,将原来安全保障的 11 项条款调整为 10 项条款。

ESS1 Assessment and Management of Environmental and Social Risks and Impacts 环境和社会风险与影响的评估和管理

ESS2 Labor and Working Conditions 劳工和工作环境

ESS3 Resource Efficiency and Pollution Prevention and Management 资源效益及污染防治与管理

ESS4 Community Health and Safety 社区健康与安全

ESS5 Land Acquisition, Restrictions on Land Use and Involuntary Resettlement 征地及对土地使用和非自愿移民的限制

ESS6 Biodiversity Conservation and Sustainable Management of Living Natural Resources 生物多样性保护和自然资源的可持续管理

ESS7 Indigenous Peoples 土著民族

ESS8 Cultural Heritage 文化遗产

ESS9 Financial Intermediaries 金融中间机构

ESS10 Stakeholder Engagement and Information Disclosure 利益相关者的参与和信息公开

综合新的《环境与社会框架》的内容，主要有以下一些要点：

(1) 通过制定适应当前发展的标准，进一步提高对穷人和环境的保护。

(2) 通过引入一项非歧视原则，为利用发展成果提供包容性共享通道。

(3) 通过与贷款国更紧密的合作和利用其自身的安保政策框架，加强与贷款国的伙伴关系。

(4) 通过一个与时俱进的安保政策框架，加强世行的领导能力。

世界银行目前的保障政策预计将与新的保障政策框架将在2016年后平行使用7年左右，用于新框架启动之前批准的项目。世界银行已进入一个紧张的准备与培训阶段(12～18个月)，为过渡到新框架做好准备，新框架预计于2018年初生效。事实上，新的10项条款与之前的11项条款具有传承、延续和发展的关系，基本发展趋势仍然是11项条款的原则要点，安保政策的性质也不会改变。因此，本章所介绍世行的安保政策，还是基于现行的11项条款的论述，同时关注改革的内容和新的动向。关于世行新的《环境与社会框架》的具体内容，在本丛书的《世界银行贷款项目环境管理实务精解》和《世界银行贷款项目社会评价实务精解》两个分册中，有专门的介绍和对新老安保政策的对比。

5.2 环境影响评价

世行贷款项目进入中国已经有30多年[①]，在全国范围内实施了众多的项目，我国《环境影响评价法》于2003年9月1日实施以来，随着我国环境影响评价相关导则、技术规范、管理政策的不断完善，我国环境影响评价(EIA)与世行环境评价(EA)之间的要求已经越来越类似，只是实施和监督管理的侧重点仍有差异，但这些差异并不是实质性的，只是具体操作层面的差异。本章节从项目日常管理部门——项目办(PMO)和项目实施单位(PIU)的角度，遵从世行项目周期，具体阐述世行贷款项目准备和实施过程中环评工作的关键里程碑。

如本书第一章所述，世行贷款项目周期包括：国别援助战略(Country Assistance Strategy)—项目鉴别(Screening & Identification)—项目准备(Preparation Mission)—项目评估(Project Appraisal Document)—项目谈判和执董会审批(Negotiation and Board)—项目实施和监督(Implementation and Supervision)—项目实施和完工(Implementation and ICR)—项目后评价(Assessment)。项目准备的标准周期一般是12～18个月，而地方政府为申请列入世行贷款规划，可能已经准备了1～2年的时间，因此一旦正式启动世行贷款项目准备程序，地方政府往往希望尽快能完成前期准备

① 更详细的介绍和案例详见《世界银行贷款项目环境管理精解》分册第一章。

工作并进入项目建设实施,发挥项目效益。

当申报的项目列入国家利用世行贷款三年滚动计划备选规划后,世行会启动项目前期准备工作,明确项目经理(Task Team Leader)并组建项目工作小组(Task Team);同时国内项目发起部门(中央部委或地方政府)会明确该项目准备的项目协调领导小组(Project Leading Group)和领导小组下设的日常管理机构。这一日常管理机构往往由项目准备和实施期间涉及的政府相关职能部门组成,根据地方政府决策情况的不同,有的被称之为"项目协调办公室"(Project Coordinator Office),更多的称之为"项目管理办公室",简称"项目办"(Project Management Office)。项目办牵头单位会明确多名专职工作人员负责项目的总协调、技术、采购、环境、移民安置、财务管理等各方面工作。

5.2.1 项目范围识别阶段

在项目准备的初期,"项目范围识别团"(Project Scope Mission)或者"项目预鉴别团"(Project Pre-identification Mission),由项目经理、工程师以及安保政策专家到项目现场考察,与项目办讨论项目内容的筛选标准和原则。根据项目内容不同,更多的情况是安保政策专家在项目鉴别团期间到现场进行考察,对于环境、社会敏感的项目,在"项目范围识别团"期间,安保政策专家就会参与到项目筛选过程中。

在这一阶段,项目办(PMO)需要明确专人负责与世行项目经理对接,准备安保政策的相关基础资料的收集,以及与项目实施单位(Project Implementation Unit)的对接,预先踏勘项目现场,对拟议的项目内容和项目区现场情况有初步的了解。

5.2.2 项目鉴别阶段

中国环境影响评价(EIA)程序与世行环境评价(EA)程序之间的总体要求是类似的,同样强调"早期介入原则"。世行环评政策更强调环评在项目周期中尽早启动,应与项目的经济、财务、机构、社会和技术分析紧密结合,环评的最终目的是能够影响项目内容的筛选和项目方案的设计。

国内内资建设的项目,环评的实际情况是,业主聘请可研报告咨询单位编制项目可研报告初稿后,才正式启动项目环评咨询工作。环评咨询单位进场开始工作时,项目的选址、生产工艺、总图布置等重要技术内容已初步确定,环评单位是在业主提供的项目可研报告的基础上,进行项目施工期和运营期的环境影响评价,尽管环评报告要求进行场址比选、总图布置方案比选、工艺比选等,但实际情况是除非从环境影响方面完全不可接受,否则只能是在项目可研报告的基础上进行优化和提出减缓措施。

在世行贷款项目里，由于在项目准备初期，世行项目工作小组会强调尽早聘请环评咨询单位的重要性，并会在世行备忘录中明确随后一阶段环境方面需要开展的工作，这为环评单位尽早进场与项目可研咨询单位平行开展工作提供了可行性。

在这一阶段，世行项目工作小组、项目办、环评咨询单位在收集相关资料的基础上，根据拟议世行贷款项目的类型、规模、位置（环境敏感区域①，如湿地、林地和其他自然栖息地）、敏感程度或关键环境问题（指项目可能产生的不可逆影响、少数民族、非自愿移民或影响文化遗址等），依据其可能造成的最严重的不利影响，商定拟议世行贷款项目的类别（A、B、C或FI类），以准确反映拟议世行贷款项目的潜在风险。

世行贷款项目环境影响评价的分类和国内《建设项目环境影响评价分类管理名录》（以下简称“分类管理名录”）类似，按照“分类管理名录”定为编制《环境影响报告书》的，世行一般确定为A类项目；按照“分类管理名录”定为编制《环境影响报告表》的，世行一般确定为B类项目；按照“分类管理名录”定为填写《环境影响登记表》的，世行一般确定为C类项目。世行贷款项目一般是5000万美元以上的贷款，加上国内配套资金，一般总投资为1亿美元左右规模的项目，除政策研究、技术援助类的项目外，填写《环境影响登记表》的项目较少。

根据具体项目内容和环境影响程度的不同，按照“分类管理名录”定为编制《环境影响报告书》的项目，在世行确定为B类项目；按照“分类管理名录”定为编制《环境影响报告表》的项目，在世行确定为A类项目。在世行项目概念性文件（PCN）（Project Concept Note）文件审查会议上确定项目类别（A、B、C或FI类），但是随着项目前期准备工作的不断深入，在鉴别阶段被定为A类的项目，在项目评估阶段可能调整为B类，反之亦然。

在项目鉴别期间，世行项目工作小组与项目办商定项目环评工作大纲（Terms of Reference）②，明确项目环评工作的目标、工作范围、程序和进度要求，并准备项目环评报告文件的编制工作大纲（TOR）。编制工作大纲（TOR）将作为采购项目环评咨询单位招标文件的技术部分。具体内容要求如下：

---

① 对于“环境敏感区”国内也有明确定义，是指依法设立的各级各类自然、文化保护地以及对建设项目的某类污染因子或者生态影响因子特别敏感的区域，主要包括：（一）自然保护区、风景名胜区、世界文化和自然遗产地、饮用水水源保护区；（二）基本农田保护区、基本草原、森林公园、地质公园、重要湿地、天然林、珍稀濒危野生动植物天然集中分布区、重要水生生物的自然产卵场、索饵场、越冬场和洄游通道、天然渔场、资源性缺水地区、水土流失重点防治区、沙化土地封禁保护区、封闭及半封闭海域、富营养化水域；（三）以居住、医疗卫生、文化教育、科研、行政办公等为主要功能的区域，文物保护单位，具有特殊历史、文化、科学、民族意义的保护地。

② 更详细的介绍和案例详见《世界银行贷款项目环境管理精解》分册第四章。

环评编制工作大纲(TOR)应包括的主要内容:

1. 项目背景
2. 环评目标
3. 项目描述
4. 政策框架、范围和累积影响评价要点(A类项目适用)
5. 主要任务和产出

   任务一:审查国家和世界银行相关法规、技术规范和政策要求(编制依据)

   任务二:项目描述(工程分析)

   任务三:基线调查(环境现状调查)

   任务四:编制环境社会管理计划

   任务五:协助项目办开展信息公开和公众参与

   任务六:编制项目环评报告文件(环评报告书/报告表)

6. 产出
7. 咨询单位/专家资历要求
8. 时间进度表

   附件:

   项目环评报告编制大纲(环评报告书目录)

在项目鉴别期间(项目鉴别团),项目办应尽早启动项目环评咨询单位的采购程序。项目前期准备的相关咨询任务是由业主的前期准备工作经费,往往是地方政府安排的公共财政资金,修正后的《政府采购法》于 2014 年 8 月 31 日施行后,对使用财政性资金采购限额以上[①]的咨询服务有更为明确和严格的要求,从项目协调领导小组或项目办成员单位决策,到完成政府采购的程序往往需要 1～2 个月或者更长时间。因此,建议项目办在世界银行鉴别团到访之前能够按照国内财政资金的要求选定项目环评咨询单位。

5.2.3 项目准备阶段

对于A类项目,至少需要准备中英文版《环评报告书》(Environment Assessment Report)、《环境社会管理计划》(Environment Social Management Plan)和《环评执行摘要》(Environmental Impact Assessment Executive Summary)等 3 本文件,如有必要,可能还需要准备《环境尽职调查报告》(EDDR)、《环境管理计划框架》(EMF)、《病虫害管理计划》(Pest Management Plan)、《环保施工规程》(ECOPs)等专题报告;对于B类项目,需要准备中英文版《环评报告书》(Environment Assessment Report)、《环境社会管理计划》(Environment Social Management Plan)。对于A类项目,在环评报告书中

① 一般的,50 万元人民币以上的咨询合同需要采用公开招标的采购程序,20～50 万元的咨询合同采用邀请招标程序,20 万元以下的咨询合同采用竞争性谈判的采购程序。

要求做项目的累积影响专题评价。

项目环评咨询任务的目标：一是对世行贷款项目相关的项目/活动进行尽职调查评估。二是按照中国和世界银行对项目环境评价的要求，准备项目环评报告。项目环评报告必须高质量，能够解决项目实施过程中出现的主要环境问题。三是协助项目办(PMO)，实施世行环评进程(包括：受项目影响群体开展公众参与、信息公开等)。

1. 审查国家和世行相关法规、技术规范和政策要求(编制依据)

咨询顾问将审查业务政策OP4.01环境评价的要求以及其他保障政策，特别是OP4.01附件B中的内容(A类项目的环评报告应包括的主要内容)，制定项目环评报告文件要求，任何有疑问的地方都要与世界银行进行讨论。

本项任务，首先应对照世行10项安保政策①，识别本项目触发的安保政策，同时识别项目适用的国家的法律法规、行政规章、技术标准体系，项目文件等，即"编制依据"章节。

2. 项目描述(工程分析)

项目描述是明确环评工作的评价对象，随着项目准备的不断深入，项目描述的内容会逐步清晰和准确。

3. 基线调查(环境现状调查)

项目环评咨询单位应按照国家相关技术导则的要求，对评价范围内的项目区社会经济条件和自然条件进行现状调查和评价，包括项目开始前的任何预期变化。数据应与项目的位置、设计、运行和减缓措施的决策相一致。如果项目内容触发OP4.11物质文化资源，应编"文物保护管理计划"专章或者专题报告，至少应涵盖文物(PCRs)现状情况的调查，应该由有经验的专家负责项目影响区的文物(PCRs)现状情况进行调查，如有必要，绘制标注所查明文物(PCRs)位置图。

4. 编制环境和社会管理计划

《环境和社会管理计划》(ESMP)的详细内容请见世行业务政策OP4.01附件C。《环境和社会管理计划》(ESMP)至少应包括：所适用的环评政策框架、减缓措施方案、监测方案、实施计划，明确环境管理机构安排、能力建设活动和实施《环境和社会管理计划》(ESMP)的投资估算。②

5. 信息公开和公众参与

根据世行业务政策OP4.01环境评价，在A类及B类项目环境影响评价过程中，借款人需就项目所涉及的环境诸方面问题与受影响的群体和非政府组织进行协商(即公众参与)，并考虑他们的意见，借款人应尽早开展此类协商工作。对A类项目至

---

① 更详细的介绍和案例详见《世界银行贷款项目环境管理精解》分册第二章、第三章。

② 更详细的介绍和案例详见《世界银行贷款项目环境管理精解》分册第六章。

少应开展两轮信息公开和公众参与。其中：

(1) 第一轮公众参与(工作大纲阶段的公众参与)：环境筛选后不久，环评工作大纲(TOR)最终确定之前。为使借款人和受项目影响的群体和非政府组织之间的协商进行得富有成效，借款人向公众咨询的概要材料的格式和语言应通俗易懂，并保证被协商和咨询对象能获得材料。概要材料应包括拟建项目的目标、内容和潜在影响。一般情况下，将具有典型性、代表性的概要材料以附件方式附列。第一次信息公开应至少公告 14 天，让受影响群体(Project Affected Persons)有充足的时间了解项目信息，业主在项目环评咨询单位的协助下，开展第一轮公众参与。

(2) 第二轮公众参与(环评报告书阶段的工作参与)：在项目环境评价报告草稿完成后，将项目环评报告书中影响程度分析(定性或者定量分析)、预测和减缓措施反馈给受影响群体(PAPs)。[①] 根据《原国家环境保护总局关于印发〈环境影响评价公众参与暂行办法〉的通知》(环发[2006]28 号)文件规定，项目建设单位应当在确定了承担项目环境影响评价工作的环境影响评价机构后 7 日内开展第一轮信息公开(常被称之为“公告公示”)。项目建设单位或者其委托的项目环境影响评价机构，在编制项目环境影响报告书的过程中，应当在报送环境保护行政主管部门审批或者重新审核前，应进行第二轮信息公开(常被称之为“简本公示”)。

第一轮信息公开应包括的内容： (一) 建设项目的名称及概要； (二) 建设项目的建设单位的名称和联系方式； (三) 承担评价工作的环境影响评价机构的名称和联系方式； (四) 环境影响评价的工作程序和主要工作内容； (五) 征求公众意见的主要事项； (六) 公众提出意见的主要方式。
第二轮信息公开应包括的内容： (一) 建设项目情况简述； (二) 建设项目对环境可能造成影响的概述； (三) 预防或者减轻不良环境影响的对策和措施的要点； (四) 环境影响报告书提出的环境影响评价结论的要点； (五) 公众查阅环境影响报告书简本的方式和期限，以及公众认为必要时向建设单位或者其委托的环境影响评价机构索取补充信息的方式和期限； (六) 征求公众意见的范围和主要事项； (七) 征求公众意见的具体形式； (八) 公众提出意见的起止时间。

① 更详细的介绍和案例详见《世界银行贷款项目环境管理精解》分册第七章。

6. 编制项目环评报告文件（环评报告书/报告表）

环评咨询单位将按照任务 1 中所商定的项目环评编制大纲（TOR），编制项目环评报告初稿。世界银行对 A 类项目的环评报告要求至少包括以下一些内容：[①]

（1）执行摘要

简要概述安保政策报告中所述的问题和建议。

（2）政策、法规和行政规章政策框架

包括国家环评政策框架、世界银行安全保障政策、国际金融公司（IFC）的《环境、健康和安全指南》。

（3）项目描述

涵盖项目所有活动，包括主体工程、辅助设施和在项目影响区的关联设施。绘制项目点和项目影响区的图件。

（4）基线调查

评价范围内的项目区社会经济条件和自然条件评价，包括项目开始前的任何预期变化。数据应与项目的位置、设计、运行和减缓措施的决策相一致。特别是文物（PCRs）现状情况的调查，应该由有经验的专家负责项目影响区的文物（PCRs）现状情况进行调查。同时绘制标注所查明文物（PCRs）位置的地图。

（5）方案比选

作为环评的核心内容，方案比选应包括有无项目比选，此外，根据项目内容不同，应进行场址比选、路线比选、工艺比选等方案比选。

如果项目由多个子项目组成，并且其环境影响在项目实施阶段才能详细识别的情况下，要求编制整个项目的《环境管理计划框架》（EMF）。《环境管理计划框架》（EMF）制定了一系列原则、规则、指南和程序来评价社会和环境影响，包括减少、缓和或消除不利影响，加强积极影响的措施和计划。此外，还应包括实施这些措施所需要的费用估算和机构安排。

第二轮公众参与之后，项目的《环境影响报告书》（报审稿）和《环境和社会管理计划》（ESMP）将提交给项目办（PMO）、当地环保部门和世界银行的内部和外部审查。项目环评咨询单位将把这些审查意见和第二轮公众参与的意见汇总，编制最终的项目环评报告文件。

5.2.4 项目评估阶段

项目安保政策文件通过世行内部的审查，是安排世行贷款项目评估团的前置条

① 更详细的介绍和案例详见《世界银行贷款项目环境管理精解》分册第五章。

件，并且要求在项目提交执董会审查前 120 天在世行网站进行公示安保政策文件的英文版全文(也可能会要求公示中文版全文)。因此，项目环评报告文件准备的进度和质量，直接影响项目评估和谈判的进度。

在项目评估团期间，世行项目工作小组会根据世行总行安保政策审查委员会的审查意见，与项目办(PMO)和环评咨询单位共同讨论项目环评报告文件的修改；以及审查项目可研报告、环评报告、《移民安置行动计划》(RAP)和《社会评价报告》(如果有)等报告之间数据的一致性。

在项目评估后，项目环评报告书应尽快获得国内有审批权限的环境保护主管部门的审批，以加快项目可行性研究报告的审批以及《项目资金申请报告》提交国家发展改革委审批。为加快项目准备进度，项目业主也可以在世行评估团派出之前，将项目环评报告书(环评报告表)提交国内有审批权限的环境保护主管部门进行审批。

5.2.5 项目实施阶段

在项目实施期(一般为 5 年左右，世行贷款生效日起到贷款关账日)，世行项目工作小组的投入将少于项目准备阶段，项目实施的工作主体转为项目办(PMO)和项目实施单位(PIU)，世界银行每年派出 2 次项目检查团。对照项目办(PMO)提交的《半年进度报告》检查项目实施的进度、及时解决项目推进过程中存在的问题。一般的，在项目实施期的第二年开始考虑项目中期计划调整，项目办(PMO)将准备项目中期计划调整报告，根据调整的情况，可能需要准备补充的项目环评文件，具体要求同项目准备阶段对项目环评文件的相关要求。

在项目实施阶段，项目业主应聘请独立的《环境和社会管理计划》(ESMP)外部监测咨询单位，按照世行已经批准的《环境和社会管理计划》(ESMP)要求，检查承包商是否落实各项环境保护减缓措施，并在必要的情况下，对施工现场、环境保护目标周围的环境质量进行采样监测，结合监测数据，判断已经批准的《环境和社会管理计划》(ESMP)中提出的减缓措施的有效性，并提出改进措施和建议。

5.3 社会影响评价

社会影响评价虽然不是一项单独的安保政策，但它和社会安保政策紧密相连，可说是执行安保政策的前提，即由其来决定社会安保政策的适应性。所以在此单列一节阐述。社会影响评价专指对于一个项目所产生的社会影响做出分析和鉴定，但要做社会影响的分析，必须对社会有所了解，包括社会现状和变化分析，所以究其实可统称社会评价。这样，项目社会评价是社会安全保障政策应用于项目的基础。通过项目社会评价，项目业主/项目实施单位要评估检验所建议的项目的社会效益、社会成本、社会风险等可能产生的影响以及当地社会可能产生的反应。同时确认项目的关键利益相关者，并为他们制定适当的协商和参与机制。

5.3.1 社会影响评价的目的和作用

从宏观的角度讲，社会影响评价的总体目标，是使发展项目能够对减贫扶贫有所贡献；同时提高社会包容性，开发人力资源，发展社会资本，建立地方参与和对发展的拥有感。当然，要达到这样的目标，社会影响评价还要确保消除或至少减少项目的负面影响。针对每一个具体的项目，根据它们自身的特点，社评的目的则是帮助项目的发展立足于地方需求，确保项目设立正确的社会发展目标，并以合适的方法达到这些符合地方需求的社会发展目标。

那么所说的社会发展目标是什么呢？首先，社会发展从总体来说是要发展赋权于民的制度体系。从这点出发，有 4 个方面的运行原则指导社会发展的实践：

(1) 包容性的体制(Inclusive Institutions)：提倡社会上的平等的机会，使每一个人都能对社会经济进步作贡献并能分享进步的收益。

(2) 有凝聚力的社会(Cohesive Societies)：提倡世上男女克服限制和偏见，承认多样化的利益诉求，为了共同的需要而一起工作。

(3) 可问责的组织机构(Accountable Organizations)：提倡管理的透明性，开发公平、有效、快捷处理解决有关公共利益需求的机制。

(4) 有抗逆能力的社群(Resilient Communities)：能够克服自身的弱势，增强应对外来的经济、政治或自然力的冲击能力的社区和人群。

实际上，社会发展除了关注发展“什么”，更关心“如何”发展。首先发展要能体现包容性，即贫困人口和弱势群体同样要有发展的机会和权利，发展应该惠及他们。这是社会发展的首要定义，这样的发展才是公平的、正义的。为此社会发展的目标不仅仅是经济增长，还要通过增加贫困人口的社会资源和参与能力使他们得到赋权从而激励自主。这样他们的发展才有可能是可持续性的。社会发展的理念认为，所有人类的福祉都是由包括自然的、物质的、财务的、社会的、人性的和精神的各类资源和资产转化而来的，而这种转化是通过像政府、市场、公民社群及家庭等一系列广泛的制度体系来完成的。如果这个体系是包容性的和有效的，穷人的福祉就能得到改善。但这样的资源和制度体系常常遭遇困境和冲击，面临重大风险，诸如对弱势群体、妇女或少数民族的排斥，暴力和犯罪活动，战争，非自愿移民等等。这些是对人类发展的挑战，因而也是社会发展所要克服的目标。基于强调包容性发展，针对不同的社会环境，社会发展的目标还包括社会的回旋能力(比如针对气候变化和自然或人为灾害影响下贫困人口和弱势群体的抵御和恢复能力)、社会的凝聚力(社会对不同人等的黏着力，包括针对冲突频发和动荡不安社会的重建能力)以及社会问责(包括针对公民社会的参与及与政府的互动，以及社会管理的透明度）。总体而言，这些都是为了一个公平、正义和可持续发展的目标，是建立一个强健稳定社会的基础。

基于以上的认识，社会影响评价在具体发展项目中的目的和作用可简述如下：

（1）识别项目主要利益相关者，并建立他们参与项目设计、实施、监测和评价的机制和框架。

（2）确保项目目标为广大有关群体所接收，提高项目人口特别是贫困人口受益程度，同时性别、民族及其他社会差别能够被考虑在项目设计和选择之中，从而增加弱势群体的发展机会。

（3）评估项目的社会影响和风险，包括对当地人群的风险以及对项目本身的社会风险。如有负面影响，确定如何避免、缩小或减缓负面影响，提出当地社会认可的解决方案和措施——确保世行的社会安保政策的落实同时也关注更广范围的影响。

（4）发展地方群体在社区参与、解决争端及提供服务等方面的能力，拟议社会管理计划，帮助开拓项目和当地的可持续发展的前景。

5.3.2　社会影响评价的操作过程和内容

社会影响评价作为分析工具，在项目周期的不同阶段中有不同的操作内容。在项目早期识别阶段，它操作为初步社会扫描。在项目准备阶段，如果初步扫描分析认为必要，则要做详细的社会评价。在项目实施阶段，要做社会监测与评价。项目竣工后，则要适时做项目后评价。整个过程及其内容可大致描述如下：

（1）项目早期识别阶段：初步扫描/甄别

①了解项目区社会经济环境和发展目标；

②识别关键利益相关者；

③识别与项目密切相关的社会因素；

④识别项目可能存在的社会风险；

⑤识别项目可能引发的负面影响；

⑥判断进行详细社会分析的必要性。

（2）项目准备阶段：详细的社会分析

①社会多样性/差异分析；

②社会组织、机构制度、行为规范分析；

③利益相关者分析；

④地方参与性分析及制定参与框架；

⑤社会风险及负面影响分析，拟议社会管理计划；

⑥总体掌握基线资料、确定跟踪对象和监测指标。

(3) 项目实施阶段:社会监测与评价

①参与式项目管理(不同层面上的参与管理);

②参与式项目监测(了解形象和财务进度,检查过程和影响指标);

③参与式项目效果评价(目标受益人的评价)。

(4) 项目竣工:后评价——社会影响评价

①影响评价/有无对比分析;

②项目与社会相互适应性分析;

③项目的可持续性分析。

社会影响评价是在世行团队积极的指导和协助下,由项目业主和项目执行单位负责开展和完成的。图 5-1 的框图示意在项目的识别、准备和实施过程中社会影响评价操作的程序和步骤(关键是在项目准备阶段)。

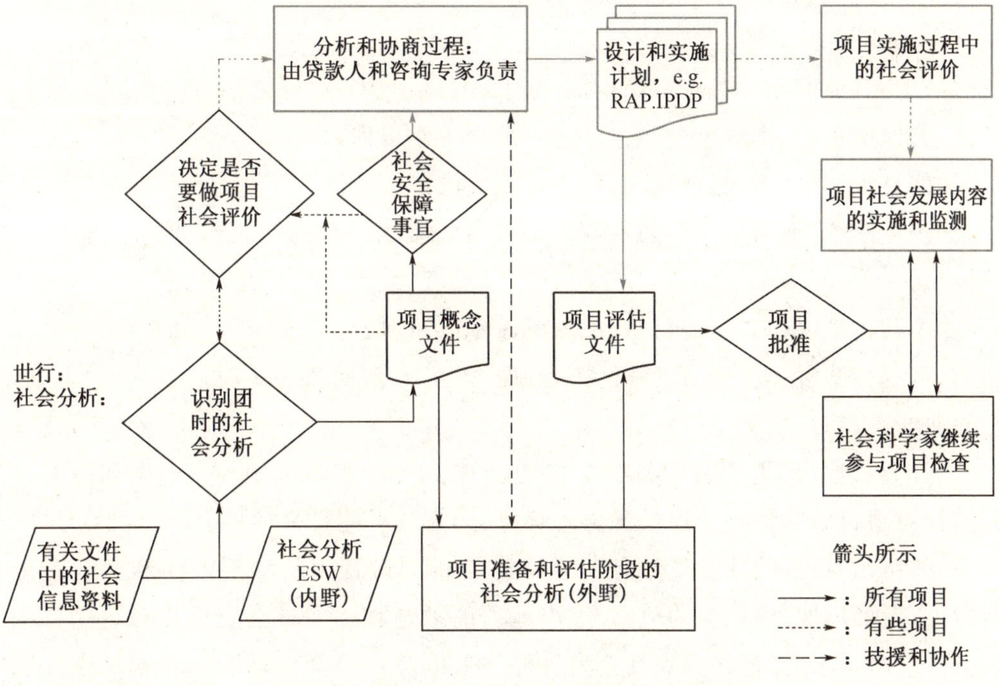

图 5-1 项目周期中的社会影响评价程序和步骤

注:示意框图中的灰色线部分,是指世行代表团的工作步骤和内容;黑线部分是指项目业主项目办的工作步骤和内容。

5.3.3 社会影响评价的调查分析方法

社会影响评价作为项目的社会分析工具,有其相应的调查分析方法。从方法论上说,社会影响评价采用应用人类学和社会学的调查分析方法,既包括定量的也包括定性的方法;既依靠文献研究和数据统计,更强调实地调查和参与式研讨。没有科学的方法将很难有本质的发现和正确的结论。下面对社会影响评价的调查分析方法做一简单的概念性介绍，以便在实际操作中参考对照：

1. 定量分析

（1）与项目逻辑框架有关的政策和文献研究调查；

（2）社会甄别/社会定位，及地方社会经济调查；

（3）项目受益及受影响人口（民族/性别/阶层）及其受益/影响程度；

（4）问卷调查及统计软件运作；

（5）社会指标

2. 定性分析

（1）项目区定位及资源考察；

（2）随机/定点抽样调查（微观分析、个案研究）；

（3）参与式观察；

（4）PRA 系列实施（参与式现场评估）：

①工作准备（工作组组合、信息传播、田野工作培训）；

②信息大会（关键利益相关者信息交流会议）；

③焦点座谈（不同层面上的利益相关者专题座谈：以性别、民族、职业、阶层、财富等分组）；

④半结构访谈（县、乡、村、组、户等层面专访和问卷）；

⑤可视性图解（空间系列：社区图，资源图，生态剖面图……时间系列：大事记，季节历，曲线图/趋势分析……）；

⑥打分排序（问题树、因果图、文氏图、SWOT 法、逻辑框架等。根据问题的轻重缓急，针对项目活动的在当地的优劣态势打分，对其可能带来的机会 vs. 风险排序）。

如前所述，项目的社会影响评价在调查分析的过程中特别要关注和体现三个相关的社会发展尺度，即社会的包容性、当地人的参与性以及社会安全保障。这三个方面的尺度即可大体衡量出当地社会发展的质量以及项目会如何影响当地社会发展的程度。项目可由此出发设立相关的社会发展目标和具体措施，从中体现下述这三个方面的实质内容：

（1）参与/赋权：发展项目的受益人/受影响人参与决策和管理，同时使发展项目成为对受益人和受影响人的能力培养和赋权过程。

（2）社会包容：多种社会群体分享发展，尤其弱势群体（包括妇女、少数民族和贫困人口）。

（3）社会安全保障：确保当地人口的安全环境和安全感，避免或消减社会风险/负面影响。

在世行新规划中的安全保障总则《环境和社会框架》中，社会影响评价是要求和环境评价一并准备和实施的。不论将来世行的安保政策如何编制，社评的目的和实质内容是不会改变的。它服务于项目的作用将会随着社会的发展日益增强。

5.4 世界银行有关少数民族政策

5.4.1 政策理念

世界银行的安全保障政策 OP4.10 是关于维护“土著民族”(Indigenous Peoples)权益的政策。这条政策旨在确保发展过程充分尊重“土著民族”的尊严、人权、经济和文化，从而促进世行扶贫和可持续发展的使命。作为其特性与社会的主流群体存在明显差别的社会群体，“土著民族”经常属于当地人口中最边缘化和最弱势的群体。他们的经济、社会和法律地位往往限制了他们保护自己在生产性资源的权益的能力，也限制了他们参加发展项目并从中受益的能力。而他们对土地和赖以生存的自然资源的特殊依附关系，又最能将他们置于开发项目所带来的不同类型的风险和影响之下，或使其丧失传统生计、民族特性和文化以及面临病害侵袭等等。有鉴于此，OP4.10“土著民族”政策规定，所有申请世行资金支持的涉及“土著民族”的项目贷款方要在当地采取不受约束的、事前的和知情的协商程序，而且只有通过这种协商而得到“土著民族”当地社区广泛同意和支持的项目才能得到世行的贷款。政策还规定，世行项目要确保“土著民族”有平等的机会参与项目并从中得到与其文化相适应的、又具有性别和代际包容性的社会和经济利益。同时，世行贷款项目还要避免给“土著民族”社区带来的潜在的负面影响，如不可避免则应尽量减少、缓解或补偿这样的影响。

世行使用“土著民族”这个词有着广泛的译意。由于“土著民族”的生活环境千差万别并不断变化，世界各国对他们也没有统一的称呼。不同的国家可能称其为“土著少数族群”“土著居民”“山地部落”“少数民族”“政府确认的部落”或“部落族群”。世行使用“土著民族”这个词，并非要固定某种称呼，而是在一般意义上泛指独特的、弱势的社会文化群体。这些群体在不同程度上具有以下特征：

(1) 自识或被他人识为不同的文化群体；

(2) 集体依附于祖先的土地/资源或特殊的地理地域；

(3) 运用传统的社会、经济和政治制度；

(4) 使用往往不同于官方的语言。

中国有 56 个民族，除了汉族其他都是少数民族，目前大约占总人口的 8.49%(2010 年第六次全国人口普查数据)，主要分布在中国中西部地区。中国宪法规定所有民族一律平等，享有同等的政治经济权利。中国《民族区域自治法》规定，少数民族聚居区实施民族区域自治。由于社会历史原因，少数民族聚居区相对滞后于主流社会的发展，少数民族中的大多数亦符合世行“土著民族”的界定。所以在这些民族聚居区实施世行贷款项目，OP4.10 将适用。但也不是所有中国少数民族都在世行“土著民族”定义的范围内。比如当代满族，民间已通用汉语言文字，文化习俗和经济生活也并没有使其呈现出社会发展的整体脆弱性。还有回族，也是通用汉语言文字，虽然普遍践行伊斯兰宗教信仰，其社会经济生活与汉族和整体社会发展基本同步。所以在中国 OP4.10 应不针对这样的少数民族。

5.4.2 政策应用

世行 OP4.10 少数民族政策的应用，主要是在项目的准备和实施阶段。涉及少数民族的世行资助项目，在其准备阶段要求实施以下的步骤：

(1) 世行通过筛查来确定是否有少数民族社区在设定的项目区内，或他们集体性依附于项目区，如果有这种情况（而且这些少数民族符合世行土著民族的界定），则 OP4.10 适用，要准备下一步工作。

(2) 贷款方开展少数民族社区社会评价活动——评估项目对少数民族社区和人口潜在的正面和负面影响以及与其传统和文化的兼容性。如果项目存在重大的负面影响，贷款方需要审查项目的替代方案。社会评价分析的广度、深度和类型应与所建议的项目对少数民族潜在影响（无论是正面的还是负面的）的性质和规模大小相适应。为了开展社会评价工作，贷款方需要聘用资质和经验为世行认可的社会科学家，提交的任务大纲也要为世行所接受。社会评价的开展更要鼓励少数民族社区和当事群众的参与。具体社评细节可参考本章“社会评价”一节。

(3) 贷款方与受影响的少数民族社区进行无约束的、前期知情的对话协商，以充分了解少数民族的意见，并确保取得少数民族社区对项目的广泛支持。这种协商活动应采用符合少数民族社区社会和文化价值及当地情况的方式进行，并在项目的各个阶段都应保持。

(4) 贷款方在社会评价和协商的基础上，着手制定项目的《少数民族计划》，或者制定《少数民族规划框架》等文本（在项目准备和评估阶段具体项目活动或项目区尚不能确定，或与具体少数民族社区的关系尚不能预见的情况下，制定此框架）。

(5) 在世行审查《少数民族计划》或《少数民族规划框架》之后，贷款方对少数民族社区和当事人以及对公众公布《少数民族计划》或《少数民族规划框架》。世行也要同时在其信息中心对外公布这些文件。

《少数民族计划》或《少数民族规划框架》文本将是项目准备的结果之一。这些文本在批准后便是项目的法律文本，代表世行安保政策 OP4.10 的具体落实，在项目的实施过程中要认真执行。贷款方项目办(PMO)有责任对《少数民族计划》的实施进行内/外部的监测,世行也要进行定期检查。

5.4.3 政策应用的关键点

在 OP4.10 政策的应用落实的过程中,有两个关键点。首先一点,是要求与少数民族社区开展无约束的、前期知情的协商参与的过程。这个过程实际上是项目社会评价的一部分,是决定项目给当地带来可能的和适宜的变化的基础,凭此也才能确保少数民族社区对项目的广泛支持。再一点,是设立《少数民族计划》。这是执行 OP4.10 安保政策的法律文本,是政策应用的体现,也是安保政策落实的依据和保证。以下对此两点的过程特点略加阐述。

1. "有效协商,知情参与"

这样的描述应该是"与受影响的少数民族社区开展无约束的、前期知情的协商"过程的基本性质。它是指在对项目的准备和实施进行有意义和良好诚意的协商及知情参与的情况下,所开展的文化上合适的集体决策过程。这种协商过程是需要一些特定的方法论的。首先要能够建立合适的对话框架,包括参与者、时间、地点、方式的设定,这要以当地少数民族所使用的语言和所熟悉认可的形式来决定的。通过这种方式来组织当事群众可以发表意见的会议,记录对话结果,指明项目将如何回应当事群众的观点,如何制定确保他们自始至终参与项目的机制。只有采用这样使用少数民族语言、留出时间取得共识及选择合适的场所的咨询方法,方可以帮助和使得少数民族清楚地表达他们的意见及偏好,才能够真正做到"有效协商,知情参与"。

2.《少数民族计划》

OP4.10 政策文本介绍了《少数民族计划》的编制和内容。这里只是强调其中的关键点。《少数民族计划》的制定要灵活、务实,其详细程度依具体项目内容及需要处理的项目影响的程度而定。在它的诸多要素中,有两点应特别关注夯实,因为它们能体现政策的真正落实。第一点是建立少数民族参与项目全过程的总体框架。它是基于少数民族社区无拘束的、前期知情的参与的实施,由项目的社会评价分析而设计出来的。它能确保少数民族社区对项目的拥有感和对项目管理和实施的参与。第二点是设立确保少数民族得到与其文化上相适应的社会和经济利益的措施行动计划。行动计划设计的行动和措施,既可以是针对少数民族社区的单独的活动,也可以联系统一的项目活动,还可能争取项目外的支援。国家和地方都会有对少数民族地区发展的倾斜政策和扶持措施,这些应当争取能和项目活动配合发力。总之是要尽一切方法帮助少数民族社区从项目受益并与项目共同发展。

5.4.4 参考实例

案例:《少数民族计划》的准备:全球环境基金水资源与水环境综合管理主流化项目

1. 少数民族识别与筛查

(1) 识别依据:"少数民族"一词指一般意义上的少数民族,即独特的、弱势的社会文化群体,它不同程度地具有以下特征:

①自我鉴定为某一独特的少数民族文化群体的一员,且该特性为他人所承认;

②集体依附于项目区内具有独特地理特征的居住区或祖传领地,并依附于这些居住区和领地的自然资源;

③具有区别于主流社会和文化的传统文化、经济、社会或政治制度;

④有区别于本国或本地区官方语言的少数民族语言。

(2) 识别方法:①现场调查。通过现场调查,了解各项目村的人口、民族构成,少数民族村识别,少数民族是否聚居等状况。②资料收集与文献查阅。通过收集反映项目区人口、民族、文化、风俗习惯的统计年鉴、报表、市志、县志等文献资料,了解项目区少数民族特征以及与汉族群众在生产生活等方面是否存在差异。

(3) 筛查:在已经确定的子项目准备初期,项目办(PMO)需要按照少数民族识别的依据进行筛查工作,以确定项目区内是否存在少数民族或少数民族是否集体依附于项目区。为开展筛查工作,世行聘用合格的、具备项目区社会和文化群体专业知识的社会科学家来进行技术评判。

2. 社会评价(少数民族地区的社会评价需要包括的要素)

社会评价中分析的宽度、深度和类型与建议项目对少数民族的潜在影响的性质和规模大小相匹配。根据需要,社会评价包括以下要素:

(1) 以适合于项目的规模对适用于少数民族的法律和制度框架进行审查。

(2) 收集关于受影响少数民族社区人口、社会、文化和政治特征,他们传统上拥有、使用或占用的土地和领地以及他们赖以生存的自然资源的基线信息。

(3) 在考虑审查结果和基线信息的基础上,识别项目的关键相关利益方,为项目准备和实施的各个阶段制定详细的、文化上适宜的少数民族咨询程序。

(4) 在与受影响少数民族进行自由、事前和告知咨询的基础上,评价项目的潜在正面和负面影响。鉴于受影响少数民族社区的不同情况、与土地和自然资源的密切联系以及相对于其生活的社区、地区或国家社会中的其他社会团体而言机会的缺乏,因此分析它们的相对脆弱性和对其带来的风险对于确定潜在负面影响至关重要。

(5) 在与受影响少数民族进行自由、事前和告知咨询的基础上,确定和评估避免负面影响的必要措施,或者如果此类措施并不可行,就应确定最大限度减少、缓解此类影响或对此类影响给予补偿的措施,同时确保少数民族能够以文化上适宜的方式从项目中受益。

3. 少数民族发展计划准备

根据筛查结果，如果世行发现项目区内存在少数民族或少数民族集体依附于项目区，那么项目办(PMO)就要开展社会评价工作，以评估项目对少数民族的潜在正面和负面影响，并根据社会评价及与受影响少数民族社区的咨询结果，制定少数民族规划。

项目办(PMO)根据社会评价和自由、事前和告知的咨询的结果，确定受影响的少数民族社区是否对项目给予广泛支持。如果少数民族社区提供这种支持，那么借款方要准备详细的少数民族发展计划报告，根据需要，少数民族规划包括以下要素：

(1) 信息概要。对适合于项目的规模对适用于少数民族的法律和制度框架进行审查；收集关于受影响少数民族社区人口、社会、文化和政治特征，他们传统上拥有、使用或占用的土地和领地以及他们赖以生存的自然资源的基线信息。

(2) 社会评价概要。

(3) 自由、事前和告知的公共咨询成果概要。该咨询针对少数民族社区进行，在项 目准备期内开展，为项目赢得了广泛的社区支持。

(4) 确保项目实施期内与少数民族社区进行自由、事前和告知的咨询的框架文件。

(5) 确保少数民族得到文化上适宜的社会和经济利益的措施行动计划，如有必要，这些措施也包括提高项目执行机构能力的措施。

(6) 在对少数民族的潜在负面影响确定之后，为避免、最大限度地减轻、缓解这些影响或对这些影响给予补偿的措施而制订的适当行动计划。

(7) 少数民族规划的费用概算和融资计划。

(8) 用于处理因项目实施而引发的少数民族社区申诉、适合于项目、易于理解的程序。在设计申诉程序时，借款方考虑少数民族内部是否具备司法追索权和解决争端的常用机制。

(9) 适合于项目的关于少数民族规划执行的监测、评价和报告机制。监测与评价机制应包括为与受影响少数民族社区进行自由、事前和告知的咨询而作出的安排。

4. 少数民族发展计划批准

在确定各相关项目或子项目是否有资格获得世行资助前，项目办(PMO)要在项目实施前2个月向世行提交由当地政府承诺的子项目的少数民族计划，供其审查。审查批准后，相关项目或子项目才能真正开始实施。批准的少数民族发展计划，必须通过当地报纸以及政府网站在实施前进行公示。

5.5 世界银行非自愿移民政策

5.5.1 总论

1. 政策总则

世行 OP4.12 非自愿移民政策适用于非自愿的土地占用和在法定公园或保护区的非自愿的活动限制的情况。这项政策的目的在于在可行的范围内避免非自愿移民（包括征地拆迁和对经济行为的影响），或最大限度地减少和缓冲它在社会和经济方面的负面影响。

这项政策推动受影响人群参与移民项目的规划和实施。它的关键经济目标是帮助受影响人群共同努力去恢复和改善他们拆迁之后的经济收入和生活水平。

这项政策阐明以补偿及其他移民措施来赢得所确立的目标，并要求贷款方要在世行批准其建议的项目之前准备好充分的移民安置规划和执行文件。

上面三句话清楚地概括了世行 OP4.12 非自愿移民安全保障政策的适用范围、旨趣目的、实施目标、操作方法、推动措施、文件准备以及规划落实等原则性规范和总体要求。世行具体的移民政策的阐述、规定和执行都是围绕着这些原则和要求而展开的，因此首先明确此项政策的总则，有利于进一步体会和把握政策的细节和执行的脉络。下面各段将对此政策的有关环节分别做一简单的条理，包括政策目标、政策要点、政策措施、适用范围、补偿资格、安置规划[移民行动计划（RAP）、简要计划（Abbreviated RAP）]、程序框架（针对项目改变或限制自然资源使用的风险）、政策框架（针对项目下潜在的征地和移民而言）、世行程序等。具体细节政策文本中均有详细阐述，此节目的在于帮助厘清理解脉络和操作经纬。

2. 政策目标

（1）尽量避免或减少非自愿移民。

（2）在非自愿移民不可避免时，移民活动要作为可持续发展方案来构思和执行。要提供足够的投资和机会，使移民分享项目的效益。要与移民认真协商，使他们有机会参与移民安置方案的规划和实施。

（3）帮助移民努力提高生计和生活水平，至少使其真正恢复到搬迁前或项目开始前的较高水平。

3. 政策要点

（1）移民要被告知自己的权利，要参与安置方案的制订过程。

（2）按重置价补偿移民的财产损失，不应考虑建筑或财产的折旧和材料的残值。

(3) 移民在搬迁期间应获得帮助。

(4) 移民在过渡期应获得帮助。

(5) 特别关注弱势群体。

(6) 先补偿安置,后拆迁、用地。

(7) 恢复和提高移民生计和生活水平。

(8) 建立移民便利的申诉机制。

(9) 在安置区提供必要的基础设施和公共服务,建立相应的社区组织模式。

4. 适用范围

(1) 世行援助的项目在征地过程中,导致:

①居民被迁移到异地或失去居所;

②居民丧失财产或失去利用原有资产的途径;

③无论是否被迁移到异地,居民丧失收入来源或谋生手段。

(2) 强制性地限制利用法定公园和保护区,从而对当地居民的生活造成不利影响。

5. 补偿资格

(1) 受影响人对土地拥有正式的合法权益。

(2) 受影响人对土地不拥有正式的合法权益,但对土地或财产的占有的要求被法律认可。

(3) 受影响人对其所占土地没有被法律认可的合法权益和要求。

(4) 受影响人除土地外的其他财产损失,无论法律地位如何,均应予以补偿。

(5) 在贷款方就项目征地所规定的土地使用截止日期前在该区域占有土地。

6. 政策措施

(1) 编制移民安置文件:包括移民安置规划、简要移民安置规划、移民安置政策框架、程序框架、移民安置尽职报告。

(2) 信息公开:移民文件必须对当事人群、地方公众和国际社会公开。

(3) 移民监测与评价:移民的过程和结果要经过内部和外部的监测与评价。

7. 世行项目管理程序

(1) 项目准备阶段:世行要帮助和指导业主移民现场工作的准备和文件准备。

(2) 项目评估阶段:世行要通过文件审阅和现场考察评估认可移民的准备工作。

(3) 项目实施阶段:世行要进行及时的和有规律的项目移民工作的监督和检查。

8. 国内项目移民安置规划程序

(1) 遵循相关法律法规和政策条例,如《中华人民共和国土地管理法》《中华人民共和国城市房屋拆迁管理条例》(国务院令第 305 号)等,国家和地方的法律和条例。

(2) 按照行业技术规范和标准,如:

①水利水电工程建设征地移民安置规划设计规范;

②水利水电工程建设农村安置规划设计规范;

③土地利用现状分类;

④土地开发整理项目规划设计规范。

(3) 制定实物指标调查细则。

(4) 编制征地移民安置规划大纲。

(5) 编制征地移民安置规划报告。

9. 世行和国内有关部门对移民安置规划的要求对比

(1) 原则一致:生活水平恢复、提高,生计发展。

(2) 规范类似:要求保证设计和规划质量,形成《移民安置计划》并付诸实施。

(3) 方法措施:征地拆迁程序、补偿帮助手段、生计恢复途径等均须考虑落实。

(4) 要求趋同:移民知情参与得到日益广泛重视。

(5) 执行细节有别:

①规划的可操作性:可研/初设/技施阶段不同水平的要求;

②信息的来源:调查 vs. 计算(在某种程度上的差别);

③规划的角度:工程业主 vs. 政府社区(责任解释或不同);

④实施的监督和监测:规律性和制度化的程度有别。

5.5.2 移民准备工作的要点

此节将根据上一节介绍的世行 OP4.12 非自愿移民政策的规范和要求,介绍贷款方和项目执行机构所做移民准备工作的步骤,包括组建移民工作队、移民工作规划、实地调查、移民协商和参与、制订移民安置计划、各利益相关者意见反馈、完善批准移民安置计划以及信息公示等。

1. 移民调查(征地拆迁调查)

(1) 目的:查明项目移民影响各类实物的数量和质量指标及受影响人群的生产生活情况,为计算项目的征地拆迁实物损失,进行项目影响分析,论证工程规模,研究项目对地区社会经济的影响,编制拆迁居民户、店铺、企事业单位、基础设施的实施计划和恢复规划、移民项目投资概算以及移民安置措施和监测评估提供基础资料。

(2) 范围:项目征地范围及影响所及,以及因安置被拆迁居民、店铺、企事业单位需要而占用地的那些地区的情况。

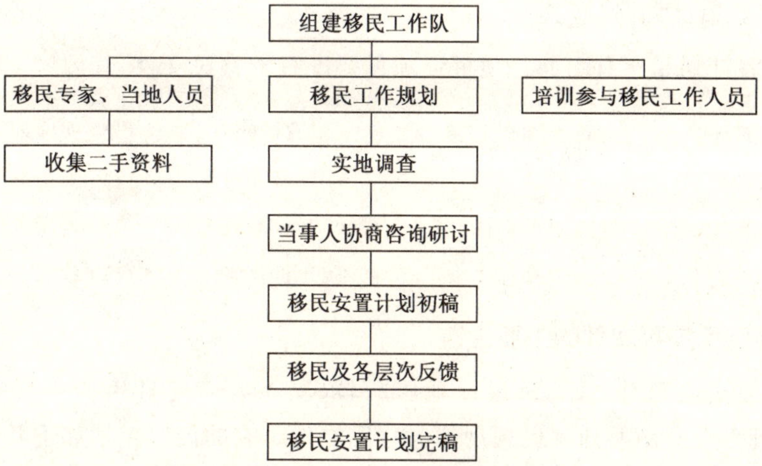

图 5－2　移民准备工作的步骤

（3）内容：

①征地拆迁涉及的实体实物及其社会联系；

②各子项目征占用(永久、临时)农村集体土地及农村经济情况；

③各子项目征占用国有土地情况；

④各子项目被拆迁住户自然和社会情况；

⑤各子项目被拆迁企事业单位情况；

⑥各子项目被拆迁店铺情况；

⑦受影响弱势群体情况调查；

⑧各子项目影响附属物及基础设施情况；

⑨受影响户基本情况、收入与支出基底抽样调查；

⑩公众意见和建议调查；

⑪各子项目影响市县、乡镇社会经济情况；

⑫各子项目影响类别补偿标准情况；

⑬文献资料调查，包括土地征（占）用有关政策、房屋拆迁有关政策；

⑭其他方面，如在少数民族聚居区，关于少数民族社区的社会经济和文化传统的特殊情况等、其他有关统计资料。

2. 移民安置计划编制内容

移民安置计划是所有引起征地拆迁项目要准备的移民文件，其内容一般包括：

(1) 项目描述
(2) 项目影响
(3) 安置目标
(4) 社经调查
(5) 法律框架
(6) 机构框架
(7) 补偿资格
(8) 补偿标准
(9) 安置措施
(10) 恢复计划
(11) 社区参与
(12) 申诉程序
(13) 实施进度
(14) 费用预算
(15) 监测与评价
(16) 权利表

3. 简要移民安置规划的主要内容

如果移民人数不足 200 人，或征地影响较轻、无人搬迁且生产资料的损失不足 10%，项目可只编制简要的移民规划作为移民文件。它的内容包括如下几点：

(1) 项目影响
(2) 影响人口调查
(3) 移民补偿
(4) 移民意见反馈
(5) 实施机构的职责
(6) 抱怨申诉程序
(7) 安置方案的实施与监测
(8) 实施进度与费用预算

4. 移民政策框架的主要内容

移民政策框架的设定，主要是针对在项目准备和评估阶段尚不能预见项目实施过程中或子项目执行中将会发生的潜在移民活动的具体规模、细节、或地点的情况。它的目的是阐明移民安置的原则、实施机构的安排和项目设计的标准，以指导项目实施阶段的项目行为。它的主要内容有如下几点：

(1) 项目简述
(2) 可能引发的移民
(3) 准备和实施移民安置的原则和目标
(4) 准备和审批移民安置规划的步骤
(5) 可能的受影响人数、类型
(6) 移民资格标准
(7) 法律框架
(8) 受影响财产的价方法
(9) 移民活动的实施步骤
(10) 抱怨申诉机制
(11) 抱怨申诉机制
(12) 参与机制
(13) 费用估算
(14) 监测安排

5. 程序框架的主要内容

程序框架主要是针对项目限制某种自然资源的使用(或经济活动)，它的目的是在于制定一个程序，使可能受到影响的社区成员能够参与项目的设计、参与确定实现移民安置政策目标所需的措施以及参与相关工程的实施和监测。其主要内容有以下几点：

(1) 项目的具体组成部分
(2) 资格标准
(3) 补偿措施
(4) 抱怨的申诉程序
(5) 法律程序
(6) 监测计划安排

6. 形成项目文件

(1) 移民安置计划初稿：项目准备阶段公示。

(2) 移民安置计划完稿:项目评估阶段公示。

(3) 形成项目法律文本:项目要照其实施的执行文件,项目检查监测的依据。

7. 信息公开

世行资助项目主张运作公开透明,特别是对它的十项安全保障政策的遵循要公众监督。项目上有关执行这些政策的文件要及时公布,一方面是在项目当地公布,一方面在世行的信息中心公布。公布程序在项目的准备和实施过程中有具体的要求。

5.5.3 移民实施的要点

1. 实施阶段移民安置计划的落实(过程四要素)

(1) 移民安置计划:行动方案。

(2) 各级项目办和移民机构(政府相关部门和民营组织配合协作):负责组织实施,落实行动方案。

(3) 移民监测和评估机构:监督过程,评价后果。

(4) 移民和受影响人群:继续保持知情协商,参与移民活动不同阶段的决策、实施及监督与评价。

2. 移民安置工作落实的主要关注点

(1) 组织机构:移民实施机构的设置、人员配置和能力建设。

(2) 公众协商:受影响人的知情协商和参与,信息公开,申诉机制。

(3) 移民政策与补偿标准:移民政策的制定与实施,各类影响损失的补偿标准实际执行情况。

(4) 移民实施进度:根据移民行动计划,把握征地拆迁与移民安置活动实施进度(迁出区各类征用、安置区各类调整、拆建搬迁、生产开发、劳力就业、公共设施、专项设施、企事业及店铺迁建等)。

(5) 移民预算:移民资金使用、管理及支付到位执行情况,补偿费用支付到位的数量与时间,集体土地补偿费的使用与管理。

(6) 移民房屋重建与生活安置:宅基地三通一平及分配安排,公建配套及社会服务,城镇移民安置点、安置房选择与分配,店铺及企事业房屋重建与分配,移民与当地社区的社会调整等。

(7) 移民生产就业安置:农村移民的主要生产安置方式(调土、就业、自谋、养老),企业店铺拆迁移民的就业安置,弱势群体的安置,临时占地的复垦,工矿企业和事业单位、店铺、城/集镇及各类专项设施的恢复重建等。

(8) 发现的问题及其解决措施:具体管理和操作中出现的误差或失误,内部和外部监测中发现的问题等。

3. 移民实施的监测与评价

移民监测评价，是根据项目移民安置行动计划对移民安置实施活动进行持续地调查、检查、监督和评价工作。它是项目管理的重要组成部分，分为内部监测和外部监测。

(1) 内部监测：由业主和移民实施机构依靠自身管理系统对移民安置行动计划的实施进行连续的内部监控，目的在于全面、及时、准确地掌握移民的进展，发现和解决问题。

(2) 外部监测：由独立于业主及移民执行机构的具有移民监测评价能力的组织或机构，对移民活动进行周期性的监测和客观评价。它的关注点与移民实施管理是相一致的，但要通过现场调查、访问等方法，对移民安置实施活动进行数据和信息收集，在此基础上对移民安置实施工作进行客观评价。

4. 监测评价的应有属性

(1) 重要性：对项目、对落实计划而言(达成共识)。

(2) 客观性：相对独立性，减少主观干扰(外部监测因此不可或缺)。

(3) 有效性：专业资质，信息/数据质量(方法论研究)。

(4) 参与性：参与性监测评价：当事人(受影响人)对项目实施和计划落实的看法和评价——可通过参与过程制度化系统化和 PRA 方法体现。

5. 监测评价的精确性

(1) 效度(Validity)：指监测分析工具在多大程度上正确测量到了(和说明了)所要测量的对象(如对变量和样本的选择等)。

(2) 信度(Reliability)：指监测分析工具在多大程度上提供了前后一致的精确结果(测量方法的可靠程度；涉及样本与调查总体特征的关系，也包括样本量)。

5.6 世界银行的物质文化资源政策

5.6.1 政策概念

本政策使用的“物质文化资源”[①]的概念是指古代人类活动的遗址遗物，包括可以移动的和不可以移动的物体、地址、建筑或建筑群以及自然地物和地貌(如峡谷、瀑布及化石等独特的自然环境遗存)。它们在考古学、古生物学、历史学、建筑学、宗教学、

---

① Physical cultural resources, also known as “cultural heritage” “cultural patrimony” “cultural assets” or “cultural property”. 即：物质文化资源，又称文化遗产，在英文中有众多写法，意思同一。

美学或其他文化解释上意义重大。物质文化遗产可能坐落在城市,也可能在农村;既可能在地上,也可能在地下或水下。它们的文化意义和旨趣可能表现在地方层面上,或是在省和国家层面上,也可能涉及国际社会。但在许多国家此种文化遗产遭到不必要的损害,且再不可复得。

5.6.2 政策目的

世行 OP/BP4.11 物质文化资源政策的目的是避免或缓解世行资助的发展项目对文化资源产生负面影响。这种由项目活动对物质文化资源所产生的影响,包括所采纳的缓冲措施,不能和贷款国的国家立法或其在有关的国际环境条约和协议下承担的义务相抵触。文化资源是有价值的历史和科学信息的来源,是经济和社会发展的有利资产,也是一个民族自我认知和文化身份的不可缺少的一部分。这种资源一旦失去不可复得,因此整个人类应努力避免它们的丢失。

5.6.3 政策应用

1. 结合 OP4.01 环境评价

物质文化资源政策的应用首先体现在环境评价政策实施之中。贷款机构应将审查世行资助项目对物质文化资源影响列为项目环评过程中不可缺少的一部分,按照环评的程序展开诸如鉴别筛选、提出工作大纲(TOR)、基线调查、影响评价、制定缓冲措施和管理计划的工作。

在环评中下列项目将会定为 A 或 B 类项目,同时要遵从本政策的规定:(1) 任何包含有重大挖掘、拆迁、土方工程、淹没或其他环境变化的项目;(2) 任何坐落于贷款机构识别认定的文物文化遗址及其附近的项目。另外,专门支持物质文化资源管理和文物保护的项目要个别单独审核,并通常划定为 A 或 B 类项目。

在编制环评工作大纲时,贷款机构要和世行、有关专家及受项目影响人群协商识别项目是否涉及物质文化资源问题。如果涉及,在项目环评中要评述。此工作大纲通常指示在环评的基础资料收集阶段做文物调查和物质文化资源的认定工作。

2. 物质文化资源管理计划

世行的环评政策要求对文物及文化遗产的识别、对其影响程度的评估以及避免或减缓这种影响的方法设定等都成为项目环评过程的一部分。而其作为环评不可缺少的部分,贷款机构需要制订一份物质文化资源管理计划。该计划包括避免或缓解对文物的负面影响的措施,如何管理临时随机的文物发现的条例,必要的增强机构能力的手段和监测跟踪这些行动进展的机制。这个物质文化资源管理计划是和当事国的总体政策框架以及国家立法相一致的,并且重视有关物质文化资源方面的制度能力建设。

世行会与贷款机构商讨并审核项目环评报告中有关物质文化资源方面的发现和建议,审定物质文化资源管理计划的内容,并决定项目在这方面是否充分满足了世行的贷款条件。根据世行环评政策的要求,在整个文化遗产认定、潜在影响评估、规避或缓解渠道的探究等过程中,要采纳公众协商和参与的方法,包括相关的项目影响人群、政府有关部门以及非政府组织的协商和参与。同时,在不影响物质文化资源的安全和完整性并不危及其信息源的情况下,环评中有关物质文化资源的信息和文物发现应和环评报告一起向公众公示。

5.6.4 结论

(1) 世行不资助对文化遗产有重大损害的项目。

(2) 在世行资助的项目中如不期遇到文化遗产问题,世行将帮助保护文化遗产,而不会视而不见、坐视不管。

(3) 此政策适用于所有世行资助的项目,不论项目中直接影响文化遗产的那部分是否是由其资助。

(4) 对文物和文化遗产有影响风险的项目,项目单位将在其环境评价中做文物调查评估和文化遗产管理计划,并采用公众参与的形式制定避免或缓解负面影响的方法和措施。世行项目组也要咨询政府有关部门和专家并做现场调查,确定项目对文化遗产做了充分的保护工作。项目要将适当的文化遗产的信息和保护计划与环评报告一起对外公示。

第 6 章 项目监测评价

监测与评价是现代项目管理的重要内容。监测与评价是两项密不可分的工作，所以，一般把监测与评价视为统一体，作为项目管理的一个子系统。相对来说，监测侧重于项目实施过程及有关信息的采集；而评价则侧重于利用监测信息进行分析和判断。监测是一个连续不断的过程，即连续不断地发现问题，及时指导、改进项目的实施计划。而评价则具有一定的阶段性，如项目执行年度评价、中期评价、竣工期评价、项目后评价等，且偏重于评估所采取的技术路线、方法与措施是否得当，预期的成效能否实现及项目的影响，以及项目今后能否可持续发展等。因此，监测与评价是项目管理中相互依存而有区别的两个方面：监测是评价的基础，评价是监测的结果。

6.1 监测评价的基本概念

世界银行和一些国际金融组织的有关专家在经过长时间的探索、研究和实践之后，给监测评价下了这样一个定义："监测是连续不断的评价，它既是根据既定的时间表对项目实施情况的评价，又是对项目投入的使用、基础设施以及项目受益人服务方面的评价。评价是阶段性评定，它针对已定项目目标就其合适性、执行情况、效率及效果进行评价。"它基本上概括了在项目中进行监测评价的实质，反映了监测与评价的关系。相对来说，监测是根据项目的实施目标和评价指标体系，通过对项目的全过程的实施情况进行连续系统的记录、监督和观测，以反映项目在实施过程中投资、进度及其产生效益的情况，侧重于项目实施过程及信息的采集。而评价是对项目执行的全过程或某个阶段进行系统的总结，通过项目实现程度与目标对比，发现项目执行中存在或潜在的问题，从而总结项目实施的经验和教训，为本项目的下一步实施和新项目的设计提供科学依据，侧重于利用监测信息进行分析和判断。监测是一个连续不断的过程，具有连续性和具体性，即连续不断地发现问题，及时指导、改进项目的实施计划，并解决具体问题。而评价则具有一定的阶段性和综合性，如项目执行年度评价、中期评价、竣工期评价、项目后评价等，且偏重于从总体上评估项目所采取的技术路线、方法与措施是否得当，预期目标的实现程度，项目的效率和影响以及各项目区的效益对比等。

总之，通过对项目实施过程的监测与评价，可使项目的决策者或执行者及时掌握项目实施的动态与进程，不断地总结经验与教训，并随时加以改进和提高，使项目能朝着正确的方向与预期的目标平稳地发展。因此，监测内容应能满足评价的需要，监测指标应符合全面性、客观性、可操作性的原则，采用定量监测与定性监测相结合的方法。

6.2 监测评价的意义和原则

6.2.1 监测评价的意义

(1) 跟踪、记录项目实施的进展情况；

(2) 对比分析项目实施前后的变化、发展与效益；

(3) 及时发现、总结项目实施、管理中的优点和缺点或存在的问题；

(4) 深入分析所产生问题的原因并提出相应的改进意见；

(5) 指导整个项目的正确实施并达到预定的目标。

6.2.2 监测评价的原则

鉴于监测评价的特点和重要性，必须遵循以下几条原则：

(1) 独立性原则。所谓独立性原则就是监测评价机构或人员应该是项目决策者、执行实施者、管理运行者以外的第三方，至少必须以第三者角度进行监测评价。也就是说，监测评价必须独立于项目之外，包括工作计划的安排、监测的内容、评价的标准、评价人员的配备以及报告的批准等。监测评价机构或人员既不代表项目决策、实施和管理的任何一方，也不站在项目投资或受益的一方。为保证项目监测评价工作能做到客观、公正，设置独立的机构十分重要。

(2) 客观性原则。监测评价机构或人员应依据客观规律，坚持一切从实际出发，自始至终保持客观的态度和深入调查研究、实事求是的工作作风，正视事实，不带有任何偏见，排除一切人为干扰，力求监测评价结果能如实地反映项目实施前后及运作过程的实际情况，并对存在问题提出科学、准确的合理化建议。

(3) 科学性原则。采用科学的方法进行项目运作的监测评价是现代项目管理的基础，包括制定监测指标体系，建立监测评价网络、定点监测点布置、监测评价方法等，都应在科学的论证和分析之后做出决定。进行阶段评价时，能定量说明的尽量进行定量分析，无法定量的再定性说明。对运作过程中的客观现象，运用系统的观点进行分析和评价，找出它们之间的联系规律，提出经得起历史检验的对策。

(4) 实用性原则。对项目的监测评价，是一个发现问题、研究、决策、实施的螺旋上升的过程，而监测评价对运作过程中的决策有较重要的影响，必须具有实用性。为了保证监测评价成果实用,并能对项目运作进程产生作用,监测评价机构或人员应能广泛听取各方面的意见,解决关键问题;监测评价报告应针对性强,文字简练明确,所总结的经验教训有可借鉴性,并能提出具体的措施和要求,使项目管理人员能从监测评价信息中受到启发。

(5) 可靠性原则。监测评价数据和结果除项目有关方使用外,还可能成为其他项目决策或实施的依据。除保证评价结果客观、公正、无偏见外,还要保证数据来源和分析处理的可靠性。评价的可靠性取决于工作人员的专业素质及监测评价方法的准确性,研究结果的透彻性和可利用性。

(6) 时效性原则。由于监测评价一个主要目的,就是通过对项目运作过程中实时的监测资料进行分析,为项目实施过程找出问题,提出合理的措施和建议。时效性原则也就主要体现在监测资料的获取和改进意见的提出。在项目实施过程中,有些资料如果不及时收集,过了一定的期限后就会消失或很难再得到准确的数据。另外,对项目运作过程中发现的问题如果不能及时反馈信息、采取措施,也会错过最佳的补救时机。

(7) 透明性原则。监测评价结果必须客观、公正、合理,经得起项目各有关方的检验和时间的考验。所有评价报告都应印发给项目有关的单位或管理部门,供有关工作人员在工作中利用。监测评价过程的本身也应该有一定的监督和约束机制,以防出现一些违反监测评价基本原则的事例。

6.3 确定项目监测评价指标

监测评价指标是监测评价内容的具体体现,是监测和评价工作的主要依据。项目的监测评价指标一般需要在项目可研和评估阶段,有中方项目设计人员提出,并和世行有关专家进行商谈后确定,并反映在世行《项目评估报告》的“成果框架和监测”章节中。

为此,需要从事项目管理的顶层设计人员,根据项目建设的发展目标、项目投入进度、产出及其成果等内容,加以深入地分析和综合归纳后,分别提出项目成果指标、产出指标以及中间结果指标。即对整个项目的建设内容及其进度,依据项目发展目标,针对项目投入、产出、成效与影响等各个项目发展阶段,明确地制定出监测评价的指标体系。一般可首先依据项目发展的总目标,并对项目总目标加以分解,划分成各个相互联系、相互影响又相对独立的子目标,并通过对大量监测指标的综合分析,分别确定出能说明各个监测子目标和中间结果的指标,最后筛选出最有价值、最关键的若干指标,并对监测指标加以分类。所选取的监测指标一定要有代表性,既要有定量指标,又要有定性指标,并尽量减少监测指标的冗余和重复。对定性指标能量化的尽量量化；对量化比较困难的指标，可以适当地寻求一些替代指标，从而建立起完整的监测评价指标体系。

在制定项目监测评价指标时经常会出现的一个问题，由于在项目准备阶段很多项目实施单位对世行项目的评价体系还不太了解，很容易忽视监测评价指标的重要性，设计过程过于随意，设计的指标或者不切合实际、或者具有很大的获取难度、或者目标值没有经过认真的计算评估，到项目实施的中后期才发现实现项目监测目标有很大困难，给项目的评价带来了负面影响。

表 6-1 中列出了淮河流域重点平原洼地治理项目的监测评价指标以供读者了解和参考。

表 6-1 淮河流域重点平原洼地治理项目成果监测指标案例

项目开发目标/成果指标	基准年 2008-2009	目标值							数据收集和报告		
		2010	2011	2012	2013	2014	2015	最终目标	报告频次	数据收集文件	数据收集负责单位
项目成果-1：城市及农村的防洪保护面积指标(km^2)	0	782.6	3 516.3	6 031.4	7 554.3	8 621.2	9 576.2	9 576.2	一年一次	年度报告	水利局/项目管理办公室
项目成果-2：防洪保护人口的数量指标(百万)	0	0.55	1.95	3.73	5.18	5.92	6.64	6.64	一年一次	年度报告	水利局/项目管理办公室
项目成果-3：城市和农村地区减少的洪灾经济损失指标(百万元人民币)	0	21.58	202.4	322.83	477.4	593	699.5	699.5	一年一次	年度报告	水利局/项目管理办公室
项目成果-4：防洪条件改善所提高的农民人均农业收入指标(人民币元/年)	0	37.75	92.3	136.8	174.5	209.5	233	233	一年一次	年度报告	水利局/项目管理办公室
项目成果-5：河道整治提高的航运效益指标(百万元人民币)	0	102.6	105.6	108.7	111.8	115.1	118.4	118.4	一年一次	年度报告	水利局/项目管理办公室
中间成果-1：堤防加固长度指标(km)	0	53.4	111.2	118.4	61.9	50.0	22.5	417.4	一年一次	年度报告	水利局/项目管理办公室
中间成果-2：河道整治长度指标(km)	0	142.1	364.3	150.4	100.6	185.8	36.9	980.5	一年一次	年度报告	水利局/项目管理办公室
中间成果-3：建筑物数量指标(806)：包括 182 座泵站、427 座穿堤建筑物和防洪闸、197 座桥梁	0	17	142	196	117	314	20	806	一年一次	年度报告	水利局/项目管理办公室
中间成果-4：批准和实施的运行&维护计划的数量指标	0	0	16	40	50	30	10	146	一年一次	年度报告	水利局/项目管理办公室

续表 6－1

项目开发目标/成果指标	基准年	目标值							数据收集和报告		
	2008－2009	2010	2011	2012	2013	2014	2015	最终目标	报告频次	数据收集文件	数据收集负责单位
中间成果－5：按要求成立的、在运作的农民排灌协会数量指标	0	0	4	4	4	12	12	36	一年一次	年度报告	水利局/项目管理办公室
中间成果－6：按照有资金支持的环境管理计划实施的主要活动的数量指标	0	4	22	15	10	8	0	59	一年一次	年度报告	水利局/项目管理办公室
中间成果－7：防洪减灾及决策支持系统完成的百分比指标	0	3%	30%	25%	25%	10%	7%	100%	一年一次	年度报告	水利局/项目管理办公室
中间成果－8：水力模型完成的百分比指标	0	3%	27%	20%	20%	15%	15%	100%	一年一次	年度报告	水利局/项目管理办公室
中间成果－9：洪灾评估及决策支持系统达到的技术标准的精度，(1) 远程数据采集率大于 90%；(2) 计算的成灾面积与实际值之间的误差小于 15%；(3) 90%的预测和实际的洪峰之间的相差小于 0.2～0.3 m	0	0	0	0	0	90%	90%	90%	一年一次	年度报告	水利局/项目管理办公室
	0	0	0	0	0	15%	15%	15%			
	0	0	0	0	0	90%	90%	90%			
中间成果－10：理解和帮助推广项目创新点的政府官员数量指标	0	83	117	140	199	245	275	275	一年一次	年度报告	水利局/项目管理办公室
中间成果－11：收入和生活水平能够得到维持或提高的项目征地影响人群的数量指标(永久占地面积为 15 546 亩，临时占地面积为 43 172 亩)	0	2 075	16 752	27 861	35 355	46 353	57 173	57 173	一年一次	年度报告	水利局/项目管理办公室
中间成果－12：收入和生活水平能够得到维持或提高的移民数量指标	0	471	1 302	3 410	4 808	5 976	7 044	7 044	一年一次	年度报告	水利局/项目管理办公室
中间成果－13：严格按照世行采购和财务管理指南签订的合同数量指标	0	47	112	76	44	15	17	311	一年一次	年度报告	水利局/项目管理办公室

6.4 监测评价方法

6.4.1 参与式监测与评价

参与式监测与评价是在国际上越来越受到提倡并被证明是达到项目可持续的最基本的方法。简单地说，参与式监测与评价就是指将参与式的方法和理念引入到项目监测与评价过程中去。参与式监测与评价可以被看作是一个系统的过程,这一过程使项目的受益者或目标群体能持续地参与评价他们自身的进步,并定期地对从过去的错误和经验中学习的过程进行评价。

参与式监测与评价同样包含两个相对独立的过程,即参与式监测和参与式评价。

1. 参与式监测

参与式监测是指项目的受益者或目标群体参与测量、记录、收集、加工和交流信息,以帮助项目管理人员或有关机构做出决策。参与式监测要求项目的所有成员了解为什么进行监测和监测什么,让所有人都应该知道关于项目进展的情况。参与式监测的好处是允许项目的所有成员来确定项目是否按计划进行。如果发现项目活动不是为了达到项目目的,则可进行必要的早期调整。参与式监测还能使我们了解到资源是否得到有效的、合理的使用。

2. 参与式评价

参与式评价提供了一个机会使项目所有成员和管理人员能反思过去,以更好地为将来做决策。项目成员在管理人员的鼓励和支持下负责和控制要评价的内容,确定怎样进行评价,实施评价并分析信息和展示评价结果。事实上,项目成员常常会根据他们自己的目标凭直觉和非正式地进行评价。这是因为项目的发展活动要求全体成员参加;由于他们是项目的最大受益者,因而要求他们作出相应的贡献(如提供劳力、管护等);而且,当项目结束后,是由项目成员自己来决定是否继续项目的活动。

对参与式监测与评价,即受益主体积极地、全面地介入发展过程或发展项目中有关决策、实施、管理和利益分享等全过程。采用参与式方法的目的是使利益相关者了解他们所处的真实状况,分享、更新并分析其生产知识和条件,进行计划并采取行动。另外这种方法还能够使所从事的发展项目公开和透明,把发展的机会赋权给目标群体;使人们能够自主地组织起来,分担不同的责任,朝着一致的发展目标努力;在发展项目的制定者、计划者以及执行者之间形成一种有效的平等的"合作伙伴关系"。项目中所设定的参与式监测,要求项目区群众在项目管理人员的帮助下,从监测指标的设计、监测方式、监测内容等方面都要积极地参与进来,不仅如此,还要求项目区群众了解为什么监测、监测什么以及如何反馈监测结果。这样无论是项目区群众还是管理者都能从这些监测信息中受益。

参与式评价是区别于传统的"自上而下"评价方法的一种新的评价方法。它提供了一个机会使项目区内的所有成员和评价人员都能反思过去,以更好地为将来作决策。通过项目的实施,将建立一种参与式的评价体系,使项目区内群众在管理人员的鼓励、支持和帮助下,负责和控制要评价的内容,确定怎样进行评价,实施评价并分析资料信息和展示评价结果。项目管理人员的主要作用是协助项目区群众评价,观察评价过程，有时候可提出一些主意和观点，在群众需要时提供帮助。

使项目管理人员树立参与式发展理念，参与式发展不仅是对项目区群众而言，同时更是针对项目管理人员的。项目管理人员在管理项目时，从项目的可行性研究、项目规划和设计、项目执行等项目管理的各个环节都要运用参与式方法和思路来确定、规划和管理项目。这样，才能全面深入地对项目的社会效益与影响及项目与社会的相互适应性进行分析研究，以增强项目的有利影响，减轻不利影响，避免社会风险；才能从项目区潜在的目标群体所面临的发展现状和问题入手，找到制约发展的根本原因，从而为确定发展项目的目标奠定决策基础；才能及时了解项目的进展情况以及所遇到的问题，以便及时采取措施，解决项目实施过程中出现的一些新情况、新问题，保证项目尽量按规划和设计的内容顺利地实施。

为此，需要对项目管理人员进行参与式理念和技术业务培训。对直接参与项目监测与评价的工作人员，首先应当举办有关调查方法与调查技巧方面的培训，掌握如何进行半结构性访谈的入户调查；掌握如何通过召开有关项目的利益相关者小组会议的形式，以民主讨论及参与式的方法来获取有关的监测信息或数据。同时需对各级项目办，特别是县（市、区）基层项目办的有关人员，应对其进行如何将采集到的第一手数据进行可靠性检验、如何正确地输入计算机监测评价系统等必要的技术培训。

6.4.2 项目监测的方法

1. 实施监测的程序

第一步：要明确开展监测的意义、目的和作用，从而使各级项目办管理人员具有主动参与的动力和积极性。

第二步：明确监测主体。一般应由各县（市、区）基层项目办来具体负责监测工作，但最好委托当地一个独立的中介机构来负责监测工作，如地方的一所大学、科研机构或非政府组织，站在第三方的立场，以确保所采集的数据和评价结果的客观性与可靠性。

第三步：确定监测评价的指标体系，即要根据项目的具体活动内容、项目主要产出及影响，来确定若干个关键的监测指标。

第四步：准确采集监测数据。通常要事先选择确定一定比例的定点调查对象，并需在整个项目建设期内保持相对稳定。每年要让有关负责监测的工作人员，深入到各定点对象，采用半结构性访谈的方式，采集和收集有关监测指标的信息和数据。若设立定点对象有困难，也可通过召集项目的相关人员（如项目的直接受益者），以小组民主讨论的方式来共同确定有关的监测指标和数据。

第五步：撰写并提交年度的监评报告。在分析、汇总监测数据的基础上，通过对比分析,总结项目实施前后的变化,资金投入过程中的经验、教训,项目取得的阶段性成果以及项目建设中存在的问题等,并通过深入分析、研究产生问题的原因,有针对性地提出相应的改进意见与建议。在项目具体实施监测评价的过程中,如何能及时、有效地发现问题,并通过深入地分析研究,找出产生问题的根源,往往是监测评价工作中的一个薄弱环节,而且也最容易被忽视。针对项目实施过程中出现的问题,要逐个地进行深入分析,在调查、研究的基础上,由表及里、取伪存真,找出发生问题的真实原因或来龙去脉,从而提出相应的改进意见、建议或措施。

同时,需要在规定期限内提交年度监测评价报告。项目管理人员要及时将监测评价的成果反馈给项目管理中的有关单位,并可通过各种途径,如召开现场会等形式加以宣传,吸取教训,改进工作。

2. 定点采样对象的确定

科学地选择、确定定点采样对象,是保证所采集到的数据在当地具有代表性的重要保证。因为每个项目区所包含的对象数量很多,不可能把每个对象的信息和经济状况全部收集起来,只能采用选点的方式。为此,要求对每一个拟调查的项目区和对比组,要按照项目所辖范围或灌溉系统的上、中、下游,选出有代表性的10%～15%作为定点跟踪调查对象,最根本的是所选出的定点调查对象一定要有代表性,即根据这10%～15%定点调查对象的平均值要能够得出可代表项目区平均的监测指标。

3. 基线调查

基线调查是指对项目全面实施的前一年,对整个项目区(包括对比组)的社会、经济及工程状况等关键指标进行一次较为系统的摸底调查。基线调查可为项目执行期及项目结束后开展项目实施前后的对比分析与成效评价等提供基线资料。因此,基线调查是项目正式实施前所要开展的一项重要活动。而基线监测数据的正确与否,将直接影响到今后对项目成效与影响的评估。

4. 对比组的设定

对比组是指在地理环境、气候条件、社会经济状况及市场价格等方面与项目区基本相同或类似的非项目区所选定的定点调查对象。而设立对比组的目的,是为了分析比较在相同的外部环境条件下,开展有项目与无项目的横向对比,以便更客观地评价项目建设区在经济、社会、生产基础设施与基本生产条件等方面的变化以及在项目的建设与干预下所带来的成效与影响。

6.4.3 项目评价的方法

对项目的评价,常用的有"前后对比法"和"有无项目对比法"两种方法。前后对比法主要是将项目实施与运行后,历年采集的监测指标与项目建设前的基线数据相比较，一般可采用列表的形式，以直观地分析、比较项目运行以后各年的变化及其成效。而有无项目对比法，主要是将每年项目实施后采集的数据与项目区外设立的对比组数据进行横向地比较，同样可采用列表的形式，以对比分析和评价项目的成效与影响。

1. 项目评价的方法

依据事先已确定好的项目监测评价指标体系、项目管理信息系统（MIS）和监测评价系统（MES），各级项目管理官员，要对项目运行管理中取得的成效及存在的问题，开展内部的监测与评价。同时，还要委托第三方，每年深入到项目区及对比组的定点调查对象，开展外部监测并采集相关的监测数据与信息。而且，需对所采集到的资料开展深入地对比分析，即将每年分析统计的结果与基线数据进行项目前后的对比分析，还要与对比组的数据进行有无项目的对比分析。这样得出的对比分析结果及写出的年度监测评价报告，才能真实地反映出项目取得的成效、存在的问题并能有效地指导项目的平稳发展。

对项目的评价是一个复杂的过程，涉及当地方针政策、社会和经济的发展、工程设施、风俗习惯和文化背景等各个方面，任何一方面的变化都会影响到评价的结果。因此，必须根据实际情况选择科学的评价方法。一般可采用的方法有："定量"与"定性"相结合的方法；"前后对比"和"有无对比"的方法；定点监测与全面监测相结合的评价方法；阶段评价与全程评价相结合的方法；"参与式"与"自上而下"相结合的方法等。各种方法不是独立的，但每一种方法都包含监测和评价两个相对独立的过程，只是不同的方法侧重点有所不同而已。一种方法很难对项目或监测对象作出科学的、全面的评价，需要采取多种方法结合进行。无论在监测数据的获取方面还是在分析评价方面都可以达到相互对照、相互补充的目的。

（1）"定量"与"定性"相结合的评价方法

在灌区管理体制改革监测中，部分指标是量化指标，如支斗渠改制的数目、经营人收入和工程投入、农民收入、斗渠水的利用系数、水分生产效率以及灌溉水费等指标。只要在监测过程中深入调查或采用科学的计算方法都可以通过定量监测直接得到准确的量值。而部分指标，如政策落实情况、用水户参与及民主监督程度、群众对改制以及渠道工程状况的满意程度等指标，需要定性监测。对量化指标，在评价时可直接进行定量分析，对于一些定性指标，可以事先合理地规定评语，划分隶属度，通过问卷调查的方式，利用模糊评判法进行量化，然后再进行定量分析。对于实在无法量化的指标，要采用定性分析的方法进行系统的评价。目前阶段，"定量"与"定性"相结合在监测评价采用较多的是定量监测和定性分析。

（2）"前后对比"和"有无对比"的评价方法

前后对比法如前所述，将历年的监测指标与基线数据相比较，以直观地分析、比较项目实施过程中各年的变化、成效及其影响。该方法需要监测项目实施前一年的基线数据和实施以后各年的实际数据，在监测过程中要特别注意受影响因素较多的监测指标，及时分析指标的变化，剔除偶然因素的影响。而有无对比法，主要是将项目实施以后每年采集的数据与对比区的数据进行横向的比较，同样可采用列表的形式，以对比分析和评价项目的影响与效果。该方法需要同步监测对比区数据，而要找出一个在项目区外且各方面条件都相同的对比区是比较困难的。“前后对比”和“有无对比”两种方法比较类似，在监测指标上必须对应一致。

(3) 定点监测与全面监测相结合的评价方法

定点监测就是在监测范围内，通过采用抽样的方法选取相对固定的监测点(或监测对象)来进行监测采样。监测点必须设在不同特征、不同形式、基本能涵盖监测评价内容的区域，且应具有较强的代表性，并要符合统计学特性。监测点必须是典型样点，必要时可以以点带面，进行类推。全面监测就是对监测项目进行全范围的监测，通过获得完整的、全面的监测数据来进行系统地评价。定点监测适用范围较广，但数据采集有一定的片面性，监测点布设的合理性和科学性对监测评价结果有较大的影响。而全面监测一般适用于小型项目或小范围的监测，对大范围监测或大型项目中一些特别重要的指标或区域，根据项目的需要也可以采用全面监测。

(4) 阶段评价与全过程评价相结合的方法

阶段评价主要是通过把项目整个实施期划分为几个重要阶段，在每个阶段选择关键时期进行监测，然后对该阶段发展变化情况做出评价。全过程评价是通过跟踪整个项目实施的全过程，全面地跟踪项目实施中的所有变化和发展，及时总结实施过程中存在的问题。阶段评价不能及时发现项目实施过程中的问题，主要适用于一些以评价为主的项目。而全过程评价要对每一个关键时期都要取得监测数据，相对来说，监测数据比较完整全面，做出的评价也具有系统性，比较适用于探索性项目。但全过程监测评价花费的时间、费用也较大。

(5) “参与式”与“自上而下”相结合的方法

参与式监测评价是一种全新的方法与理念，前面的章节已专门对此作了系统的阐述。而自上而下的监测评价方法是一种传统的方法，主要通过监测评价机构或人员对项目决策者、执行者、受益者等目标群体的调查而获得监测数据。但目标群体只是被动地提供数据，对项目的评价也仅作为监测评价机构或人员的参考，其获得的监测信息或内容也只能由监测评价机构或人员传递，对项目的整体和进展信息的了解也只是局限于局部范围内。因此，提倡采用“参与式”与“自上而下”两者相结合的方法，可相互对应、取长补短。

2. 环境影响评价

项目在实地调查、需求评估和规划设计过程中，应始终坚持社会、经济、环境协调发展，以及环境友好、生态友好和可持续发展的理念，并与传统文化以及当地群众的习俗习惯相结合。因此，项目的规划设计都应得到当地群众的高度参与及认可，并进一步帮助项目区的群众提高环保意识、生态意识和卫生意识，提高当地群众的生活质量。

建议在项目实施及施工期间，应高度注意施工现场的操作，减少粉尘的产生。施工期间注意当地居民的日常作息习惯，避免产生噪音对居民生活造成不便。环境管理及监测计划除了官方监测外，还应采取公众参与的方式协同管理，以达到持续有效的监测效果。

3. 社会影响评价

项目建设内容与活动，不仅要对改善项目区环境发挥重要作用；而且应对整个项目区的社会影响作出客观而公正地评价。具体的社会影响评价可参见前述的社会影响后评价的内容。

4. 如何应用监测评价成果来提高项目管理的质量与水平

有关项目管理机构应督促、检查各基层项目办的管理人员，及时将每年的监测评价成果反馈给有关的基层单位，并可通过各种途径，如召开大会、在各项目区公示或召开现场会等多种形式加以宣传，以达到总结经验、吸取教训、改进工作的效果。

而上一级的项目办应根据各地年度监测评价报告中总结的经验、取得的成效以及项目实施过程中发现的问题，要及时发现对整个面上的项目进展有指导性、方向性的动态、经验、成果或问题。对经验与成效要及时地加以总结、报道，特别是对项目实施中发现的问题，要及时进行调查研究、深入分析原因并提出切实可行的改进措施；对涉及政策的问题，要及时与有关部门协调出台相关的政策。从而促使整个项目能持续、平稳地向前发展。

6.5 年度监测评价报告

6.5.1 年度监测评价报告编写工作

监测评价报告的工作重心在各基层项目办，要将每年深入项目区基层，所采集到的监测数据以及对比区的数据，输入专门开发的监测评价系统中(MES)，并通过对各监测数据的汇总、分析，要与基线调查数据、对比组数据进行横向比较，要用所获得的大量的定量监测数据来分析评价项目的进程，所取得的成效；同时结合深入基层，在调查实践中所听到、看到的问题，要通过分析研究，总结出产生问题的主要原因，从而提出相应的改进意见与建议。为此，要求基层项目办每年要及时提交年度监测评价报告。

而省项目办与中央项目办(CPMO)的职责,主要是按各县(市、区)或各省(区、市)来汇总,要进一步强调对各地监测评价工作的指导与监督,要及时发现,组织推广各地带有方向性、可指导整个面上项目进程的经验与成效,特别是要敏锐发现基层存在的问题,及时出台相应政策,从政府和国家层面上加以政策引导,起到强有力的保障作用。

按照分级管理的原则,各级项目办履行相应的监测评价职责。各县(市、区)基层项目办全面负责对监测评价基础数据的采集、验证、录入与分析等工作。而省项目办所面对的是各县(市、区)项目办,省项目办可通过计算机网络,随时调用、统计或监测各县(市、区)基层项目区的信息;而中央项目办面对的是各省项目办,当然也可调用、统计或监测各县(市、区)基层项目办的信息。

6.5.2 年度监测评价报告编写模板

提出编写模板的目的是要规范世行项目年度监测评价报告的撰写格式,即如何实际应用项目信息管理系统(MIS)和监测评价系统(MES)中的监测评价指标信息,以及实时调查和采集的监测数据,通过深入的分析、研究,来撰写年度的或阶段性的监测评价报告。

世界银行贷款项目年度监测评价报告编写大纲

内容提要:概括本年度监测评价报告的主要内容,如项目的进展及主要成效,开展监测评价的工作方式,分析总结项目实施过程中尚存在的主要问题,并提出相应的改进意见与建议等,主要包括:

(1) 项目进展情况。

(2) 项目的影响及其成效评价。

(3) 项目实施中存在的主要问题及原因分析。

(4) 提出相对应的改进意见与建议。

(5) 监测评价的主要结论。

1. 项目进展情况

各级项目办应依据本项目的主要产出及项目实施计划(PIP)来填写项目进程汇总表中计划完成的任务数,并依据 MIS 和 MES 中监测评价指标汇总的数值,与上一年的数据相比,可得当年实际完成数和累计完成数。同时,还可根据项目进程汇总表中的数值,对整个项目区的进展情况加以简略地文字说明和评述。

2. 项目的影响及其成效评价

(1) 依据项目的特点,采用监测数据的前后对比与有无项目的对比分析,来定量地评价项目的主要成效。

（2）通过深入开展监测评价工作，及时分析、归纳总结项目实施所取得的成效，特别是将每年的监测评价成果及时反馈给基层项目区，即通过开展监测评价成果和各项目区取得成效的横向对比分析，来不断地促进各级项目办强化对项目的管理，随时注意对项目成效和影响的总结与提高。

3. 项目实施中存在的主要问题及原因分析

在项目实施监测评价的过程中，如何能及时、有效地发现问题，并通过深入分析研究，找出产生问题的根源并提出相应的改进意见和建议。这往往是监测评价工作中的一个薄弱环节，而且也往往容易被忽略。而本项目监测评价工作的最终目的是要指导整个项目的进程朝着正确的方向与预期的目标平稳地向前发展。因此，如何及时、有效、敏锐地发现项目实施过程中存在的问题，就显得分外重要。

4. 提出相应的改进意见与建议

针对项目实施过程中出现的问题，要逐一进行深入分析，在调查、研究的基础上，取伪存真，找出发生问题的根本原因或来龙去脉，从而一一提出相应的改进意见、建议或措施。供有关领导或管理人员参考、决策。同时，也需将项目实施过程中所发现的问题和相应的改进意见，及时反馈给基层项目区，通过项目管理成员广泛、主动参与，来不断加强和改进对项目的管理工作，使得整个项目能不断健康、稳定地发展。

5. 监测评价的主要结论

应将全年监测评价报告中所获得的最重要的影响与成效，项目实施中存在的主要问题，相应的最重要的改进意见与建议等加以高度提炼、概括为若干条监测评价的主要结论。以给有关的领导和相关部门留下深刻的影响，从而能引起他们思想上的高度重视。同时，要使年度监测评价报告发挥更有效的作用，促进监测评价工作不断地提高质量，提升水平。

年度监测评价报告的工作重心在各县（或市、区）基层项目办。通过各年监测数据的横向分析，与基线调查数据、对比组数据的对比等所获得的大量的定量数据来评价项目实施后的成效；同时结合深入项目基层区，在调查研究实践中所实际听到、看到的问题，并通过深入地分析、研究与总结，及时编写出每个年度的监测评价报告。

6.6 监测评价典型案例分析

案例 1：水利部世界银行贷款节水灌溉项目监测评价案例

世界银行贷款节水灌溉项目区设在北京市、河北省、青岛市、辽宁省（沈阳市）共 26 个县（市、区），项目实施期为 2001—2005 年。该项目由水利部组织实施与管理。这些项目县（市、区）位于我国水资源短缺地区。本项目监测评价分为项目建设进度监测评价和项目建设目标监测评价两大系统。项目进度监测评价包含的内容有工程进度、投资进度、贷款支付进度、国内配套资金到位进度、采购进度以及工程、货物、咨询服务的合同管理等，主要依据于项目管理信息系统（MIS）。项目建设目标监测评价是要监测评价项目建设采取的各项技术措施和管理措施产生的效果，并作为评价项目实现建设目标的重要依据。

1. 监测评价组织机构

中央项目办(CPMO)成立了项目监测评价专家工作组,各项目省(市)、县(市、区)项目办成立了监测评价工作小组,并且聘请专家成立了专家组或委托专业技术监测单位承担监测评价日常工作。在项目区内选择具有代表意义的监测区(含典型监测小区、基本监测点、项目区外的对照区),开展监测活动。项目区委派专人负责监测工作,进行资料的监测、采集、整理工作。

2. 监测区(点)的规划布局

项目目标监测评价所选的监测点应该是代表全项目区的所有灌溉方式与种植作物的组合。由于世行贷款节水灌溉项目涉及4省(市)26个项目县(市、区),分布范围广而且分散,经与世行共同研究确定,在项目区内选择具有代表意义的监测区(含典型监测小区、基本监测点、无项目对照区),开展监测活动。

(1) 典型监测区

各省(市)在项目区中选择对当地节水灌溉方式与作物组合最具代表性的区域,监测节水措施对主要作物的产量和蒸腾蒸发量(ET)产生的效果。这类监测区是项目省(市)的重点监测区,称为典型监测区。典型监测区的选择条件是在一个相对独立的水利或水文单元内,就渠灌区而言,应是一条支渠或相邻几条斗农渠控制的范围;对井灌区而言,应为当地的水文地质有代表性的单井或井群控制区。每个典型监测区具有统一的供水水源和排水出路,便于进行区域入出水量控制和监测。每个项目省(市)可根据自己省(市)内项目区特点,选择3个不同类型的典型监测区。

(2) 基本监测点

项目省(市)的三个典型监测区的监测内容不能全部涵盖本省(市)项目区的主要灌溉方式与种植作物的组合,或其自然条件差异较大,典型监测区不能完全代表时,各项目省(市)根据自身的条件在典型监测区之外,另选基本监测点。

(3) 项目区外设对照区(点)

由于各年气候条件不同,所以形成的效果并非全由节水措施所产生。为消除气候条件对项目的影响,在规划布设典型监测区、基本监测点的同时,还在其附近条件类似的无项目区,布设了对照区(或对照点),与项目区同步进行监测。

3. 项目关键监测评价指标设计

(1) 提高农作物水分生产率;

(2) 提高农民经济收入;

(3) 资源性节水("真实"节水);

(4) 提高灌溉效率;

(5) 减少地下水开采量;

(6) 减少耕地上多种作物平均耗水量;

(7) 水资源可持续利用。

案例 2:陕西关中灌区管理体制改革监测评价案例

陕西省关中地区沿着渭河流域共分布着九个大型灌区。这些灌区共有斗渠 5 997 条,灌溉面积达 59 万公顷。整个关中灌区于 1997 年就开始对支、斗渠的管理体制进行了改革试点,并随着 1999 年 12 月世界银行贷款项目的正式启动,开展了对关中灌区管理体制改革的监测评价工作,委托西北农林科技大学,对关中灌区的管理体制改革建立起监测评价的网络系统,跟踪、记录支斗渠管理体制改革的进展;评价支斗渠改制后的变化与发展;验证不同改制形式的优、缺点及局限性,并制定修正方案,以指导改制规划的正确实施。

1. 建立监测评价网络体系

整个管理体制改革监测评价网络体系,按二种方式来进行基础资料的收集:第一种是通过各灌区,由下而上,按纵向四级,即配水斗→管理站→管理局→省项目办来收集整个关中九大灌区共计 6 000 条斗渠面上的基础数据,以及各级(管理站→管理局→省项目办)的汇总信息。第二种方式是委托西北农林科技大学,通过分布在九大灌区设定的 120 条定点斗渠与 800 个定点农户,连续六年,每年进行两次实地跟踪调查,并通过实际调查资料的分析处理,每年向省项目办及世行专家组分别提交中英文的年度监测评价报告。

2. 定点斗渠与定点农户的选定

(1) 定点斗渠的布设

①包括已改制的以及没有改制的斗渠;

②分布在关中九大灌区;

③均匀分布在各灌区的上、中、下游;

④包括各灌区主要的改制模式;

⑤还应包括非世行项目区的调查斗。

按照以上要求,在整个关中九大灌区共确定出 120 条定点斗渠。

(2) 定点农户的选定

设置定点农户的目的是收集每个灌季的作物种植面积、灌溉用水信息和每年的家庭收入,调查农户对灌溉用水和斗渠改制的满意程度及参与监督的程度。因此,定点农户的选定必须分布在关中九大灌区以及各灌区的上、中、下游,即在 120 条定点斗渠内筛选出 80 条斗渠,在每条定点斗渠的上、中、下游共选出有代表性的 10 个定点农户。为此,一共设立了 800 个定点农户。

第7章 项目竣工验收

世界银行贷款项目的竣工验收和竣工报告，是世界银行贷款项目管理周期中的一个重要环节，是项目法律协议的规定，也是国内大中型工程基本建设项目程序的要求，是项目管理的一个重要内容，也可以为今后的世界银行贷款项目的准备、实施提供经验借鉴和示范。世界银行对项目实施单位的竣工验收工作没有具体的程序和要求，一般都采用国内基本建设项目的竣工验收程序，只是在验收内容和报告编写上需要根据世行贷款项目的特点进行一些有针对性的工作和描述。

国内基本建设项目的竣工验收一般是以《中华人民共和国建筑法》《中华人民共和国合同法》为依据，对项目进行各阶段的验收，因工程建设特点不同，各建设行业结合自身特点，均制定了相应的竣工验收规定。同时为保证验收质量，使验收制度化、规范化，各行业根据验收规定制定了相应的具体验收规程或细则等。从各规定来看，验收主要分为项目法人（建设单位）验收、政府（各行业的政府主管部门）验收，房屋建筑和市政基础设施工程的竣工验收采取政府部门监督和验收备案的形式，各行业在验收上的具体操作程序上有其不同，在涉及具体项目时，应遵守相应行业的验收规定执行。

本章重点对世行贷款项目的竣工验收特点和报告编制的要求进行介绍。

7.1 世界银行贷款项目竣工验收的特点

7.1.1 竣工验收的目的

世界银行贷款项目竣工验收的目的主要是通过竣工验收工作，全面考核项目成果实现情况，检验项目设计和施工的质量，总结项目世行安全保障政策、采购、财务履行情况，评估项目的可持续性和风险，总结项目经验教训，评价世行和借款人在项目准备、实施中的表现，也为世行编写项目完工报告（ICR）提供支持和帮助。

7.1.2 竣工验收的特点

世行对项目竣工验收的特点和要求主要表现在：

一是委托第三方或世行内部机构专家对项目进行验收；

二是时间短，一般世行竣工验收团的工作时间为一周；

三是要求借款人提交的竣工报告其文字内容、数据、评级、评价应保持上下左右的一致性、完整性、坦率性和简明扼要；

四是经验教训要有独特性。

7.1.3 世界银行贷款项目竣工验收依据

(1) 项目《贷款协定》、《项目协定》；

(2) 项目评估报告(PAD)、中期计划调整报告(MTR)；

(3) 项目实施期间世界银行历次检查团备忘录；

(4) 世界银行采购指南、聘请咨询顾问指南；

(5) 世界银行贷款支付手册、支付指南；

(6) 项目实施/操作手册，包括：项目组织管理办法、采购管理办法、财务管理办法、监测与评价管理办法、世界银行安全保障政策实施办法、参与式管理办法、工程建设管理办法、项目技术规范和标准、设计变更办法、竣工检查验收办法、运行和维护管理办法、管理信息系统管理办法、项目进度报告编写大纲、项目档案管理办法等)；

(7) 经批准的项目可行性研究报告、设计任务书、初步设计/或扩大初步设计、施工图和设备技术说明书及项目变更文件等；

(8) 相关其他规定和要求。

7.1.4 世界银行贷款项目竣工验收程序

世界银行对贷款项目的竣工验收没有具体的程序、规定和要求，为此，世界银行贷款项目的竣工验收一般都采用国内建设项目的竣工验收程序。

7.1.5 竣工验收主要内容

除了按照国内大中型工程基本建设项目竣工验收的要求进行验收以外，世行贷款项目的竣工验收还要包括以下几方面内容：

1. 项目各项成果指标实现情况

完成的项目各项成果指标情况，并要分别与项目发展目标、具体目标/和中期计划调整指标进行对比，有无存在差距及找出其原因。

2. 项目采购完成情况

检查项目采购是否符合项目法律协议和采购指南/咨询人指南规定的要求，是否按采购计划完成采购任务，是否发生过错误采购的情况，特别要检查施工承包合同履约情况，合同双方是否履行了合同约定的权利、责任和义务，是否存在问题及解决办法。

3. 项目资金到位及使用情况

项目资金包括世行贷款资金、中央及各级政府的财政配套资金和单位自筹资金，检查其是否及时足额到位。检查资金使用是否符合世行支付指南、项目财务管理办法及施工承包合同的要求和规定。

4. 世界银行安全保障政策履行情况

世界银行安全保障政策包括环境评价、大坝安全、自然栖息地、病虫害管理、林业、非自愿移民、物质文化资源、土著民族、国际水道以及有争议地区等十项安保政策。每个世行贷款项目都会或多或少地涉及其中几个安保政策内容，应该对其履行情况进行检查。

5. 项目运行和维护计划情况

项目运行和维护计划措施（管理、技术、资金等）是否落实等。

6. 项目审计情况

是否按项目法律协议规定的时间内向世行提交了项目审计报告及对审计部门每年出具的审计报告披露问题的整改情况。

7. 行动计划落实情况

在项目实施期间，对世行历次检查团备忘录提出的意见和建议整改、落实行动计划情况。

8. 项目利益相关者对项目意见和建议情况

9. 档案资料情况

包括所有有关项目的法律协议、项目评估报告、中期计划调整报告、实施期内历次世行检查团备忘录、各年度项目进度报告、采购、财务、影像图片资料以及国内有关批准文件、项目管理文件、工程技术设计资料等分类归档情况。

对于一些地方项目或部门打捆项目，县级项目办应对所有工程项目全面验收，中央项目办（CPMO）/省级项目办随机抽验，抽验要涵盖所有子项目，抽验比例要合理，验收结论要科学、全面、真实地反映项目实际情况。

7.1.6 世界银行贷款项目和国内项目竣工验收的比较

根据以上内容，世界银行贷款项目和国内项目在竣工验收时的主要不同表现在以下几个方面：

表 7-1 世界银行贷款项目和国内项目竣工验收的比较

要求	国内项目	世行贷款项目
报告格式	根据行业不同，对竣工验收报告的格式有不同的要求，但目的是一致的	没有固定的报告格式，但其内容必须满足世行要求。一般都采用世行编写完工报告的格式，以保持借款人的报告与世行的报告一致性
验收单位	竣工验收主持单位成立验收委员会进行验收	委托第三方或世行内部机构专家进行验收
验收时间	1. 建设项目全部完成并满足一定运行条件后1年内进行 2. 不能按期进行竣工验收的，经竣工验收主持单位同意，可以适当延长期限，但最长不得超过6个月 3. 行业不同，验收时间会略有不同	1. 项目关账前半年，验收工作专家参加项目最后一次检查团并对有关人员进行编写完工报告培训 2. 在世行派出竣工团之前借款人向世行提交完工报告初稿 3. 项目关账后半年内，借款人和世行分别完成正式的完工报告（中英文本）

7.2 世界银行贷款项目竣工验收报告

借款方在对世界银行贷款项目进行全面验收、总结的基础上需要编写借款方的《项目竣工报告》。

7.2.1 目的

编写项目竣工报告的目的，是对世行贷款项目建设和管理进行全面总结，检验项目是否达到了项目设计阶段制定的发展目标和具体目标，对项目成果、效率和可持续性进行评价评级，总结项目实施中的经验教训，为评价借款方和世行各自的工作业绩提供机会，为新的世行贷款项目的设计、实施提供借鉴和示范。

7.2.2 编写项目竣工报告程序

项目竣工报告的编写工作将分为三个阶段进行，即编制项目竣工报告大纲、项目竣工报告（初稿）和最终竣工报告。

1. 编写项目竣工报告大纲

世界银行在对项目进行最后一次实施检查时，将派出项目检查和竣工培训团（世行确定的编写完工报告(ICR)的负责人参加),对借款人进行技术培训,明确借款方和世界银行在项目竣工报告编写中的各自职责、项目竣工报告内容、要求和注意事项,此后,中央项目办(CPMO)/省级项目办向世行提出《项目竣工报告编制大纲(包括附件、附表)》,此大纲必须与世行共同讨论并取得一致意见后,再组织各级项目办及有关单位就项目竣工报告的编写内容、要求、注意事项等进行技术培训。

2. 编写项目竣工报告(初稿)

(1) 各级项目办"自下而上"编写项目竣工报告并向上一级项目办提交;

(2) 中央项目办(CPMO)/省级项目办汇总、审查市/县项目办提交的项目竣工报告;

(3) 中央项目办(CPMO)/省级项目办就审查意见同市/县项目办交换意见,讨论修改后形成总项目竣工报告(初稿);

(4) 总项目竣工报告(初稿)提交世行,世界银行将派出项目验收团(ICR)对项目进行检查验收。

上述工作一般在世行贷款项目财务关账前半年进行。世界银行也鼓励中央项目办(CPMO)/省级项目办提前递交项目竣工报告(初稿)。

3. 编写最终的项目竣工报告

世界银行对贷款项目进行检查验收后,根据世行验收团的意见和建议,中央项目办(CPMO)/省级项目办对项目竣工报告(初稿)进行修改完善,形成最终的总项目竣工报告,该报告最晚在世行贷款项目财务关账后半年内向世界银行递交。

总项目竣工报告可由中央项目办(CPMO)/省级项目办自行组织专家进行编写,也可委托有资质的咨询公司编写并参加相应的技术培训。

4. 项目竣工报告的内容

对中央项目办(CPMO)/省级项目办编制的总项目竣工报告,其格式世界银行没有具体规定和要求,既可按国内的有关要求编写,也可与世行的项目完工报告(ICR)内容、要求相对应,而采用世行项目完工报告(ICR)的章节来编写。但无论采用哪种形式,总项目竣工报告的内容必须满足世界银行的要求,根据世行贷款项目的特点,在内容上进行有针对性的描述。在总项目竣工报告中,项目办还需要对项目成果、影响发展成果的风险和世行/借款方的表现进行评级。

表7-2 完工报告中的项目评级内容

项目内容	描述	评分等级
项目成果	项目相关目标有效完成情况	6个等级
影响发展成果的风险	可能影响成果的风险程度情况	4个等级
世行的表现	世行对项目准备的质量和实施支持的有效性情况	6个等级
借款方的表现	借款方在项目准备、实施质量以及按法律协议的要求完成项目发展目标情况	6个等级
(1) 项目成果分为6个等级:"非常满意""满意""基本满意""基本不满意""不满意""非常不满意" (2) 影响发展成果的风险分为4个等级:"低风险""中等风险""较大风险""高风险"		

下面列出淮河流域重点平原洼地治理项目的竣工报告提纲,供读者参考。

世界银行贷款淮河流域重点平原洼地治理项目
竣工报告提纲

1 项目概述

1.1 项目背景

1.2 世界银行参与的必要性

1.3 项目发展目标和关键指标

1.4 项目组成与建设内容

1.5 主要受益方

1.6 项目特点

1.7 项目设计内容的重要变化

2 项目实施与管理情况

2.1 项目准备

2.1.1 政策性支持

2.1.2 技术支持

2.1.3 社会公众支持

2.1.4 抗风险支持

2.2 项目实施

2.2.1 项目实施计划完成情况

2.2.2 项目中期调整

2.3 项目实施保障

2.3.1 项目管理

2.3.2 财务管理

2.3.3 采购管理
2.3.4 资金筹措与贷款支付
2.4 安全保障政策
2.4.1 环境管理
2.4.2 移民安置
2.4.3 大坝安全
2.5 监测评价系统
2.5.1 监测评价体系的设计
2.5.2 监测评价工作的实施
2.5.3 监测评价结果的使用
2.6 项目后续运行管理
2.6.1 骨干工程运行维护管理
2.6.2 田间工程运行维护管理

3 项目结果评估与影响效果评价

3.1 发展目标、指标设计和项目实施的关联性
3.1.1 项目目标的相关性
3.1.2 项目设计的相关性
3.2 实施效果评价
3.2.1 项目整体目标与实测结果
3.2.2 防洪除涝工程效果评价
3.2.3 洪涝灾情评估及减灾决策支持系统效果评价
3.2.4 农民排灌协会效果评价
3.2.5 适应气候变化的应对措施和效果
3.2.6 项目扶贫效果和评价
3.3 经济与财务分析
3.3.1 主要经济效益量化
3.3.2 主要成本的量化
3.3.3 整个项目的经济评价
3.4 社会分析
3.5 环境分析
3.6 主要创新点
3.7 目标外效益

4 项目风险评估

4.1 项目评估时风险分析
4.2 项目执行中的风险与措施
4.3 项目竣工后的风险分析及应对措施

5　世界银行和借款人业绩评估

5.1　世界银行业绩

5.2　借款人业绩

5.2.1　政府部门表现

5.2.2　实施机构表现

5.2.3　履行法律文本情况

6　经验与教训

6.1　主要经验

6.2　主要教训

6.3　借款人、项目实施机构和合作伙伴提出的主要问题分析

7　对后续工作的建议

8　有关附表附图

7.2.3　需要注意的事项

项目实施单位在编制总项目竣工报告时应特别注意以下一些事项：

1. 报告内容，满足世行要求

项目竣工报告应重点就世行贷款项目是否达到预期目标、成果和产出，世行安全保障政策、采购、财务履行，世行及借款人的表现，项目的可持续性和经验教训等方面进行描述和评价，文字要简练、数据要真实，内容与数据之间要保持一致和完整，评级、评价要实事求是，以满足世行编写总项目完工报告(ICR)的要求。

特别提醒借款方在编写项目竣工报告前必须同世界银行就项目竣工报告编制大纲取得一致意见，在此基础上，着手编写项目竣工报告(初稿)。世界银行对项目检查验收后，借款方对报告初稿再进行修改补充和完善，形成最终的总项目竣工报告。

2. 编写培训，加强指导

中央项目办(CPMO)/省级项目办在编写总项目竣工报告前，务必对项目地(市)、县(市、区)项目办就项目竣工报告编写的有关内容、技术要求、注意事项、职责分工等进行技术培训，以利于统一思想，统一行动，统一报告格式和附件、附表，以便于汇总审查和修改。另外，在编写总项目竣工报告前，参与编写人员有必要重温项目法律协议、项目评估报告(PAD)、中期计划调整报告(MTR)、历次世行检查团备忘录及与国内有关的项目批准文件，把握总项目竣工报告的编写方向，不偏离项目法律协议和国内有关规定的要求。

如果项目办聘请咨询公司来编写项目竣工报告的，应在项目实施期结束前半年，采用招标的方式选择咨询公司，使他们尽早参与项目竣工报告编制的各项准备工作，

进一步了解、熟悉掌握项目前期准备、实施管理阶段的全面情况。

3. 数据整理，全面准确

世行贷款项目从前期准备到实施管理工作完成，正常情况下都在七年以上，时间跨度较大，管理人员变化也比较频繁，因此，对历史相关数据的整理汇总，保证相关数据的完整性和正确性非常重要。近年来，很多世行贷款项目在实施过程中使用了先进的 PROMIS 项目管理信息系统进行项目和资金管理，对采购、合同、实施进度、支付和财务进度进行监测和数据汇总，在项目竣工验收时可以提供详细、系统、准确、全面的项目数据资料。因此，各级项目办要充分利用项目管理信息系统（MIS）为工具，来开展项目竣工报告编写的基础数据收集和相关表格的审核汇总工作。

4. 目标指标，成果对照

世界银行对世行贷款项目的验收，一般聘请第三方或派遣其内部机构的专家进行。由于第三方/派遣的专家未曾参加项目前期准备和实施管理工作的全过程，对本项目有关情况不清楚和不甚了解，因此，他们对世行贷款项目的检查验收，只能根据项目法律文件、项目评估报告（PAD）、中期计划调整报告（MTR）和历次世行检查团备忘录及借款方提供的项目竣工报告、项目监测评价报告等为依据，在与借款方讨论、审查项目竣工报告和实地考察后，对世行贷款项目作出结论性评价。故此，借款方的总项目竣工报告必须对项目法律文件、项目评估报告（PAD）、中期计划调整报告（MTR）和世行历次检查团备忘录中所列出的预期发展目标和关键成果指标及安保政策、采购、财务管理等方面的履行情况作出客观真实的反映，目标指标互相对照显得尤为重要。项目目标实现，各项指标完成是检验项目是否实施成功的主要标志之一，反之将是有缺陷的项目。

5. 经验讲够，教训不避

总结世行贷款项目在前期准备、实施管理工作中的经验教训，特别是总结世行贷款项目独特性、创新性、前瞻性、推广性和主要“亮点”。往往我们在总结时，经验体会讲得多，但对教训则是轻描淡写，一带而过，必须引起注意，坦率地对待项目实施管理中存在的问题，有问题不可怕，怕的是不能正确面对。

6. 正确评价，各自业绩

项目竣工报告将评价借款方和贷款方在世行贷款项目执行中的表现，应实事求是、充分的对自我表现和世界银行/共同融资方/合作伙伴的表现作出正确评价。

7. 档案齐全，随时可查

世行贷款项目档案包括所有文字、图纸、图表、声像、电子文件等，应按《建设工程文件归档规范》（中华人民共和国国家标准，GB/T 50328—2014）的要求建立、移交和存档，做到随时可以查阅。

8. 典型案例，内容丰富

每个成功的世行贷款项目，都有它的特点和亮点，一定会有成功典型，其内容必然丰富多彩，可选择一至二个典型案例，作为专题列入总项目竣工报告附件，供今后世行项目借鉴示范。

9. 相关群体，意见沟通

项目竣工报告(初稿)形成后/提交世行前，要与项目利益相关者沟通交流，采用实地调查、面谈、访问、座谈会、问卷等形式听取他们的意见和建议并保留原始记录，避免出现重大遗漏，提高项目竣工报告的质量。

10. 人员经费，切实保障

各级项目办应成立项目竣工报告编写工作班子，确定负责人，配备精干、有经验的各类管理技术人员参加编写班子工作，并且工作经费要落到实处，避免编写工作受到一定影响。如果是聘请咨询公司编制项目竣工报告，则各级项目办和咨询公司双方应密切配合，为其提供世行贷款项目一切有关资料、数据、信息，参加相关的活动，掌握第一手资料，以便为编写项目竣工报告奠定扎实基础。

11. 审查定稿，中英文本

向世界银行提交的项目竣工报告编制大纲、项目竣工报告(初稿)和最终的项目竣工报告应是中英文本。

7.3 世界银行内部竣工验收的程序

世界银行内部也有一套对项目进行竣工验收的程序和要求，主要目的是评价项目成果的实现情况，评价项目执行的完整性和系统性，总结和推广项目设计、实施阶段的经验，对世界银行和借款方的责任进行审查和评价，增加项目建设成果的透明度，确保项目可持续性，是世界银行旨在提高发展有效性的重要举措。

7.3.1 世界银行内部项目竣工验收的主要程序

世界银行内部项目竣工验收的主要程序包括：

(1) 在借款方提交的项目竣工报告(初稿)的基础上，世界银行为保证对项目评价的公正性，一般委托独立的第三方机构(如联合国粮农组织 FAO)或派遣其内部机构的专家与世行项目项目官员一起组成项目竣工验收团(ICR)对项目进行验收。

(2) 世行竣工验收团根据借款方提供的总项目竣工报告(初稿)，进行审查、实地考察，并与利益相关者座谈后，编写世行的《项目完工报告(ICR)(初稿)》。

(3) 世界银行征求借款方对世行项目完工报告(ICR)(初稿)的意见。

(4) 世行内部审批后形成正式总项目完工报告(ICR)。

(5) 向借款方递送世行项目完工报告(ICR)。

(6) 世行独立评议局对项目成果、质量进行评价和评级。

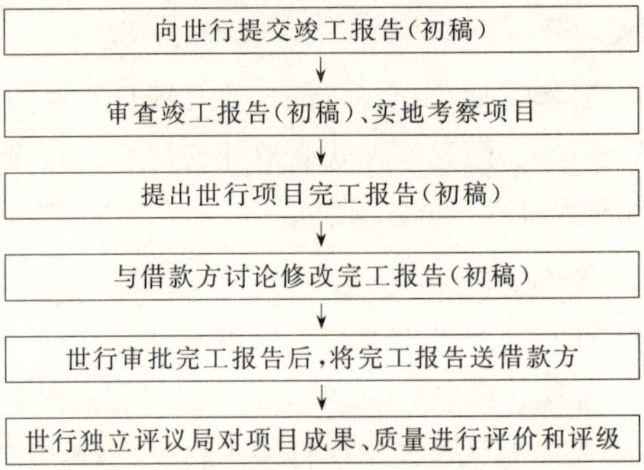

图 7-1 世界银行对项目竣工验收程序

7.3.2 世界银行内部项目完工报告(ICR)的主要内容

世界银行内容编写的项目完工报告(ICR)的主要内容包括基础资料、正文和附件、项目区地图等三大部分。

1. 基本信息一览表

包括项目基本信息、关键日期、主要数据汇总、评级汇总、世行项目团队成员、项目结果框架分析、项目绩效评价和支付图等内容。

2. 报告及附件，内容如下：

世界银行贷款××项目完工报告(ICR)编写提纲

(由世界银行负责编写)

第一章 项目背景、发展目标和设计

介绍评估背景，原定项目发展目标和关键指标，修订的项目发展目标和关键指标，主要受益人(直接的和间接的)，项目内容、目标或指标的变化情况等。

第二章 影响项目实施和成果的主要因素

分析整个项目实施过程中的成功或导致项目缺陷的主要因素和重大事件。对原定项目准备、设计，项目调整，监测评价设计、实施和应用，经济及财务分析，世行安全保障政策、采购、财务履行情况及项目竣工和可持续性等方面进行评价。

第三章　项目成果评价

对项目成果及目标进行评价评级，对项目发展目标、设计和实施的相关性进行评级；对项目成果指标与项目预期目标及中期调整目标比较、项目在投入和产出的规模、质量上所取得的成果、对项目建设效率（财务和经济分析）进行描述；对项目受益人的调查/利益相关者沟通座谈听取的意见和建议资料汇总；提出总体项目评级的理由。

第四章　影响发展成果的风险评价和评级

根据项目目标和成果，评估项目的可持续性，评估可能影响成果的风险，评估项目公共服务的持续性如从政府、机构、人员、环境、技术、资金等方面进行评价，尽可能地降低风险及拟采取的缓解措施。

第五章　对世界银行和借款方表现的评价

分别评价世行和借款方（包括政府和实施机构）在项目准备、实施阶段的表现。

第六章　经验和教训总结

项目经验及教训，将列举几个项目独特的经验，并指出项目的不足之处，为未来项目的设计和实施提供借鉴。

第七章　对借款方/实施机构/合作伙伴提出的问题的评论

如果有提出问题的话。

附件：

附件1　项目成本和融资（包括各子项目成本和融资）

附件2　各子项目的产出

附件3　经济财务分析

附件4　世行对项目实施的支持和检查

附件5　受益人调查报告

附件6　利益相关者研讨会报告和结果

附件7　借款方的结果报告摘要及对世行完工报告草稿的意见

附件8　共同融资方和其他合伙方/利益相关者的意见

附件9　支持性文件清单

项目区地图

项目评估时和中期调整后的项目区地图

第8章 项目后评价

8.1 项目后评价的目的和意义

为了检验与总结当初对项目设计目标、项目建设内容、技术路线、实施计划、项目预计要达到的效益与影响；对项目整个规划设计、运行管理，包括对项目的管理机制、管理办法、项目运行风险的化解措施，项目建设与管理实践中的实际效果与作用；以及项目实施后的影响及后续能否达到可持续发展等各个方面；在项目结束2～3年后，需要及时开展对项目的后评价。这项工作的目的意义在于：一是可提高项目管理人员今后对开展类似项目规划设计及运行管理的水平；二是可有效地促进项目完工结束后，保证项目的影响结果及可持续发展；三是促进各级项目办做好对项目原始资料的归档与长期保存。它是世行贷款项目建设管理程序中最后一个十分重要的环节。项目后评价的主要目的是：总结经验，发现问题，调整政策；增强项目实施的社会透明度和管理部门的责任心；提高对项目的管理水平，并通过经验教训的反馈，提高对项目的决策与管理水平。项目后评价是世行贷款项目绩效评价体系中非常重要的一个组成部分。

为使项目后评价工作能建立在更加客观真实的基础上，一般应由独立的咨询机构或专家来完成。"独立"是指从事项目后评价的机构和专家，应是没有参加过本项目前期准备和建设实施咨询业务和管理服务的机构和个人。为此，项目主管部门将委托一个独立机构，组织相关的专业技术人员，通过走访各相关政府部门及机构，并深入到项目区实际调研、考察，将对该项目结束后所取得的成效及其影响，项目实施与管理过程中存在的问题，解决的办法，取得的经验教训，项目结束后续的工作安排，项目的影响及今后能否可持续发展等重大问题，开展较为全面、深入地调查研究，并直接向项目的主管部门提交对该项目的后评价报告。

8.2 项目后评价的一般原则

项目后评价的原则是：客观性、公正性、独立性、实用性。现分述如下：

(1) 客观性。依据客观事实，坚持一切从实际出发、深入调查研究、实事求是的工作作风，排除一切人为干扰，力求后评价成果反映客观实际。

(2) 公正性。项目后评价必须保证公正性。公正可以保证后评价报告的正确、可靠，可以保证参与后评价工作者的信誉，避免在调查研究过程中和提出调查结论时出现偏差。

(3) 独立性。独立性是指从项目决策者、规划设计者、管理运行者以及评估咨询人员以外的第三者角度进行评价，避免项目决策者和管理者自己评自己的情况。为保证项目后评价工作能做到独立、客观、公正，设置独立的后评价机构十分重要。

(4) 实用性。为了使后评价成果能产生作用，后评价报告应针对性强，重在实用，文字简练明确，并且要注意时间性。报告中所提出的结论性意见和总结的经验教训有可借鉴性，使人们能从项目评价信息中受到启发。

(5) 反馈性。和项目的前评价相比，后评价的最大特点是信息的反馈。后评价的最终目的是将评价结果反馈到决策部门或执行单位，作为新项目立项和评估的基础，作为调整投资规划和政策的依据。

8.3 项目后评价的基本内容

项目后评价的内容大体上可分为两类：一类是全过程评价，即从项目的规划设计、可行性研究和立项决策等前期准备工作开始，到项目整个实施过程与建成投产，以及项目结束运行若干年后的全过程进行评价。另一类是阶段性评价或专项评价，可分项目前期立项决策的后评价，项目建设实施阶段的后评价，财务后评价，环境影响后评价，社会影响后评价和综合后评价等内容。

(1) 项目前期立项决策的后评价。对项目前期决策阶段的后评价，重点是对项目可行性研究报告、项目评估报告和项目立项批准文件的评价。根据项目实际的投入、产出、效果和影响，来分析评估项目前期规划设计和决策内容，检查项目的决策程序，分析决策成败的原因，探讨决策的方法和模式，总结经验与教训。

(2) 项目建设实施阶段的后评价。项目建设实施阶段的后评价包括：资金来源及使用情况分析与评价；项目的合同执行情况分析；工程实施及管理等。项目建设实施阶段的后评价应注意前后两方面的对比，找出问题。一方面要与开工前的工程计划对比；另一方面还应把该阶段的实施情况可能产生的结果和影响与项目决策时所预期的效果进行对比，分析偏离度，在此基础上找出原因，提出对策，总结经验与教训。

(3) 财务后评价。财务后评价是站在业主的角度，根据后评价时项目以前各年实际发生的投入与产出，计算项目已发生的实际财务费用和实际财务收益，以综合考察项目更接近于实际的财务盈利能力和财务清偿能力等财务状况，并据以判断项目在财务上的成功与失败，总结经验与教训。财务后评价的作用主要是：计算和检验项目实际的财务状况，找出项目财务意义上的成功与失败的原因和经验教训，为今后投资决策和项目管理提供参考资料。

对属于社会公益性质的水利项目进行后评价时，主要是调查研究该工程在运行期内各年实际发生的运行费用情况及存在的问题，并按照国家有关规定，研究提出解决维持正常运行的年运行费来源的建议。即要侧重于进行以实现自我生存为目标的财务分析，研究在财务上、管理上存在的问题，提出解决的办法，使项目在财务上具有生存能力。

(4) 环境影响后评价。环境影响后评价就是评价项目对环境质量、自然资源利用和生态平衡实际产生的影响，是指项目建成并运行一段时间后，通过对实际发生的环境影响进行调查研究，和环境影响评价成果进行对比，复核项目对环境影响实际发生情况和预测评价成果的差异，以检验环境影响预测和环保设计的合理性，并对工程建设后的环境质量进行评价。

环境影响后评价的基本方法是前后对比法，即项目建成后实际产生的环境影响和环境质量状况，与项目建设前环境本底状况和项目决策过程中环境评价预测成果相比较，通过综合分析，对工程建成后的环境质量进行评价，确定项目实际存在的有利影响和不利影响，提出进一步发挥工程的有利影响和减小不利影响的措施。

(5) 社会影响后评价。项目社会影响后评价，即对项目已实现的社会贡献和影响，项目与社会的相互适应性进行分析和评价；并与项目社会影响前评价提出应达到的社会目标相比较；而对项目的社会影响的价值做出判断。

社会影响后评价的目的：研究项目实现成果的有效性和价值，检验项目社会影响前评价的正确性，从中总结经验、发现问题，提出对策使项目充分发挥作用，达到提高社会效益的目的，并为提高类似项目的决策、实施和经营管理水平提供经验。

社会影响后评价的内容有如下 8 个方面：①就业影响；②地区收入分配影响；③居民的生活条件和生活质量；④受益者范围及其反映；⑤群众参与水平与状况；⑥地方社区的发展；⑦妇女的社会地位和家庭地位问题；⑧扶贫、脱贫的影响。

(6) 综合后评价。综合后评价是在以上各部分的深入调研和评价结论的基础上进行的，是对前述各单项评价的归纳、综合、提炼和总结。它是从项目整体的角度，分析评价项目目标实现程度、项目的成功度以及项目的可持续运用等重大问题。对以上各部分进行综合分析后，找出重点，深入研究，提出项目总的评价结论，并对其不足之处提出有效的改进措施和建议，以便更好地提高项目的经济效益和社会效益，为今后类似建设项目提供经验。

8.4 国内项目后评价有关规定与要求

为了加强和改进中央政府投资项目的管理，建立和完善政府投资项目后评价制度，规范项目后评价工作，提高政府投资决策水平和投资效益，根据《国务院关于投资体制改革的决定》要求，2008年，国家发改委研究制定和下发了《中央政府投资项目后评价管理办法（试行）》（发改投资〔2008〕2959号）。该办法规定，由国家发展改革委审批项目可行性研究报告的中央政府投资项目，需按本办法有关规定要求，组织开展项目后评价工作。同时，要求由财政部另行制定《国际金融组织和外国政府贷款项目后评价管理办法》。

为扎实推进国际金融组织贷款（赠款）项目绩效评价工作，提高资金使用效益，完善绩效评价管理制度体系，根据《国际金融组织和外国政府贷款赠款管理办法》（财政部令第38号）的有关规定，2013年，财政部研究制定并下发了《国际金融组织贷款（赠款）项目绩效评价管理办法》（财际〔2013〕5号）。要求中央有关项目执行（协调）部门、地方财政部门及地方项目实施机构，按此办法对国际金融组织贷款（赠款）项目进行绩效评价。

此外，2010年水利部也印发了《水利建设项目后评价管理办法（试行）的通知》（水规计〔2010〕51号），强调本办法适用于中央政府政府投资水利建设项目，包括防洪、排涝、灌溉、水力发电、引（供）水、滩涂治理、水土保持、水资源保护等方面有中央投资或中央补助投资的项目，其他投资来源的水利建设项目可参照执行。并且在2013年，水利部还颁发了《节水灌溉项目后评价规范》，进一步规范了农业节水灌溉项目后评价管理工作的有关要求。2011年，财政部国家农业综合开发办公室也印发了《国家农业综合开发项目资金绩效评价办法（试行）》，进一步规范和加强了国家农业综合开发项目资金管理，提高资金使用效益，建立健全激励和约束机制，全面提升国家农业综合开发管理工作水平。

同时，有关文件还要求项目后评价的组织管理工作应由项目主管部门负责。项目主管部门应负责委托具备相应资质的单位（独立第三方）承担项目后评价任务，并负责组织项目后评价成果验收及成果管理。项目后评价承担单位（独立第三方）应制订工作方案，主要内容包括：评价依据、评价方法、评价指标体系、工作计划及评价成果报告编制提纲等。同时，被评价项目建设单位应提交项目自评价报告，主要内容包括：项目概况、实施过程、实施效果、目标实现程度和可持续性、存在问题、经验教训及相关建议等。

8.5 世界银行对项目后评价的要求和做法

世界银行贷款项目的完工报告(ICR)编制在项目竣工后 1 年内完成,世行独立评价局一般在世界银行贷款(赠款)项目完工后 2 年左右开展项目后评价工作,并向世行执董会和中国政府有关部门提交项目独立评价报告。

世行独立评价团在开展已完成的世行贷款(赠款)项目后评价工作中,采取的工作方式和过程大致为:

(1) 世行独立评价局组成计划检查的世行贷款(赠款)项目独立评价工作小组 2~3 人,并且参与该项目独立检查评价的这些项目官员和专家必须是此前一直未曾参与过本项目管理和咨询服务工作的。项目独立评价工作小组负责人将拟定本项目独立检查评价工作计划,并提交世行项目经理及工作团队进行有关资料的准备工作,同时也抄送财政部和项目主管部门及项目管理办公室,要求中方配合开展相关情况调查和有关资料的准备工作。

(2) 世行独立评价团开展相关报告文件资料的审阅,其中包括:项目评估报告文件(PAD),世行历次检查团备忘录、世行项目完工报告(ICR),中方提供的项目实施计划报告(PIP)、项目年度实施计划和监测评价报告及总结报告、项目执行完成报告等。在审阅这些报告文件和相关资料的基础上,世行独立评价团还专程到世行贷款(赠款)项目区进行现场抽查,并找中方有关部门和各级项目办相关人员进行座谈讨论、调查研究等工作,进一步核实项目发展目标的实现情况、项目实际执行情况及存在问题与解决措施,项目已取得的效果及影响结果等,同时对项目的可持续性、可复制性等进行审查评估。最终形成该项目独立评价报告(初稿)。

(3) 世行独立评价团将编写完成的世行贷款(赠款)项目独立评价报告(初稿)发给世界银行和中方有关部门,进行审阅和进一步征求意见。为此,世行项目经理将组织世行项目团队和中方项目管理单位,对世行独立评价团提交的项目独立评价报告(初稿)进行认真审阅,并提出修改补充意见及相关补充材料,以供世行独立评价团进行修改完善本项目独立评价报告。在完成项目独立评价报告之后,世行独立评价局将按照世行贷款(赠款)项目内部管理有关规定程序,呈报世行有关部门管理层进行审查后,再提交给世行执董会进行审查批准。最后,世行独立评价局将审定批准后的世行贷款(赠款)项目独立评价报告正式提交给世行中国局和财政部、中方项目管理单位。世行独立评价局对独立检查后的世行贷款(赠款)项目的评价意见,将包括非常满意、满意、基本满意、基本不满意、不满意、非常不满意等共 6 个等级的评价结论。

例如,世行独立评价团经过对中国一些世行贷款(赠款)项目独立检查评估后得出的评价结论有:由水利部组织实施的世行贷款黄土高原水土保持一期项目和世行贷款节水灌溉一期项目，财政部国家农发办组织实施的世行贷款黄淮海平原加强灌溉农业三期项目，均被评价为“非常满意”项目；由水利部、环保部共同组织实施的全球环境基金(GEF)海河流域水资源与水环境综合管理项目被评价为“满意”项目；由陕西省组织实施的世行贷款关中地区农业发展项目则被评为“基本不满意”项目等等。

(4) 世行独立评价局认为高质量的世行贷款(赠款)项目完工报告(ICR)具有以下 6 个共同的特点：

①充足的证据完全支持所提出的评价等级；

②评价的重点是结果或影响；

③文字简短和清晰；

④报告的各个部分高度一致；

⑤实事求是；

⑥因果关系论述清楚。

同时，世行独立评价局认为低质量的世行贷款(赠款)项目完工报告(ICR)具有以下共同存在的 9 个问题：

①项目目标与描述与项目评估报告文件(PAD)不一致；

②项目发生的变化没有足够的说明或论证；

③仅部分取得项目目标，完工报告中有遗漏；

④根据项目成果而不是项目结果或影响进行评价；

⑤没有对所有的项目发展目标和建设内容进行评价；

⑥采用的评价指标不能说明项目产生的影响；

⑦打分的等级与正文描述内容不一致；

⑧项目完工报告正文过于详细，但评价说服力不足；

⑨原因结果不清楚。

8.6 国内有关部门对项目后评价的技术要求及做法

8.6.1 财政部对世界银行贷款项目绩效评价的工作要求

财政部对于世界银行贷款项目绩效评价的组织实施，一般分为评价准备、评价设计、评价实施和评价报告等 4 个阶段。在评价准备阶段，应当确定评价对象，并成立评价小组：

(1) 确定评价对象。财政部根据工作重点及各有关部门、各地区项目实施情况，确定直接开展的绩效评价或再评价对象。中央有关部门、省级财政部门制定本部门、本区域绩效评价年度工作计划，确定评价项目，并于每年3月底前报送财政部备案。中央打捆项目以中央有关部门为主开展绩效评价。

（2）成立评价小组。中央有关部门、省级财政部门可以成立项目评价小组直接开展项目绩效评价，也可以根据需要聘请符合条件的中介机构或外部专家实施绩效评价。中央有关部门、省级财政部门对绩效评价的组织管理和质量控制负责。

①在评价设计阶段，评价小组应当根据中央有关部门、省级财政部门要求，研究制定评价框架和实施方案。评价框架主要包括评价准则、关键评价问题、评价指标、证据、证据来源及证据收集方法等。评价实施方案主要包括评价背景和目的、项目基础信息、绩效评价框架、面访、座谈会或实地调研问题清单、评价任务分工和时间安排等。

②在评价实施阶段，评价小组应当按照评价框架和实施方案，收集、整理、审核相关数据资料，并在充分证据的基础上，运用一定的分析方法和评分标准对项目绩效进行综合评价，形成项目评价结论和项目绩效等级。在建项目绩效评价等级包括：实施顺利、实施比较顺利、实施不太顺利、难以继续实施。完工项目绩效评价等级包括：高度成功、成功、比较成功、不成功。

（3）绩效评价报告。绩效评价完成后，应当形成绩效评价报告，主要工作过程包括：

①撰写报告。评价小组应当按照财政部统一规定的格式和要求撰写项目绩效评价报告。报告内容应当依据充分，内容完整，数据准确，分析透彻，逻辑清晰。

②征求意见。报告初稿形成后，评价小组应当向项目实施机构、相关主管部门和利益相关方征求意见，并根据意见反馈情况对报告进行完善。

③提交报告。中央有关部门和省级财政部门应当在次年3月底前将项目绩效评价报告以及评价结果应用建议报送财政部备案。

中央有关部门和省级财政部门应当严格执行财政部关于绩效评价管理制度和操作规范的规定，确保评价过程独立、方法合理、结论客观公正。财政部对中央有关部门、省级财政部门开展的绩效评价工作进行监督和检查，必要时选取部分项目进行再评价。

8.6.2 项目绩效评价对象和内容

国内对项目开展后评价的时间安排，对于世行贷款项目，一般在项目完工后3年内组织一次完工项目绩效评价。对于世行赠款及技援项目，一般在项目结束后2年内开展绩效评价。

项目绩效评价主要对世行贷款项目的相关性、效率、效果和可持续性等4个方面进行评价：

(1) 相关性，是指项目目标与国家、行业和所在区域的发展战略、政策重点以及需求的相符程度。

(2) 效率，是指项目投入和产出的对比关系，即能否以更低的成本或者更快的速度取得预计产出。

(3) 效果，是指项目目标的实现程度以及实际产生的效果和相关目标群体的获益程度。

(4) 可持续性，是指项目实施完工后，其独立运行的能力和产生效益的持续性。

对于完工项目，应当对上述 4 个方面进行全面评价并据以得出项目的综合绩效等级。对于在建项目，应当重点评价项目的相关性、效率和效果。

8.6.3 项目绩效评价内容及技术要求

1. 项目过程评价

项目过程评价应包括项目前期准备工作评价、建设实施评价和运行管理评价。

(1) 前期准备工作程序合规性评价。应对前期准备工作程序执行国家及地方相关法律、法规、部门规章的情况进行评价。

(2) 资质评价。应对项目承担单位的资质及业务范围是否符合有关规定进行评价。

(3) 方案合理性评价。应对项目建议书、可行性研究报告和初步设计方案的合理性进行评价。

(4) “四制”执行情况评价。应对项目法人责任制、招标投标制、建设监理制、工程承包合同制的执行情况进行评价。

(5) 投资评价。应对项目资金筹措方式、资金到位及使用情况、资金拨付控制手段等内容进行评价。

(6) 技术应用情况评价。应对项目采用新技术、新工艺、新材料、新设备情况，对技术进步的推动作用等内容进行评价。

(7) 竣工验收评价。应对项目竣工验收程序的合规性，验收结论及工程移交情况，遗留问题处理等内容进行评价。

(8) 运行管理机构评价。应对机构设置、人员配置、规章制度建设等情况进行评价。

(9) 工程运行管理评价。应对工程完好性、运行状况，规章制度执行情况，运行观测资料的完整性、连续性等内容进行评价。

(10) 用水管理评价。农业节水灌溉项目应对水价合法性，用水计量设施及计量台账的完整性，水费征收管理制度建设及征收到位情况，用水管理组织作用发挥情况等进行评价。

2. 项目经济评价

项目经济评价应包括国民经济评价、效果评价和财务评价，以国民经济评价和效果评价为主。

(1) 国民经济评价应对经济内部收益率(EIRR)、经济净现值(ENPV)、经济效益费用比(EBCR)等指标进行评价。

(2) 财务评价应对财务内部收益率(FIRR)、财务效益费用比(FBCR)、投资回收期(Pt)等指标进行评价。

(3) 项目实施效果评价，如包括：

①节水效果评价。农业节水灌溉项目应对项目实施后项目区灌溉水利用系数、亩均节水量等进行评价。

②增产增收效果评价。农业节水灌溉项目应对项目实施后项目区亩均增产量、亩均增收等进行评价。

③肥料施用及土地占用效果评价。农业节水灌溉项目应对项目实施后肥料施用和减少占地情况进行评价。

④能源消耗及省工效果评价。农业节水灌溉项目应对项目实施后能源消耗、省工等情况进行评价。

3. 项目影响评价

项目影响评价应包括环境影响评价、水土保持评价和社会影响评价。

(1) 环境影响评价主要包括：

①水环境影响评价。农业节水灌溉项目应对项目区及周边地表水、地下水污染状况及地下水位变化情况进行评价。

②土壤环境影响评价。农业节水灌溉项目应对项目区土壤污染及涝、渍、碱的影响情况进行评价。

③生态环境影响评价。农业节水灌溉项目宜对项目区及周边湖泊、湿地、林草、局部气候的影响情况进行评价。

(2) 水土保持评价。农业节水灌溉项目应对项目区土壤侵蚀和流失状况进行评价。

(3) 社会影响评价。农业节水灌溉项目应对项目影响农业生产方式、农民人均收入、减少贫困人口、劳动生产率和促进农村社会进步的情况进行评价。

4. 项目目标与可持续性评价

项目目标与可持续性评价应包括项目目标评价和项目可持续性评价。

（1）项目目标评价应包括：

①实现程度评价。应对项目目标的实现程度进行评价，并分析偏离原因。

②适应性评价。应对项目原定目标的合理性、准确性、必要性进行评价。

（2）项目可持续性评价应包括：

①内部条件评价。应对项目的技术水平、能耗及环保水平、人才素质、财务状况、组织运营管理水平等内部条件对其可持续性发展的影响进行评价。

②外部条件评价。应对相关政策、法律法规、社会经济发展、资源配置、生态环境保护、技术进步、资金来源、地方政府支持及群众意愿等外部条件对项目可持续发展的影响进行评价。

5. 项目综合评价

项目综合评价应包括评价结论、主要经验、存在问题及建议。

（1）评价结论应在项目的过程评价、经济评价、影响评价、目标和可持续性评价的基础上，依据确定的评价方法、评价指标体系，进行综合分析后得出。

（2）主要经验和存在问题应在对项目决策、实施和运营过程中的做法进行分析和总结的基础上提出，并阐明问题产生的原因。

（3）应从完善已建项目、指导拟建项目的目的出发，在评价结论的基础上，针对存在的主要问题提出建议和改进措施。

8.6.4 项目绩效评价结果应用

为了加强项目绩效评价作用，国内财政部门将从以下几个方面来对项目绩效评价结果进行分析和应用：

（1）及时归纳、分析、总结绩效评价结果，通报相关主管部门或地区政府，并将其作为申报和审核新项目的重要参考。

（2）及时向项目实施机构及其主管部门反馈绩效评价结果，并督促其落实整改措施，改善项目管理，或调整项目内容。

（3）建设绩效评价信息交流平台，促进项目管理最佳实践、经验教训和绩效评价工作经验的共享与交流。财政部、中央有关部门及地方财政部门应当按照政府信息公开有关规定，在适当范围内公开绩效评价结果。

8.7 项目后评价报告编制

承担项目后评价的单位应按照委托方要求，依据有关技术规定编制项目后评价报告。项目后评价报告应包括项目概况、评价工作概述、过程评价、经济评价、影响评价、目标和可持续性评价、综合评价等有关内容。项目后评价报告中,关键性指标应进行量化。

项目后评价报告摘要

一、项目概况

(一) 项目情况简述

概述项目建设地点、项目业主、项目性质、特点以及项目开工和竣工时间。

(二) 项目决策要点

项目建设的理由、决策目标和目的。

(三) 项目主要建设内容

项目建设的主要内容决策批准生产能力、实际建成生产能力。

(四) 项目实施进度

项目周期各个阶段的起止时间、时间进度表、建设工期。

(五) 项目总投资

项目立项决策批复投资、初步设计批复概算及调整概算、竣工决算投资和实际完成投资情况。

(六) 项目资金来源及到位情况

资金来源计划和实际情况。

(七) 项目运行及效益现状

项目运行现状、生产能力实现状况、项目财务经济效益情况等。

二、项目实施过程的总结与评价

(一) 项目前期决策总结与评

项目立项的依据、项目决策过程和程序,项目评估和可研报告批复的主要意见。

(二) 项目实施准备工作与评价

项目勘察、设计、开工准备、采购招标、征地拆迁和资金筹措等情况和程序。

(三) 项目建设实施总结与评价

项目合同执行与管理情况、工程建设与进度情况、项目设计变更情况、项目投资控制情况、工程质量控制情况、工程监理和竣工验收情况。

(四) 项目运营情况与评价

项目运营情况、项目设计能力实现情况、项目运营成本和财务状况以及产品结构与市场情况。

三、项目效果和效益评价

(一) 项目技术水平评价

项目技术水平(设备、工艺及辅助配套水平,国产化水平,技术经济性)。

(二) 项目财务经济效益评价

项目资产及债务状况、项目财务效益情况、项目财务效益指标分析和项目经济效益变化的主要原因。

(三) 项目经营管理评价

项目管理机构设置情况、项目领导班子情况、项目管理体制及规章制度情况、项目经营管理策略情况、项目技术人员培训情况。

四、项目环境和社会效益评价

(一) 项目环境效益评价

项目环保达标情况、项目环保设施及制度的建设和执行情况、环境影响和生态保护。

(二) 项目的社会效益评价

项目主要利益群体、项目的建设实施对当地(宏观经济、区域经济、行业经济)发展的影响、对当地就业和人民生活水平提高的影响、对当地政府的财政收入和税收的影响。

五、项目目标和可持续性评价

(一) 项目目标评价

项目的工程目标、技术目标、效益目标(财务经济)、影响目标(社会环境和宏观目标)。

(二) 项目持续性评价

根据项目现状,结合国家的政策、资源条件和市场环境对项目的可持续性进行分析,预测产品的市场竞争力,从项目内部因素和外部条件等方面评价整个项目的持续发展能力。

六、项目后评价结论和主要经验教训

(一) 项目成功度评价

(二) 评价结论和存在的问题

附件 世界银行交付科学案例

案例介绍

2012年，世界银行行长金墉提出要建立全球案例图书馆，将分散在各国、各地区的发展经验和知识予以系统整合，推动不同国家和地区之间的相互借鉴与学习，以此提高服务贫困人群的交付水平，建立共享繁荣的世界。

为支持落实交付科学倡议，完善世行全球发展案例库，财政部于2013年启动了世行在华项目案例编写工作，经过征集、申报、初选，第一阶段在全国范围内征集了115个项目入选正式案例项目清单，并在此基础上通过省际平行审核和专家审定等环节，第二阶段从中选出23个案例作为精选案例。

在2016年11月2日，在由财政部联合世界银行、亚洲开发银行、德国国际合作机构、美国国际开发署等多双边机构、亚行成员国政府、智库、非政府组织，以及国内相关中央、地方项目办及GDI合作伙伴单位在重庆召开的“第四届全球交付倡议(GDI)大会”上，正式宣布中国首批9个项目案例被世界银行选入全球案例图书馆。

我们从其中选取了“江苏省世行贷款淮河流域重点平原洼地治理项目”交付科学案例报告作为附件，供读者参考。

解决农村水利工程“最后一公里”的建设、运行和维护

执行摘要

本案例追踪了江苏省世行贷款淮河流域重点平原洼地治理项目在泰东河整治工程沿线建立农民灌排协会，让受益农民承担小型水利工程的管理、运行和维护工作，提高项目运行效益。项目针对的发展挑战是，中国的农田水利工程普遍存在建设标准较低、工程不配套等问题，使用年限较长，损毁、老化等现象严重，农业生产现代化受到严重阻碍。在项目实施中，面临着改变基层干部和农民传统观念，建立由农民自主参与管理的排灌协会和将试点经验示范推广，发展农民自主组织和管理能力，解决农田水利工程管理、维护的“最后一公里”难题的交付挑战。项目办采取项目开始之初及时发现矛盾深入调查、研究问题、调整方向；运行管理时贴心指导、科学管理；建设田间工程时系统规划、突出重点、分步实施；成立协会时深入宣传、强化培训、完善制度；推广农民排灌协会时因地制宜、立足特色、逐步完善等一系列的措施、策略，创立了可持续运行的农民排灌协会示范区，并根据取得的经验，顺利地推广了8个农民

排灌协会,完成了项目建设目标,较好地解决了农田水利“最后一公里”的难题。

一、案例简介

家住江苏省东台市溱东镇草舍村的张嫂,是典型的半工半农农户,丈夫做小手工业,张嫂务农。2012 年夏收季节,她天没亮便起床干活。尽管站在门前一眼就可以看到她家的田,但是实际上要经过弯弯绕的几条叉河才能到达,收获庄稼来回一趟至少要一小时以上。张嫂说:“到我家的田,既没有路,也没有桥,农耕机械进不去,就靠着一条小船到田里收割麦子,然后一担一担挑上船,运到家里后再挑上岸!”看着不远处正在架设的农民排灌协会工程中的农耕桥,她喜悦地说:“等我们这儿的田间铺了路、河上架了桥,收割机就可以进入田里,这几亩田半个小时左右就能收割完。”

张嫂家是江苏省里下河地区农村生产、生活现状的一个缩影。东台市作为中国经济发达的县级市,机械化作业虽然已实现了很多年,但田间缺少与现代大型农业机械通行相配套的路桥设施,农民不得不沿袭古老的耕作方式。当地零散的田间水利设施,多数是二三十年前修建的,缺乏有效管理和维护,抵御旱涝灾害的能力低下,更难以支持现代农业。

发展挑战:农村田间小型水利工程建设管理相对滞后,农业生产现代化受阻。

我国现有的农田水利工程多建于二十世纪六七十年代,普遍存在着建设标准低、工程不配套等问题。由于使用年限长,损毁、老化等现象严重。时至今日,修建的排水灌溉设施缺乏管理,老化失修,带病运行,大部分已无法承担挡洪排涝的重任。另外,灌溉渠网年久失修、损毁严重、杂草丛生,不能有效调动水源。再加上田间沟渠堵塞,难以灌溉。小型农田水利设施毁坏严重,有水引不到田里来的情况较为普遍。即便是能够通水灌溉的土渠,运行状况也令人忧心,大水漫灌,水的跑冒滴漏现象十分突出,浪费严重,效率低下。[①] 农田水利“最后一公里”建设管理严重滞后,已成为农业现代化的最薄弱环节。

交付挑战:转变基层干部群众传统观念,组建农民用水者协会;发展农民自主组织和管理能力,示范和推广农民排灌协会,解决农田水利工程管理、维护的“最后一公里”难题。

江苏淮河流域重点平原洼地治理项目在治理泰东河干河、支河的同时,针对广大农村小型农田水利工程长期以来缺乏管理采取了一项干预措施,尝试在泰东河沿河成立农民排灌协会,辅助建设少量田间工程,帮助改善农民排灌协会范围内农田的小

---

① 河流末端渠系服务于农田排灌的小型农田水利设施。参见中共中央、国务院:《中共中央、国务院关于加快水利改革发展的决定》,2011 年。

型农田水利基础设施，向农民提供良好的服务。在实施过程中，基层干部群众的传统观念能否更新成为一项现实挑战。具体表现为：首先，农村实行家庭联产承包责任制后，农田水利工程建设、管理维护已经形成由镇、村组织负责的局面。从工程中受益的村民认为，水利工程的建设、运行和管理，历来是政府和各相关部门职责范围内的事，不是老百姓的事情，而且农民个体经济意识普遍增强，集体意识日益淡薄，不愿意出工出力管理和维持田间水利设施。其次，农村税费改革后，农村土地承包期加长，逐步取消了“两工”①。很多群众认为取消“两工”就是不再需要农民出劳出资修建和维护农田水利工程设施，普遍存在“等、靠、要”的思想；而一些暂时没有从工程中直接获益的农民认为，自己没得到好处，不愿出力。最后，部分基层干部认为建立农民自主的排灌协会，将独立于村两委之外，难以有效管理和控制，而且让农民自主承担农田水利工程的管理维护，组织农民难度大，对成立农民排灌协会态度消极。另外由于农田水利工程越来越老化，长期以来渠系不断损毁，历史欠账较多，面广量大的农田水利基础设施建设耗资大，基层镇、村组织资金短缺，部分基层干部认为国家在短期内难以全面实施，再加上近几年水利部门也投资建设了一些农田水利工程，虽然也解决了一部分问题，但对增加农业收入等收效甚微，因此对小型田间水利设施建设态度消极。

二、项目背景

（一）淮河流域洪涝灾害与水利工程建设

淮河流域是中国第三大内河流域，地跨河南、湖北、安徽、江苏和山东五省，面积27万平方公里，平原面积约占流域总面积的三分之二，粮食产量约占全国的六分之一。由于流域内大小河流防洪水平低，排水设施差，因洪致涝已多次发生。尤其是2003年的淮河流域性大洪水，给城市和广大农村带来了巨大灾难，成千上万民众由于洪水和房屋倒塌而无家可归，直接损失达45亿美元。淮河流域平原洼地的地势低洼，汛期受淮河和骨干排水河道高水位顶托，自排几率很小，每次大水后退水时间长，内涝严重，群众的生产生活十分困难，极大降低了农业生产率。各级政府痛定思痛，加大了水利骨干工程建设的投入力度，重点建设沿河大型基础水利设施，偿还历史欠

① 中国的农村义务工和劳动积累工统称“两工”。农村义务工，是指由乡镇人民政府与村集体经济组织在农村进行植树造林、防汛公路建设等公益事业时，要求农民无偿承担的一种劳务，是农民为地方集体公益事业所作的贡献和义务。劳动积累工，是指由乡镇人民政府与村集体经济组织在农村进行农田水利基本建设和植树造林，要求农民无偿承担的一种劳务，是村集体经济组织内部的一种主要积累形式。参见赵晓峰：农民不出“工”，乡村怎么办？《调研世界》，2007年第11期。

债。近年来，国家水利的投资力度很大，大江、大河、城市集镇防洪等抗灾能力得到空前提升，流域内干河、支河治理方面都取得了长足进步。但与重点水利工程形成极大反差，经常呈现在人们眼前的是这样一幅幅类似的画面：一边是高标准建设、风景秀丽的大江大河骨干工程，一边是设施陈旧、管理落后的农村田间小型水利设施。

（二）政策背景

过去，国家水利建设的投向主要是干河、支河，在一定的程度上忽视了与农业生产关系最密切的农田水利建设、管理。要发挥农田水利在保障国家粮食安全、发展现代农业中的基础地位和支撑作用，必须加快扭转农田水利建设管理滞后的局面，让农村的河道沟渠畅通起来，让水走完“最后一公里”。从十一五[①]开始，中央加大投入，重点解决积累多年，影响农业生产的农田水利“最后一公里”问题。近几年，国家对农田水利投入不断加大，向农村投资了不少小农水项目，在农田排灌上起到了一定的作用，增强了农业抵御自然灾害能力，改善农业生产条件，但遇到大暴雨仍然难以确保田间的涝水及时排放到主干渠中。虽然我国有些省（市、县）在大力推进农村水利建设，探索解决农田水利“最后一公里”的问题，也取得了一些成效，但普遍意义上还没有解决好。20 世纪 80 年代以后，我国在农村水利管理体制改革方面进行了大量探索和实践。从 1993 年由世行资助的长江流域水资源项目，在湖北省成立第一个用水户协会，实施农民自主管理灌区开始，在世行资助的所有中国农业灌溉项目中，用水协会不断进行试点、发展和壮大。近年来，为了推进小型农村水利工程管理体制改革，国务院办公厅转发的《水利工程管理体制改革实施意见》和水利部下发的《小型农村水利工程管理体制改革实施意见》都明确提出，要在各级政府宣传、引导和扶持下，用水户在自愿的基础上，以明晰工程所有权为核心，建立用水协会等多种形式的农村用水合作组织，深化农田水利管理体制机制改革，进一步创新农民用水合作组织发展，促进农田水利工程良性运行。

三、追踪实施过程

2003 年，中国政府计划利用世界银行贷款，加快淮河流域重点平原洼地治理工程的建设，工程主要改善淮河及其主要支流，支持较小支流上的中小型工程，向江苏、山东、安徽、河南四省淮河流域贫困农村地区提供更好、更可靠的防洪措施。2003 年淮

---

① 国家从 1953 年开始，以五年一个时间段来做国家的中短期规划：第一个“五年计划”，简称为“一五”。依次类推：2006—2010 年这个时间段，是国家提出来的第十一个“五年计划”，简称就叫“十一五”。2011—2015 年这个时间段，是国家提出来的第十二个“五年计划”，简称就叫“十二五”。参见邓淑珍：统筹兼顾 突出重点“十一五”农村水利开局良好——访水利部农村水利司司长李代鑫，载《中国水利》2006 年第 24 期。

河灾害性洪水之后，世行贷款淮河流域重点平原洼地治理项目开始规划、立项。2006年，中央政府与世行协商提出项目框架，将农民排灌协会示范区项目列入淮河流域重点平原洼地治理项目中。世界银行针对中国农村末端渠系不畅通的现状，提出了一项干预措施，即在四省项目中分别规划了1个农民排灌协会试点区域和推广8个农民排灌协会，并对示范区投资了少量的田间工程，以帮助改善农民排灌协会范围内农田的微型农田水利基础设施，向农民提供良好的服务，以激励农民对农村田间小型水利设施进行自主管理，提高耕地生产率，减少财产损失。本案例追踪了农民排灌协会在实施过程中面临的挑战和解决途径。

（一）转变传统观念，建立农民排灌协会

1. 工程遇阻，调整思路

2011年，江苏省世行贷款淮河流域重点平原洼地治理项目的泰东河治理工程实施之初，工程沿线陆续发生了数起群众集体阻工事件。这些事件立即引起了工程实施方和当地政府的高度重视。被泰东河沿河两岸数万民众喻为“母亲河”的泰东河，列入世行贷款淮河流域重点平原洼地治理工程，本是一件利国利民的大好事，为什么会遭受沿线老百姓的抵制呢？在调查处理初期，多数人把群众阻工归咎于拆迁赔偿和工程施工的影响等。但随着调查的深入，项目办发现，群众所说的工程施工对他们的生产、生活造成不便只是搪塞和说辞而已，其实是另有诉求。泰东河穿村而过的溱东镇草舍村，是远近闻名的不锈钢产业村，该村经济比较发达，因泰东河工程拆迁的农户近200户，按常理说群众的怨言大部分应来自于征迁安置的赔偿上。然而，调查表明，老百姓对大型水利工程的实施从心理上是接受的，而想不通的是世行和政府花那么多钱搞那么高标准的水利工程，除了大河变宽了，河岸变美了，在农民眼里只是“花架子”工程，生活在两岸的老百姓生产、生活并未得到相应改善。调查发现，泰东河沿岸小型农田水利基础设施十分薄弱，普遍年久失修、损毁严重、效率低下，加之地处里下河水网地带，老百姓田间作业仍然保持着原始的耕作方式。受访农民感叹：“现在有钱修水利，但水进不了农家地，老百姓耕种收割，仍然离不开划来划去的小船，盼不来农机进入田间地头。特别是到了农灌季节，常常会出现上游水汪汪、下游闹水荒的局面，上百户村民争抢流动机泵船抽水灌溉农田的场面时而有之。”对当地农民来说，“什么时候把水利修到了田间地头，农民的怨声自然会消除。”由此，项目办弄清了阻工事件的根本原因所在：在农村水利规划中，解决农田水利“最后一公里”问题才是老百姓十分期盼、关心的事。当今农田水利基础薄弱，建设管理滞后，普遍存在农田水利“最后一公里”建设、管理的难题。根据上述情况，江苏省项目办再次派出调查组深入沿线各地，召开农民代表座谈会，全面了解沿线基层群众对通过农民排灌

协会这一平台,探索解决农田水利"最后一公里"问题的意见。令人吃惊的是,虽然基层群众对从根本上改变农田水利建设管理落后面貌持怀疑态度,但绝大多数群众内心还是期盼能真正发挥作用的农民排灌协会,可以在当地落地生根,解决农田水利建设问题。

2. 成立协会,规范管理

虽然基层干部群众期待通过工程项目改善农田水利设施情况,但是,他们自己却没有意愿和动力组建农民排灌协会,参与工程的建设、管理和维护。新中国成立以来,特别是改革开放以来,农村小型农田水利工程由政府投入和管理的已经成为农村社会的普遍认知,尽管由于基层政府能力有限,管理机制不善导致农田水利建设远远滞后于实际需求,他们依然没有信心通过农民的自我组织来解决问题。这导致尽管相关村组按照要求成立了排灌协会,却多数止步不前。对于农田小型水利设施管理维护,作为核心受益者的农民却不愿参与其中,只想用、不想管,对公共设施管护缺乏主体责任意识。在起初的相当长一段时间内,协会及会员围着从原有村集体接收下来的水利设施的管理维护等琐事转,明显效益看不到,却要处处要花钱。在最初召开的几次会员代表大会中,村民们普遍对排灌协会的前途持消极悲观的态度,认为过去小型农田水利工程都是基层政府和村级组织管,现在成立农民排灌协会,这是上面想把把烂摊子撂给他们,因此普遍有怨言。很多协会组织会员开会,部分会员代表拒绝参加,有的勉强参加中途也闹得不欢而散。

解决问题的关键是做细致工作,帮助农民算好账,树立自主管理的信心。对此,省项目办会同所在镇干部组成农民排灌协会运行维护业务指导小组,及时驻村跟踪指导,帮助他们澄清各种模糊认识。例如:资产所有权由原来的集体所有转变为现在的协会所有,相当于政府出钱投资建设,使用权归农民;举例说明农民自己家田边的水利设施,即使未落实排灌协会的管护责任,实际也要关心其状况,而且正常维护并不会增加多少工作量,最重要的是加强责任心;对比分析建立农民排灌协会的地区与未建立农民排灌协会地区的差异,向农民讲明白成立农民排灌协会后,各级政府不但不会推卸责任,而且还会不断加大政策、资金、项目等方面的扶持力度等等。通过业务指导小组细致、耐心的思想工作,使得协会会员消除顾虑,认识到成立农民排灌协会所能带来的种种好处,真正搞明白协会是农民的自我组织,各级政府是协会生存发展的保障者和贴心人。自项目区农民排灌协会建成以来,在政府"以奖代补"增加农田水利投入的基础上,农民排灌协会自行组织农民筹资筹劳兴办、维护田间配套工程每年都不少于100万元,体现了农民对农民排灌协会建设管理的支持。

3. 跟踪指导,高效运行。

双超南圩农民排灌协会是项目区组建的第一个示范协会,涉及东台市溱东镇草舍、罗二、开一等3个行政村，其中草舍村占整个项目区的80%。将排灌工作划入协会统一管理后，村与村、组与组、种植户与养殖户等等之间的矛盾就增多了。村与村之间，干部面和心不和，人数少的村认为自己寄人篱下，处处看着别人的脸色行事，于是碰到矛盾就绕着走；组与组之间，一个组在汛期田间工程损毁比较严重，而另一个组的田间工程却相对比较完好，在分摊损毁工程修护费用时，就发生了分歧和矛盾；种植户与养殖户之间，养殖户对水源水质的要求比较高，增大了调水成本，而种植户相对要求比较低，因此在承担水费上斤斤计较。针对上述矛盾，市、镇两级业务指导小组及时介入予以协调指导。针对村与村的矛盾，建议协会调整末端水系斗渠以下的维护管理职能，原则上斗渠主体在哪个村，就由该村的会员担任该段工程的运行管理责任人；针对组与组的矛盾，建议协会收回原定的以区域划分并承担工程运行、维修、管理费用的办法，调整为由协会统一承担；针对种植户与养殖户之间的矛盾，由协会出面为他们测算成本，明确收费依据，搞养殖的年收入高一些，用水量和水质要求也高一些，承担的水费相应就高一点，而种植户对水源水质的要求比较低，用水量也较养殖户少得多，承担的水费也相应减少。让农民用明白水、算明白账、花明白钱，心服口服。

（二）实施项目推进，扩大示范影响

双超南圩农民排灌协会管辖区内共有农户433户，总人口1 362人，耕地面积近1 300亩。2011年初，世行初步规划在该村投资100多万元实施农民排灌协会示范区项目。由于该村民营工业基础相对比较发达，村民经济条件较好，近年来经多方筹集资金、争取项目，已兴建了一大批田间配套工程。现在世行投资区区100多万元，占该圩区基础设施投资所需资金比例的5%还不到，干部群众对农民排灌协会示范区项目兴趣不大，消极对待，致使项目办工作人员开展工作困难。虽然通过注册成立协会，让各相关利益者聚集到一起，也制定了各项规章制度，承担了相应的责任。但是如果最终干部群众没有看到实实在在的利益，后续很难推广下去，可能会功亏一篑。之前，该村曾经多次投入资金，分别建设了一批农田水利工程，都没有起到良好的效果。干部群众对此都有阴影。很明显，田间工程建设给干部群众带来的直观感受及实际效果如何，已直接关系到农民排灌协会示范区项目的成败。现在，项目希望用很少的资金投入，辅助改善田间工程，还要起到前所未有的示范效应，这项艰巨的任务给省项目办带来了很大的压力。

在这关键阶段，省项目办总结经验教训，安排思想上积极主动，有强烈责任心，并且工作细心的基层领导，负责具体农田水利工程建设的事务。通过对该村的详细实地调查了解发现，虽然全村兴建了一批农田水利工程，但是，由于缺少农民参与，规划不尽合理，推进缓慢，工程整体效益不明显，大部分地块至今无法实现机械化作业。

针对上述情况，省项目办牵头当地水利部门深入该村，组织水利设计人员、水利站站长、村干部、协会会员成立“农田水利科学规划小组”，系统研究、完整规划了示范区长期的水利建设，及时调整水利规划，决定在原来投资 110 万元的基础上追加投资 105 万元，改变过去分散建设的弊端，专门选择一个独立封闭区域，改造排涝站 1 座，新建机耕桥梁 3 座、砼道路 2.39 千米、固定机口 5 座、防渗渠道 1.89 千米、穿路过水涵洞 1 座、跨渠便桥 70 座等田间基础设施。当年实施，当年完成，老百姓当年受益。农民排灌协会投资虽然较少，但给当地的生产、生活带来的变化却是翻天覆地的。

建设中的农耕桥

建设完成的硬质渠、水泥路

图 F-1

（三）探索创新载体，示范推广并举

在双超南圩农民排灌协会示范区建设取得成功的基础上，江苏省项目办及时总结示范区农民排灌协会组建模式和取得的试点经验，继续在泰东河工程沿线不同的市县推广、组建 8 家农民排灌协会。世行项目原规划仅对双超南圩农民排灌协会辅助建设少量的田间工程，帮助完善示范区田间基础设施，进行自我管理，建立一个示范典型，而对在江苏境内推广的其他 8 个农民排灌协会，只帮助推广成立农民排灌协会，没有田间工程配套的投资计划。省项目办对将要推广的 8 个农民排灌协会区进行了调研，部分村干部认为，村一级原来就有党支部、村委会、村集体经济股份合作社等组织，以前也有类似的农民用水者协会，但只是一个空壳子，没有起到实际效用，现在又让村里搞排灌协会，多出一套机构，他们在思想上排斥，行为上应付。老百姓也普遍认为是这个是形式主义。通过实地调研，项目办发现选定的 8 个排灌区的干部群众开始普遍不看好将要成立的农民排灌协会。如何解决 8 个排灌区村干部群众的认识问题，直接关系到协会后续的推广计划能否顺利实施，特别是如果不能改变广大农民的看法，那让农民承担起农村小型水利工程管理维护的目标任务就无法完成。

针对上述情况，江苏省项目办实施了五项措施来同时解决农民排灌协会推广难题:一是组织参观学习。组织8个农民排灌协会推广地区的镇、村干部外出参观,召开学习交流会,分享国家小型农村水利工程管理体制改革相关政策和全国用水协会发展情况,请农民排灌协会示范区的村干部、协会会员为主导到现场讲解建设过程,分享成功经验,解决各个地区镇、村干部等主要骨干的思想疑虑,使他们对农民排灌协会产生浓厚的兴趣,调动他们发展农民排灌协会的积极性,做好带头作用,发挥影响力。二是加强行政支持。在省水利厅和当地政府有关部门指导下由所在镇政府、国土、水务、财政、农经等部门和圩区村民委员会组成农民排灌协会筹建工作班子,监督执行、提供援助,给予政策人员的扶持,并在镇分管领导参与下,解决筹建协会时存在多部门协调的难题。三是进行宣传发动。采用会议、广播、电视字幕和宣传标语、宣传单等多种形式同时对8个农民排灌协会推广区进行广泛的宣传活动,创造一种农民排灌协会建设热潮的大环境。同时通过座谈会、培训等方式,加强与村民的沟通,使他们对农民排灌协会有全新的认识,明白农民排灌协会管理小型农田水利工程是发展趋势,成立农民排灌协会可以给他们带来多方面的利益。四是申请工程投资。根据泰东河沿线群众对成立排灌协会的迫切愿望和要求,经过综合调研分析,省项目办认为如果对推广的8个农民排灌协会范围内的亟待建设的田间工程及时给予适当投资,一定能提高当地干部群众的积极性,得到他们的大力支持。按照各推广项目区的经济承受能力,省项目办向世行发出请求,在2013年中期调整时,对8个推广的农民排灌协会增加了田间工程投资。江苏省发改委、财政厅同步予以政策、资金上支持,为农民排灌协会的顺利推广保驾护航,进一步提高广大村干部群众的积极性,使他们从被动消极对待到主动要求成立农民排灌协会。五是编制运行制度模板。为解决8个地区基层干部首次成立农民排灌协会的工作难度,江苏省项目办组织农民排灌协会示范区创建人员编制了详细的一套农民排灌协会组建、运行、管理材料汇编样本(包含了请示成立、镇政府发文、筹建方案、宣传发动材料、民政局材料、协会章程、管理制度、成立大会材料、会员申请材料、会员手册、培训教材等等,极尽详细),分发给8个地区的筹建工作人员学习。通过以上一系列的措施,顺利成立了8个农民排灌协会。

虽然省项目办为每个推广的农民排灌协会争取了几十万元到一百万元左右的田间工程投资,但由于投资太少,难以形成完整的排灌水系,会对后续协会运行管理的顺利实施带来障碍。江苏省项目办基于以上原因,采取了两项措施:一是在田间工程资金短缺,同时项目上无法再出资的情况下,江苏省项目办首先协助先期开展工作的东里圩农民排灌协会进行多元化资金筹集。通过国家建设资金争取一点、市级财政投入一点、其他项目工程建设一点、村级一事一议捐助一点。同时利用实施世行贷款项目的有利时机,鼓励更多力量参与田间水利工程的建设,动员本村经营大户出一点、富裕户捐一点、协会会员每户集资一点等多种形式、多种途径筹集资金,较好解决了资金不足的难题，并进行了内部推广，此项举措促进了 8 个农民排灌协会自主建设的能动性。二是缩小建设范围，凸显建设效益。为了用少量的投资，使建设的少量田间工程能发挥最大效应，给后续运行管理顺利开展做好铺垫，省项目办采用缩小建设范围，集中一点进行规划建设的基本思路，给 8 个农民排灌协会建设范围的选择制定了 7 项原则，以确保发挥效益：①农民排灌协会所在地区应是农业区，对农民的生产经营效益和收入水平有重要影响；②支河水系畅通；③有可以独立排水灌溉的区域；④有部分功能良好的基础设施；⑤能易于改造的田间渠系；⑥投资少；⑦见效快。在规划设计上借鉴示范区取得的经验，充分征求、听取农民的意见，建立起他们的主人翁意识，使农民成为田间水利工程的主人。从 8 个农民排灌协会工程实施的情况看，现在路桥畅通，排供水统一，基础设施配套齐全，大大降低了农业种植成本，达到了江苏省项目办预设的目标。

四、经验与启示

1. 转变基层干部群众的传统观念，破解农田水利建设管理主体动力不足问题

项目办在遇到基层干部群众传统观念障碍时，通过三个方面措施予以扭转：一是外出学习，转变传统观念。组织镇、村基层干部外出参观，学习农田水利工程建设及运行管理、维护的成功经验，向他们传达国家在农村小型水利工程管理方面的政策方针、指导意见，讲述全国各地用水协会和农田水利现在的发展形势，说明未来农田水利的发展趋势和前景，对比分析农村水利"最后一公里"落后所带来的经济损失等多方面的问题，使他们认识到农田水利建设管理的重要性，转变了守旧的观念，开始关注、重视农田水利建设管理。二是科学规划，提高农民自我管理的信心。改变过去农村田间工程规划建设中存在的随意性、盲目性、分散性、不合理性，总结工程规划、设计不能互相兼顾、配套，效益发挥不足的教训，项目办组织各方成立规划设计小组，深入实地进行详细调查，充分听取农民及各方意见，一次性完整规划协会范围内所有田间工程，采用长期、中期、短期分步建设的战略，从中选择一个可以独立排灌的田块，成片治理，用少量的投资建设了一个具有完善农田水利设施的示范点，树立起有效的规划建设典范，使农村基层干部群众心服口服；三是转变管理观念。过去镇、村集体管理农村小型水利工程旧体制不够健全，存在种种弊端，如：管护主体不明，管理责任难以落实等，导致多数农田水利工程长期处于无人管理的状态。江苏省项目办根据世行要求推行农民排灌协会自主管理农田水利工程的办法，根据不同的情况因地制宜采用了不同的管理维护办法，做到有具体维护人员、维护办法、维护经费，较好地解决了以往农田水利工程存在的"有人建、无人管"的现象。

2. 组建农民排灌协会，让受益农民积极参与协会的决策和管理

过去的村集体事务，农民很少参与其中，为了打破这种传统局面，江苏省项目办采取了四步走的办法，让农民从被动到主动参与到农民排灌协会建设中：第一步，通过成立农民排灌协会，让农民入会成为会员，推动会员进行民主选举协会会长、会员代表等，让广大会员农民先被动参与进来。第二步，在协会成立阶段，进行各种形式的宣传、培训，同时建立一种沟通交流机制，使他们通过利与弊的对比，明白田间水利设施的建设、管理、维护直接关系到自己的切身利益，主动地参与其中。第三步，过去农田水利工程建设存在着规划信息不对称，水利建设单位清楚，到了村里，作为农田水利工程的使用者、受益者农民却不一定清楚，是规划建设环节中存在的弱点。针对这个弊端，在建设农民排灌协会田间工程时，项目实施方从思想上、行动上服务于基层，尊重广大农民，向农民会员广泛征询田间工程规划方案，在得到绝大多数农民会员代表认可之后由镇水利站、村委会来实施，自始至终围绕基层农民开展各项工作，使农民感觉到项目实施方真心为农民服务。在参与过程中，农民受到尊重，才能使他们积极参与协会的决策和管理。第四步，在工程运行维护过程中，重视农民会员水利设施的操作、维护能力的培养，进行水利工程管护、安全运行、防洪排涝、抢险救灾、科学灌溉等知识的培训。在农民排灌协会内部重大事件决策、实施过程中，会员代表全过程参与，通过民主决策，让他们深切感受到协会的事就是自己的事，自己是协会的主人。

3. 典型示范开路，多方聚力，孵化出更多的农民排灌协会

项目办在农民排灌协会示范区取得成功的基础上，组织 8 个农民排灌协会推广地区的镇、村干部外出参观，召开学习交流；组建由所在镇政府、国土、水务、财政、农经等部门和圩区村民委员会组成农民排灌协会筹建工作班子；采用会议、广播、电视字幕和宣传标语、宣传单等多种形式进行广泛的宣传；帮助 8 个农民排灌协会向世行、省发改、省水利厅申请田间工程投资，提高当地干部群众的积极性；请农民排灌协会示范区主要建设人员编制农民排灌协会组建、运行、管理材料样本，帮助顺利成立农民排灌协会；协助协会多方、办法筹集资金，配套建设田间工程。1 个农民排灌协会示范区从探索到建设完成，用了 7 年左右的时间。在农民排灌协会示范区取得成功的基础上，省项目办通过上面一系列举措，通过多方聚力，仅用了 3 年左右的时间完成了 8 家农民排灌协会所有推广工作。

原因：2003 年，淮河流域遭遇特大洪涝灾害，给广大农村带来巨大灾难。近年来，国家虽然不断加大淮河流域水利投入，建设了沿河大型基础设施、内河及较小支流上的工程，但农村田间小型水利设施依然普遍陈旧失修、效率低下、缺乏维护，致使受淹的情况依然存在，农田水利"最后一公里"这个难题迫切需要解决。

↓

变革理论：农田小型水利设施面广量大，涉及千家万户，需要广大农民参与建设，管理、运行、维护。

↓

干预措施：创立 1 个农民排灌协会示范区，积累经验。

实施策略：建设田间辅助工程。完善灌溉设施，激励农民积极主动参与管理。

实施策略：协会会员全面参与田间工程的规划设计，使建设的田间工程真正起到关键作用。

实施策略：将示范区分成多个封闭的水系，先实施小的封闭水系区域，并采用先急后缓，先易后难，分期实施、循序推进的办法，建成一片，当下就能够使用一片，管理落实一片，以科学、实效影响干部群众。

实施策略：注册成立协会。根据农田水文边界选择示范区范围，打破行政管理界限。

实施策略：由镇政府组织所有的相关部门成立农民排灌协会筹建领导小组，为顺利开展各项工作提供条件。

实施策略：进行资产评估交接，使农民真正当家作主，农民在享受权利的同时承担管理义务。

实施策略：采用会议、座谈、广播、电视字幕、标语、小手册、单页等广泛宣传的办法，使农民排灌协会的理念深入民心，从理论上解决干部群众的思想问题。

实施策略：拟定岗位职责，为田间管理建立稳定、有效的管理制度，召开协会大会上公开、审议、通过。

←

中间成果：推广 8 个农民排灌协会，进一步改革创新，积累经验，扩大影响力。

←

理想的最终成果：政府主导规划，政策大力扶持，再次进一步加大推广范围(在江苏省范围内全面成立农民排灌协会)，解决农田水利"最后一公里"难题，并运用农民排灌协会实现土地规模化种植，提高农民收入，实现江苏农村现代化的示范效益，然后向全国推广。

图 F-2　农民排灌协会项目流程图

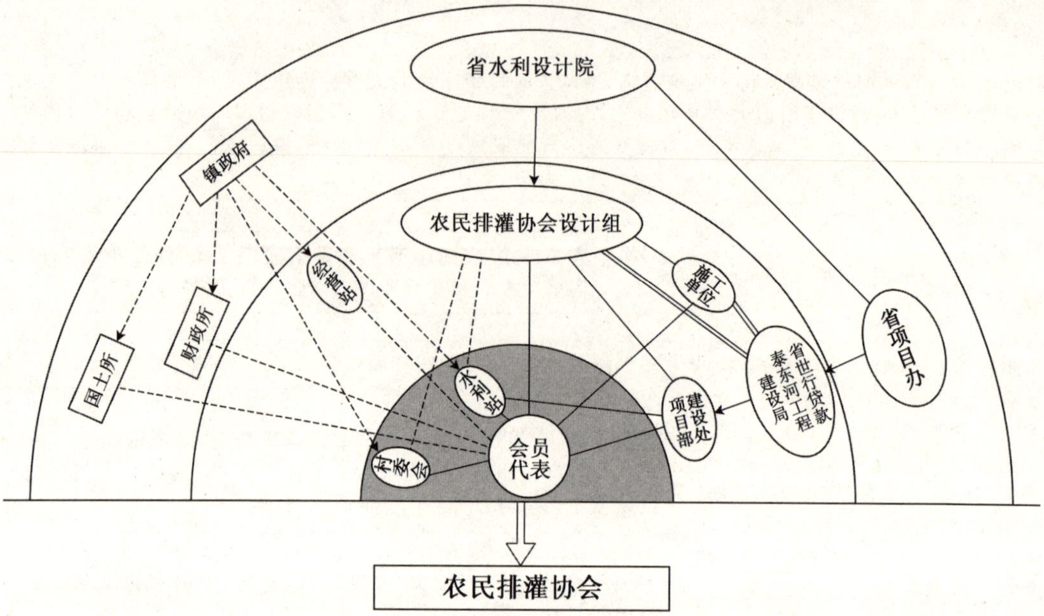

图形元素示意：

三个半圆图形：最里面的半圆表示关键利益相关者；中间的半圆代表主要利益相关者；最外面的半圆代表次要利益相关者。

○ 正圆代表对项目有直接影响的核心利益相关者。

⬭ 椭圆代表关键利益者和主要利益相关者对事项和变革目标的影响程度。

▭ 代表未直接参与项目，但仍（可能）对项目有影响的次要利益相关者。

⇨ 表示上下级、主流关系的走向。

═ 表示以合同形式确立的联盟与合作。

— 表示信息交流方面的关系密切、联系频率、利益的一致性、协调良好、相互信任等。

----- 表示在项目中信息交流频率方面相对薄弱。

图 F-3 农民排灌协会项目利益相关者图

参考文献

[1] 《世界银行贷款项目审计操作指南》课题组. 世界银行贷款项目审计操作指南.

[2] 《世界银行亚洲开发银行贷款项目审计指南》编写组. 世界银行亚洲开发银行贷款项目审计指南[M]. 北京：中国时代经济出版社，2012.

[3] Jump up to: abc A UNICEF Guide for Monitoring and Evaluation-Making a Difference. http://preval.org/documentos/00473.pdf

[4] Jump up to: ab United Nations Development Programme Evaluation Office-Handbook on Monitoring and Evaluating for Results. http://web.undp.org/evaluation/documents/handbook/me-handbook.pdf

[5] Monitoring and Evaluation，From Wikipedia，the Free Encyclopedia. 10 August 2015.

[6] United Nations Development Programme Evaluation Office. Handbook on Monitoring and Evaluating for Results. http://web.undp.org/evaluation/documents/handbook/me-handbook.pdf

[7] 财政部. 国际金融组织贷款赠款项目绩效评价管理办法（财际〔2013〕5 号）. 2013.

[8] 财政部. 国际金融组织和外国政府贷款项目前期管理规程（试行）（财国合〔2017〕5 号）. 2017(1).

[9] 财政部. 国际金融组织和外国政府贷款赠款管理办法（财政部令第 85 号）. 2006(9).

[10] 财政部. 世界银行贷款项目会计核算办法（财际字〔2000〕13 号）. 2000.

[11] 财政部国际司. 国际金融组织贷款在建项目绩效评价典型案例[M]. 北京：经济科学出版社，2013.

[12] 财政部李勇副部长就中国与世界银行合作 30 周年问答. 财经报，2010-9-7.

[13] 辰旭. 世行的项目周期. 中华工商时报，2010(6).

[14] 陈京华，张坤. 世行贷款中国林业项目的理论与实践[M]. 北京：中国农业大学出版社，2010.

[15] 国际复兴开发银行，世界银行. 中国农民专业协会回顾与政策建议[M]. 北京：中国农业出版社，2006.

[16] 国家发展改革委. 国际金融组织贷款项目资金申请报告编制大纲. 2008.

[17] 国家发展改革委. 国际金融组织贷款项目资金申请报告申报文件提纲. 2008.
[18] 国家发展改革委. 国际金融组织和外国政府贷款投资项目管理暂行办法(国家发展改革委 2005 年第 28 号令). 2005.
[19] 国家发展改革委. 国家发展改革委关于进一步加强国际金融组织贷款项目管理的通知(发改外资〔2008〕1269 号). 2008.
[20] 国家发展改革委. 申请列入"国际金融组织贷款备选项目规划"上报文件要点. 2012.
[21] 国家发展改革委. 申请列入"国际金融组织贷款备选项目规划"项目材料参考大纲. 2012.
[22] 建筑工程项目管理规范(GB/T 50326 - 2006)[S]. 2006.
[23] 李恒,马凤玲. 建设工程法:法律制度与实务技能[M]. 北京:法律出版社,2014.
[24] 农业部对外经济合作中心. 农业利用国际金融组织贷款项目管理流程活动和操作标准指南[M]. 北京:中国农业出版社,2009.
[25] 尚虎君,汪志农,王密侠,等. 关中灌区管理体制改革成效的综合评价[J]. 灌溉排水学报,2003(5).
[26] 世界银行. 世界银行贷款项目财务管理与支付手册. 2001.
[27] 世界银行,国际复兴开发银行. 贷款和国际开发协会信贷和赠款采购货物、工程和非咨询服务采购指南. 2014 年 7 月,美国华盛顿,(Guidelines for Procurement under IBRD Loans and IDA Credits and Grants Goods, Works, and Non-Consulting Services [July 2014].
[28] 世界银行. 借款人项目投资融资采购规则. 2016 年 7 月,美国华盛顿(Procurement Regulations for Investment Project Financing (IPF) Borrowers).
[29] 世界银行. 世界银行借款人选择和聘用咨询顾问指南. 2014 年 7 月,美国华盛顿(Selection and Employment of Consultants by World Bank Borrowers [July 2014]).
[30] 世界银行. 畅通的城市:世界银行城市交通战略评估报告[M]. 北京:中国财政经济出版社,2006.
[31] 世界银行. 发展项目移民规划与实施手册[M]. 中国国际工程咨询公司,译. 北京:中国计划出版社,2007.
[32] 世界银行集团国际金融公司中国项目开发中心. 按揭贷款实务精解[M]. 陈忠阳,译. 北京:企业管理出版社,2013.
[33] 汪志农,王密侠,胡笑涛,等. 关中灌区管理体制改革监测评价系统[J]. 节水灌溉,2003(4).

[34] 汪志农,王密侠,尚虎君,等.参与式管理的体制改革及其监测评价网络体系[J].灌溉排水学报,2004(1).
[35] 汪志农.灌区管理体制改革与监测评价[M].郑州:黄河水利出版社,2006.
[36] 汪志农,等.适应市场经济的灌区管理体制改革与农业水价体系[J].中国农村水利水电,1999(11).
[37] 王业娟,汪志农,贾玉平.若干典型灌区管理体制改革浅析[J].中国农村水利水电,2004(1).
[38] 吴浙文.建设工程项目管理.武汉:武汉大学出版社,2013.
[39] 薛鼎武.关中灌区改制指南[M].西安:陕西人民出版社,2001.

后　记

本丛书由江苏省世行贷款淮河流域重点平原洼地治理项目管理办公室和北京海立信信息咨询有限公司联合组织撰写。

由于本丛书的内容涉及世界银行贷款项目管理过程中的采购、财务、工程、环境、社会、监测评价等各个方面，为了保证丛书的专业性和实用性，参与撰写人员都是常年从事世界银行项目管理和咨询服务工作的管理人员和专家，丛书风格偏重于实际操作，书中包含了大量的案例分析、报告模板和经验总结。

本丛书的撰写工作从 2015 年 5 月开始，其间经过了多次的研讨，反复修改，几易其稿，最终于 2017 年 3 月完稿，历时近两年时间。在本丛书的编写过程中，恰逢世界银行开始了多项新的改革，特别是世界银行在 2016 年先后颁布了新的《采购框架》和《环境与社会框架》，是世界银行成立以来对相关政策的最大一次修改。为了保证本丛书的实效性，编写委员会专门组织专家对世界银行新的政策进行研究和解读，在书中对新政策也进行了详细的介绍，并对新旧政策进行了大量对比，希望能够有助于读者对世界银行新政策的了解。

本书由何勇、潘良君、王蔚领衔撰写，参与撰写人员包括何勇、潘良君、王蔚、董晓军、王堪甲、林宗成、杨大伟、刘斌、袁金木、汪志农、刘卿、吕晓云、刘建望、张维、黄季艳等，在此对所有参与撰写人员的辛勤付出表示由衷的感谢！

本书在撰写过程中，得到了江苏省水利厅和东南大学出版社的领导的大力支持，世界银行的相关专家也提出了许多宝贵的建议，特别感谢本书责任编辑孙松茜老师付出的辛勤细致的努力。本书在撰写过程中还参阅了大量的国内外著作和文献，吸收了很多学者的研究成果，限于篇幅等原因，书中未能一一列出，谨表深深的歉意和敬意。同时，由于编者水平有限，书中存在的不足之处，恳请同行和读者批评指正。